清华哲学文库

逻辑与哲学

王路 著

清华大学出版社
北京

内 容 简 介

一般认为,西方哲学的主要特征是逻辑分析。但是,什么是逻辑分析?逻辑分析在西方哲学中又是如何体现的?

逻辑由亚里士多德建立,经弗雷格等人而发展成为一门科学。那么,从没有逻辑到形成逻辑,从传统逻辑又到现代逻辑,逻辑的演变和发展对哲学起了什么样的作用?给哲学又带来什么样的发展和变化呢?

本书尝试从柏拉图、亚里士多德、康德、黑格尔、弗雷格、维特根斯坦、戴维森和达米特等人的著作出发,研究并回答这些问题。

版权所有,侵权必究。举报:010-62782989,beiqinquan@tup.tsinghua.edu.cn。

图书在版编目(CIP)数据

逻辑与哲学/王路著. —北京:清华大学出版社,2019(2024.3 重印)
(清华哲学文库)
ISBN 978-7-302-50945-5

Ⅰ.①逻… Ⅱ.①王… Ⅲ.①逻辑哲学 Ⅳ.①B81-05

中国版本图书馆 CIP 数据核字(2018)第 190828 号

责任编辑:梁　斐
封面设计:常雪影
责任校对:赵丽敏
责任印制:宋　林

出版发行:清华大学出版社
　　网　　址:https://www.tup.com.cn,https://www.wqxuetang.com
　　地　　址:北京清华大学学研大厦 A 座　　邮　编:100084
　　社 总 机:010-83470000　　邮　购:010-62786544
　　投稿与读者服务:010-62776969,c-service@tup.tsinghua.edu.cn
　　质量反馈:010-62772015,zhiliang@tup.tsinghua.edu.cn
印 装 者:三河市东方印刷有限公司
经　　销:全国新华书店
开　　本:170mm×240mm　　印　张:16.5　　字　数:304 千字
版　　次:2019 年 3 月第 1 版　　印　次:2024 年 3 月第 8 次印刷
定　　价:79.00 元

产品编号:080137-01

Preface
序一

    20世纪的分析哲学有一个响亮的口号:哲学的根本任务就是对语言进行逻辑分析。我对这个口号印象深刻主要是因为,它不是看来的,而是听来的。20世纪80年代初期在西德学习时,我总是揣着一个半导体收音机,结果在一个名人讲座节目中听到波亨斯基(Bochenski)亲口说出这个口号。他那浑厚的声音至今犹在耳旁:logische Analyze der Sprache。这个口号显示出分析哲学的两个特征,一个是与逻辑相关,另一个是与语言相关。一些名著更是直接命名,不加掩饰,比如维特根斯坦的《逻辑哲学论》、奎因的《语词和对象》。在我看来,与逻辑相关,与语言相关,这不仅是分析哲学的主要特征,而且是西方哲学的一般特征,是从古希腊特别是从亚里士多德以来西方哲学的主要特征。亚里士多德是形而上学的奠基人,人们称分析哲学是当代形而上学,因此保守一些说,与逻辑和语言相关乃是形而上学的主要特征。

    一个直观的问题是,即便认为与逻辑和语言相关是分析哲学的一个特征,能不能说这是西方哲学的一般特征?确切地说,能不能说这也是传统哲学的一个特征,是形而上学的一个特征?我的回答是肯定的。这是因为传统哲学也有逻辑理论和方法的运用,也有大量与语言相关的讨论。区别仅仅在于,传统逻辑与现代逻辑不同,因而在哲学研究中所表现出来的逻辑理论和方法的应用也不同,所体现的对语言的分析也不同。但是这一点并没有获得足够的认识。现代逻辑与分析哲学的结合,因而分析哲学所体现出来的与逻辑和语言的关系,似乎多少还是可以被认识一些的,但是传统逻辑与哲学的结合,导致其中所体现出来的哲学与逻辑和语言的关系,却常常是不被认识的,因而是被忽略的。在我看来,应该对逻辑与哲学的关系有清楚和充分的认识,这对于正确地理解西方哲学,从而更加深入地研究西方哲学,乃是非常必要的。

    传统逻辑来自亚里士多德逻辑,是一种基于"S是P"这种句式而形成的主谓形式的逻辑,而现代逻辑来自弗雷格逻辑,是一种基于函数和自变元而形成的具有函数结构的逻辑。这样两种不同形式的逻辑所造就的哲学区别很大。最明显的一点不同可以归结为从是(being)到真(truth)的转变:在传统哲学中,"是"乃是核心概念,而在分析哲学中,"真"乃是核心概念。然而这样一种重要的区别以及它们之间的密切联系,却由于汉语翻译而荡然无存。长期以来,学界将 being 译为"存在",将 truth 译为"真理",结果从字面上隔断了逻辑与哲学的相通,也割裂了是与真的联系。我认为,这样的做法是错误的,由此形成的认识也是有严重问题的。

十几年前,我出版了《"是"与"真"——形而上学的基石》(2003 年)一书,虽然也论述了逻辑与哲学的关系,但是重点在于从语言层面阐述有关 being 的问题。我指出,在西方哲学研究中,应该将它译为"是",应该主要在系词的意义上理解它,并且把这样的理解贯彻始终。《逻辑与哲学》(2007 年)是随后出版的,是该书研究的继续和深入,重点从逻辑与哲学的关系阐述了有关 being 的问题,并且阐述了西方哲学从是到真的变化和发展。从本书的序可以看出,我当时以为有关 being 的研究可以告一段落。这是因为我以为,自己有关是与真的研究为国内学界指出了一条理解西方哲学的途径,人们可以因循这条途径去深入研究西方哲学。没有想到的是,我的观点遭到许多批评,包括许多做出大量翻译的一线学者的批评。这使我在过去十年中对各种不同观点做出回应,并且对是与真的问题做出更加深入的研究。今天重读本书,我认为我的观点是正确的,它得益于对分析哲学的研究和认识,得益于对现代逻辑在分析哲学的运用的认识,也依赖于对亚里士多德的形而上学以及传统哲学的研究和认识。归根结底,我的观点得益于对逻辑与哲学的研究和认识,得益于对逻辑与哲学的关系的研究和认识。

金岳霖先生曾经说过,过去说人不懂逻辑,那是骂人话。我理解,他这话只是对研究哲学的人说的。他的意思是说,研究哲学,不懂逻辑是不行的。其实,类似的话早就有人说过。在亚里士多德看来,人们进行形而上学研究时就应该懂逻辑,而康德则认为,形而上学研究应该从可靠的科学出发,即从逻辑和数学出发。今天情况似乎变了:不少研究哲学的人大言不惭地说不懂逻辑,更有甚者,一些不懂逻辑的人堂而皇之批评逻辑对哲学的作用和意义。这无疑是不对的。我认为,对逻辑是可以批评的,对运用逻辑的理论和方法也是可以批评的,对于运用这样的理论和方法所取得的哲学成果也是可以批评的。但是,这样的批评必须基于一个前提,即对逻辑的理论和方法、对逻辑理论和方法在哲学中的运用有清楚的认识。缺乏这样的认识,相关的批评就是不得要领的。特别应该看到,这样的认识是理解西方哲学的基础,因而是我们研究和发展西方哲学的必要条件。

感谢清华大学哲学系将本书列入"清华哲学文库"系列!

感谢清华大学出版社所有为出版此书付出辛劳的同志!

作者

2018年4月

Preface
序二

关于"是"与"真",近年来我写了一些东西,并在 2003 年出版了《"是"与"真"——形而上学的基石》一书。还好,这个话题引起了不少人的兴趣。我觉得这是一个有意思的话题,也是值得研究西方哲学的人谈论的话题。

完成眼前这本书,自己有关 being 的研究也许可以暂告一个段落。前一本书主要是在语言层面上探讨,而本书则是集中在学科层面的思考。从理解西方哲学的角度说,这两个层面的东西是相互联系的,但是逻辑与哲学的关系无疑属于更高层次。一项研究,由浅入深,或者从低到高,乃是自然的过程,因此在某种意义上,本书是那本书的继续。那本书曾写了一个很长的序,交代了自己这项研究的思想背景,因此这里就不用再多说什么了。

需要说明的一点是,本书有两稿。一稿于一年多以前完成,用于国家社会科学基金项目结项。眼前的是二稿,也是终稿,用于清华亚洲研究中心项目结项。其中主要的区别在于第二稿增加了第八章,因而重写了最后两章。不谈柏拉图,当然也可以思考逻辑与哲学的关系,因为逻辑是亚里士多德创立的。但是我认为,逻辑不是凭空产生的,也有一个发展过程。因此,对西方哲学的逻辑传统,也可以看得更远一些。加入对柏拉图的研究,可以使我们考虑得更多一些,比如,在逻辑没有成为学科以前,人们有没有这样的思考?如果说柏拉图的思考是类乎逻辑的思考,或者是向着逻辑的方向发展的,那么以他的思考方式是不是一定能够建立起逻辑?这里无疑涉及逻辑的观念,也涉及逻辑与哲学的关系,当然是非常有意思的课题。

衷心感谢学界的许多师友!他们与我的讨论,无论是会上的还是私下的,他们对我的批评或赞同,不管是文字的还是口头的,都是我的研究的一部分非常宝贵的资源。

衷心感谢北京书生研究中心!多年来它一直资助我的学术研究,没有任何要求,不求任何回报。

感谢国家社会科学基金的资助!

感谢清华亚洲研究中心的资助!

感谢《哲学研究》《世界哲学》《清华哲学年鉴》《新哲学》《清华大学学报》(哲学社会科学版)等刊物!它们发表过本书的一些内容,对我的学术研究给予巨大支持。

衷心感谢人民出版社哲学编辑室主任陈亚明!感谢人民出版社所有为本书出版付出辛劳的同志!

作者

2006 年 10 月

Contents
目录

第一章 导论 /1
    1. 什么是逻辑分析？ /2
    2. 亚里士多德逻辑 /4
    3. 现代逻辑 /7
    4. 作为学科的逻辑 /10

第二章 亚里士多德的《形而上学》 /17
    1. 关于矛盾律 /18
    2. 关于实体 /29
    3. 是本身 /42

第三章 康德的《纯粹理性批判》 /48
    1. 基本框架和范畴表 /49
    2. 一些问题 /54
    3. 先验逻辑 /62
    4. "形式的"逻辑 /67

第四章 黑格尔的《逻辑学》 /72
    1. 三种解释 /73
    2. 出发点 /76
    3. 逻辑的核心概念 /80
    4. 概念的推导 /82
    5. 逻辑还是哲学？ /89

第五章　弗雷格的语言哲学　/94

1. 涵义与意谓　/95
2. 对象与概念　/103
3. 专名与摹状词　/107
4. 句子结构与思想结构　/110

第六章　维特根斯坦的《逻辑哲学论》　/120

1. 可说与不可说　/121
2. 世界的结构　/126
3. 事实与句子　/131
4. 个体对象与事实　/138

第七章　意义理论　/144

1. 达米特的意义理论　/144
2. 戴维森的真之理论　/153
3. 真与意义　/160

第八章　柏拉图类乎逻辑的思考　/168

1. 柏拉图的《智者篇》　/169
2. "是"与"不是"　/172
3. 运动、静止与是　/175
4. 相同与相异　/179
5. 真与假　/186
6. 普遍性与确定性　/190
7. 比较柏拉图与亚里士多德　/198

第九章　逻辑的意义　/203

1. 对逻辑的追求　/203
2. 逻辑的观念与技术　/208
3. 分析的传统与发展　/216
4. 海德格尔有逻辑吗？　/220

第十章　真与是　/224

　　1. "是真的"与"真"　/225

　　2. 系词　/233

　　3. "是"与"存在"　/237

　　4. 逻辑的"是"与形而上学的"是"　/242

　　5. 翻译与理解　/246

参考文献　/249

第一章
导论

我国学界一直有一种普遍的看法,认为西方哲学的主要特征是逻辑的、分析的,而中国哲学的主要特征是体验的、综合的。我十分赞同这种看法。自亚里士多德创建逻辑以来,逻辑一直是西方哲学的工具,一直为西方哲学家所用。特别是到了 20 世纪,随着现代逻辑的产生和发展,西方哲学的方式发生很大的变化,形成了著名的"语言转向",致使西方哲学的逻辑分析的特征更为显著。在某种意义上,分析哲学或语言哲学,甚至就是逻辑分析的代名词。

今天也有一种看法,认为分析哲学已经衰落或过时,因而分析哲学的方法,即逻辑分析的方法也已经过时了,因为它注定解决不了哲学的根本问题。我不同意这种看法。在我看来,分析哲学或语言哲学确实不再像几十年以前在美国那样唯一地占据主导地位。在哲学的版图上,欧陆哲学确实似乎足以与分析哲学分庭抗礼,科学哲学、政治哲学、伦理学、心之哲学等等,乃至各种后现代主义哲学,似乎也都有一席之地。但是应该看到,分析哲学仍然是主流哲学,分析哲学的方法,即逻辑分析的方法仍然到处在使用。

如果思考一下，从以上两种观点其实可以发现一些问题。首先，如果认为西方哲学的主要特征是逻辑分析，而如今逻辑分析已经过时，那么是不是可以认为西方哲学那种主要的逻辑分析特征就要中断了？其次，逻辑分析的方法固然是分析哲学或语言哲学的主要特征，难道就不是其他一些哲学的主要特征吗？以欧陆哲学为例，难道它就没有体现出逻辑分析的特征吗？最后，由于语言转向，分析哲学显示了与传统哲学完全不同的面貌，但是欧陆哲学并没有这样的变化。在这种意义上，即使可以认为分析哲学的衰落导致逻辑分析方法的过时，难道西方传统哲学那种逻辑分析的特征在欧陆哲学上也没有了吗？这几个问题直观上是自然的。但是我认为，在它们的背后实际上还隐藏着一个更为深刻的问题。这就是：什么是逻辑分析？

1. 什么是逻辑分析？

提出这个问题似乎有些怪，人们既然说西方哲学的主要特征是逻辑分析，怎么会不知道什么是逻辑分析呢？如果不懂什么是逻辑分析，怎么能够断定逻辑分析的方法过时了呢？这个问题其实一点也不怪。这是因为，人们虽然都会说"逻辑"，对逻辑的理解却有可能完全不一样。在我看来，对逻辑大致有两种理解。一种是日常的理解，比如人们常说的"那是你的逻辑"，"这真是强盗逻辑"，"他做事是没有什么逻辑的"，等等。前两句话中的"逻辑"的意思大致相当于"道理"或"观点"，后一句话中的"逻辑"则是指"规律"。这样理解的逻辑当然是非常有歧义的。另一种理解则是依据逻辑这门学科。然而，即使这样，对逻辑的理解仍然有不同。一方面，逻辑既经历了传统的时代，也进入了现代的阶段，而传统逻辑与现代逻辑的区别是很大的。另一方面，在历史上，自亚里士多德创建了逻辑以来，想发展逻辑的大有人在。随着这些发展，亚里士多德的逻辑被称为形式逻辑，与它不同的则还有归纳逻辑、先验逻辑、思辨逻辑、辩证逻辑等等，而这些所谓的逻辑与亚里士多德逻辑又有根本的区别。结果，尽管今天逻辑已经是一门成熟的科学或学科，但是对逻辑的理解仍然是有歧义的。比如人们经常论证说到"历史与逻辑的统一"，这里的"逻辑"究竟是形式逻辑意义上的，还是先验逻辑意义上的，或是其他某一种逻辑意义上的呢？

综上所述，无论是在日常的意义上还是在学科的意义上，对于逻辑的理解是有歧义的。如果依照这样歧义的理解，那么所谓的"逻辑分析"充其量只能是一种笼而统之的表达，因为字面上还看不出这样的逻辑分析究竟是一种什么样的分析。不过有一点倒是清楚的：那些认为分析哲学衰落、逻辑方法过时的人一般指的或主要指的只是形式逻辑意义上的逻辑,尤其是现代逻辑。而从哲学史的角度来看,诸如归纳逻辑、先验逻辑、思辨逻辑、辩证逻辑等的发展,在不同程度上也都持有形式逻辑有局限性或过时甚至无用的看法。这说明,无论是批评逻辑还是要发展逻辑,人们都离不开形式逻辑意义上的逻辑,离不开对这种逻辑的论述。无论这样的批评是不是有道理,不管持这种观点的人懂不懂形式逻辑意义上的逻辑或现代逻辑,由此倒是为我们提供了一条理解逻辑分析的思路,即要从形式逻辑意义上的逻辑出发,围绕着这样的逻辑来考虑逻辑分析。因此,就逻辑分析而言,学科意义上的逻辑,尤其是形式逻辑,应该具有一个核心的位置。

有人可能会问:既然逻辑可以有日常意义的理解,也可以有学科意义上的理解,为什么我们却要在学科的意义上来理解逻辑分析呢?既然可以谈论形式逻辑、归纳逻辑、先验逻辑、思辨逻辑、辩证逻辑,等等,为什么一定要从形式逻辑出发来理解逻辑分析呢?我认为,当我们谈论逻辑分析的时候,我们是站在方法论的立场上来说的,因而把这种分析看作是一种方法。而作为一种方法,逻辑恰恰具有这样的性质。这是因为,虽然逻辑有自己研究的对象,形成自己的理论和体系,有自己的方法和规律,但是当它被用于其他学科的时候,它本身又具有工具的性质,因而具有方法论的意义。特别是自逻辑产生以来,在很长的时间里,它与哲学融合在一起,甚至在许多人看来,它不仅是哲学的一部分,而且就是哲学的一种工具、一种研究方法。因此,当我们谈论逻辑分析的时候,从逻辑这门学科出发是非常自然的。正是依据逻辑这门学科的性质和内容,我们认识到日常表达中的"逻辑"是有歧义的。此外,也正是从学科的意义上说,"逻辑"这一概念是用不着什么修饰的。所谓先验逻辑、思辨逻辑,不过是哲学著作中的一些概念,在逻辑里是没有的。换句话说,在作为科学或学科的逻辑中,根本就没有什么先验逻辑、思辨逻辑,一般也没有辩证逻辑;有些逻辑教科书确实包含归纳作为一部分,但是这并不构成逻辑的主体或主要部分。因此,只要是从学科的意义上来理解逻辑分析,就一定要从逻辑这门学科的主体或最主要的内容来理解,而这一定是指形式逻辑。

这里我还想简单强调一点,正像书中指出的那样,引入"形式"一词来修饰和说明逻辑,最初是康德做的事情。他想以此与自己所说的"先验逻辑"相区别,并使先验逻辑具有逻辑的可靠性。在我看来,逻辑就是逻辑,根本不需要"形式"二字来修饰。逻辑可以具有形式的特征,甚至也可以具有形式化的特征,但是决定是逻辑或不是逻辑的,并不是形式,也不是形式化。

自亚里士多德以来,逻辑经历了两个阶段:一个是传统的阶段;另一个是现代的阶段。在这两个阶段,逻辑表现出很大的不同。结果之一是传统逻辑与哲学融合在一起,而现代逻辑使逻辑成为一门科学,并从哲学独立出来。换句话说,现代逻辑需要专门的学习和掌握。相比之下,传统逻辑虽然也需要学习与掌握,但是在许多地方与哲学是相似的,比如分析概念的内涵和外延,谈论本质定义,论证思维规律,等等。因此,逻辑既可以在传统的意义上来理解,也可以在现代的意义上来理解。过去学哲学的人一般都学过逻辑,而且也都认为自己懂逻辑,不过那是在传统逻辑的意义上。今天却不是每一个学哲学的人都学过现代逻辑,而且即使学过,也不会都认为自己懂逻辑,当然这只是在现代逻辑的意义上。问题是,从传统逻辑到现代逻辑,尽管逻辑的形式和能力发生了很大的变化,但是逻辑的本质没有变,而且,正是由于现代逻辑的发展,我们更加清楚地认识了逻辑的本质。① 因此,我们不仅在现代逻辑的意义上,而且在传统逻辑的意义上都可以问:什么是逻辑分析?

实际上,这里还有一个更深层的问题,即逻辑与哲学的关系。由于逻辑一直是西方哲学的工具,因此从理解哲学特征的角度来理解什么是逻辑分析,就不单纯是逻辑方法的问题,而是与哲学密切相关的问题。而从逻辑分析的角度来理解西方哲学,也就不单纯是哲学本身的问题,而是与逻辑方法密切相关的问题。说到底,理解什么是逻辑分析将会更加有助于我们理解西方哲学。此外,传统哲学与现代哲学有很大的不同,这种不同的原因多种多样,但是由于它们一直使用逻辑,而传统逻辑与现代逻辑又有很大的不同,因此从逻辑分析的角度出发,我们至少可以看到它们有什么不同,为什么会有这样的不同。这样,探讨逻辑分析就不单纯是理解西方哲学的问题,而且有助于我们深入地认识逻辑与哲学的关系。

我认为,逻辑与哲学密切相关,使用不同的逻辑方法将导致不同的哲学。

2. 亚里士多德逻辑

莱布尼茨认为,我们应该建立一种普遍的、没有歧义的语言,通过这种语言,可以把推理转变为演算。一旦发生争论,我们只要坐下来,拿出纸和笔算一算就行了。这里,他实际上提出了两个想法:一个是构造形式语言;另一个是建立演算。这正是现代逻辑的两个基本特征,也是亚里士多德逻辑与现代逻辑的主要区别。根据现代逻辑史家的解释,亚里士多德的三段论系统可以是一个公理系统,也可以是一个自然演绎系统,因此也是演算。② 但是,由于他的逻辑系统虽然是形式的,却不是形式化的,因而与现代逻辑系统也有一些重大区别,与现代逻辑的解释也有一些差异。这些区别与差异基本是逻辑本身或逻辑史研究范围之内的问题,因此这里不予考虑。需要指出的是,围绕着形式语言,亚里士多德逻辑和现代逻辑的区

---

① 参见王路:《逻辑的观念》,商务印书馆 2000 年版。
② 参见王路:《亚里士多德的逻辑学说》,中国社会科学出版社 2005 年第 2 版,第 4 章。

别是很大的,由此也对哲学产生了不同的重大影响。下面在论述亚里士多德逻辑的时候,语言特征是我们重点考虑的问题。

亚里士多德逻辑是从自然语言出发的,而不是像现代逻辑那样从人工语言出发。这样它就有两个特征:它是形式的;它却不是形式化的。首先,它使用字母变元替代句子中表达概念的词,这样就抽象出句子的形式,比如"S 是 P"。其次,在这样的句子的基础上可以考虑不同形式的命题,比如,加上否定,就得到"S 不是 P",加上不同的量词,就得到"所有 S 是 P","有 S 是 P","所有 S 不是 P","有 S 不是 P",等等。然后,用这样的句子可以构成推理,比如"所有 M 是 P,所有 S 是 M,所以所有 S 是 P"。人们一般认为,这样形成的逻辑是形式的,因为"所有 S 是 P"这样的句子并不是一个确定的句子,而只是一种句子形式。用不同的词代入其中的 S 和 P,就形成不同的命题。因此,亚里士多德逻辑的形式的特征是明白无误的。但是,在这些句子形式中,显然还保留了一些自然语言,比如"是""不""所有"等等,因此人们说亚里士多德逻辑还不是形式化的。这就形成了亚里士多德逻辑与现代逻辑的非常重大的区别。

第一种区别是,亚里士多德逻辑的句法形式与古希腊的日常语言形式是一样的。比如,在以上各种形式之中,最基本的形式是"S 是 P"。而且,这不仅是逻辑的基本句子形式,也是日常语言的基本句子形式。这样一来,逻辑的形式没有完全脱离自然语言的语法形式。直观上看,句子的逻辑的形式局限在一种主谓结构之中。这样就产生了许多问题。比如,对于"S 是 P",从语法的角度说,"是"是系词,它将主语"S"和谓语"P"联系起来,或者,"P"是谓语,"是 P"是对主语"S"的一种情况的表述。但是,从逻辑的角度看,"S"和"P"表示两个类,通过"是"联系起来,因而表示两个类之间的关系。问题是,这样一来,许多复杂的关系都无法表达出来。比如,"哲学家是智者"中的主项"哲学家"表达的是类,而"亚里士多德是哲学家"中的"亚里士多德"表达的是个体,而不是类。这样,仅仅以"S 是 P"这种形式就无法从逻辑上区别出个体与类之间的关系和类与类之间的关系。又比如,"亚里士多德是哲学家"中的"是哲学家"表达的是性质,而"亚里士多德是柏拉图的学生"中的"是……学生"表达的不是性质,而是关系。这样,仅仅以"S 是 P"的形式也无法从逻辑上表达性质和关系的区别。而且,这还仅仅是最简单的情况。所以,由于句子的逻辑形式局限在自然语言的句子的语法形式之中,因而使逻辑受到自然语言的束缚。有人甚至称基于"S 是 P"这样的主谓形式的逻辑是逻辑的"败坏"(corruption)。①

第二种区别是,亚里士多德没有明确地区别句法和语义。这样,他对逻辑的性

---

① 参见 Geach,P.T.: *Logical Matters*, University of California Press 1980,pp.44-61。

质的说明是比较笼统的。比如,他认为逻辑是研究推理的,而"一个推理是一个论证,在这个论证中,有些东西被规定下来,由此必然地得出一些与此不同的东西",我把他这种对逻辑的性质的说明称为"必然地得出"①。它与现代逻辑的说明,即推理的有效性,是完全一致的。不同的是,由于它没有明确地区别句法和语义,因此他没有分别从这两个方面来说明什么是"必然地得出",尽管他提供的三段论系统及其说明足以使人们认识到什么是"必然地得出"。

实际上,亚里士多德并不是没有语义说明的。比如,他认为,语句表达思想,但是"并非每一个语句都是命题,只有本身含真假的语句才是命题"②,这样就从真假的角度限定了所考虑的范围,从而也说明他的逻辑主要是二值的。又比如,他认为,一对反对命题不能都是真的,但是一对反对命题的矛盾命题有时候可以都是真的③;全称肯定命题和相应的全称否定命题必然一个是真的,另一个是假的④;一个单称肯定命题和一个相应的单称否定命题必然一个是真的,另一个是假的⑤,等等。但是,他没有把句法和语义明确地区别开来。比如,他在论述模态命题的时候还有如下论述:

这可能是。	这不可能是。
这是或然的。	这不是或然的。
这是不可能的。	这不是不可能的。
这是必然的。	这不是必然的。
这是真的。	这不是真的。⑥

这里,他似乎把"真"看作是与"必然"和"可能"等这样的算子相同的东西。这样一来,"真"似乎成为句法方面的东西,而不再属于语义方面。不过亚里士多德只对模态算子有句法说明,而对真没有句法说明,由此也说明这样的排列是有问题的。所以,亚里士多德虽然也有一些语义说明,但是由于他的语义说明是与句法说明混在一起的,而且有时候并没有鲜明的区别,因此,这种区别即使亚里士多德本人是清楚的,也不太容易被人们所认识。

---

① 参见王路:《逻辑的观念》,第 41-47 页。
② Aristotle: *The Works of Aristotle*, vol. I, ed. by Ross, W. D., Oxford 1971, 17a13.
③ 参见同上书,17a23-24。
④ 参见同上书,17a26。
⑤ 参见同上书,17a28。
⑥ 参见同上书,22a15。

除此之外,亚里士多德逻辑与现代逻辑还有一个区别。《工具论》是亚里士多德留下来的逻辑著作,也是后人学习和研究逻辑的经典文献。传统逻辑是在亚里士多德基础上形成的,也是后来学校里讲授的内容。因此在现代逻辑产生之前,或在一些不注重现代逻辑的人那里,逻辑往往是在传统逻辑的意义上理解的,甚至谈到亚里士多德逻辑,也以传统逻辑或以《工具论》为依据。这样,人们不仅对于亚里士多德逻辑存在着一些误解,而且也给理解逻辑本身带来一些问题。比如,《工具论》是后人编辑的亚里士多德的著作,名称也是编者起的,因此把这样一些著作编辑在一起反映了编者的看法。这些著作无疑是亚里士多德的,问题是:亚里士多德是不是把它们都看作是逻辑著作?《工具论》中的六篇著作涉及了逻辑、语言、思维、哲学等非常广泛的范围,亚里士多德是不是把它们都看作是逻辑?又比如,传统逻辑是后人在亚里士多德逻辑基础上形成的。其中不仅包含了亚里士多德的许多思想,尤其是他的主要逻辑成果三段论,而且还增加了一些内容,特别是归纳法。问题是,传统逻辑的内容与亚里士多德逻辑是不是相符合?传统逻辑的观念与亚里士多德的逻辑观念是不是一致?这两个例子是常识,不需要过多解释。但是深入思考一下却可以看出,由此引发的问题明确地归结为一点:什么是亚里士多德逻辑?或者,亚里士多德的逻辑观是什么?甚至引申一步,什么是逻辑?我认为,作为史学研究,可以深入地分析和思考这些问题。但是从逻辑本身的角度,还是应该围绕亚里士多德所说的"必然地得出"来思考。这样,我们就有一个标准,而且是与现代逻辑相一致的标准,以此可以判定什么是亚里士多德逻辑,以及什么是逻辑。而根据这种标准,他的三段论系统,以及围绕三段论系统的那些论述,包括构成三段论推理的命题的形式的论述,以及与真相关的论述,无疑是逻辑。

3. 现代逻辑

与亚里士多德逻辑相比,现代逻辑的语言特征也十分明显,即它完全采用人工语言的方式,这样就使现代逻辑也有两个特征:它是形式的,又是形式化的。比如,一阶逻辑中相应于亚里士多德逻辑中四种不同的命题形式是:$\forall x(Fx \to Gx)$,$\exists x(Fx \land Gx)$,$\forall x(Fx \to \neg Gx)$,$\exists x(Fx \land \neg Gx)$。在这四个句子中,没有任何自然语言保留下来,它们的每一个符号都有明确的含义:"x"是个体变元符号,表示个体;"F"和"G"是谓词符号,表示谓词;"$\to$""$\land$"和"$\neg$"是命题联结词,分别表示蕴涵、合取和否定;"$\forall$"和"$\exists$"是量词符号,分别表示全称量词和存在量词。第一个句子可以读作:对任一 x,如果 x 是 F,那么 x 是 G。意思相当于亚里士多德逻辑中的"所有 S 是 P"。最后一个句子可以读作:有一 x,x 是 F 并且 x 不是 G。意思相当于亚里士多德逻辑中的"有 S 不是 P"。显然,这四个句子完全是形式化的。这样,仅从句子的表述这一点就可以看出，现代逻辑与亚里士多德逻辑形成了十分明显的区别。

第一种区别是，现代逻辑脱离了自然语言的语法形式，因而摆脱了自然语言的束缚。首先，从前面对$\forall x(Fx \rightarrow Gx)$的解释可以看出，这里的 F 和 G 分别相当于亚里士多德逻辑中"所有 S 是 P"中的 S 和 P，因而那里主项和谓项的区别在这里消失了。也就是说，这里的谓词与语法形式中的主语和谓语是有区别的。比如，在"哲学家是智慧的"这句话中，"哲学家"是语法主语，"是智慧的"是语法谓语。但是根据$\forall x(Fx \rightarrow Gx)$的解释，它们都是谓词，这在"对任一 x，如果 x 是哲学家，那么 x 是智慧的"的解读中是显然的。因此，谓词是同一层次的东西，逻辑的谓词与语法中的主语和谓语的区分没有关系。其次，同样是从对$\forall x(Fx \rightarrow Gx)$的解读，我们看到了表示个体的"x"，而这在"哲学家是智慧的"这句话中是看不见的，在"所有 S 是 P"中则是看不清楚的。亚里士多德逻辑没有个体词做主词，因此 S 表达的是类，遇到了个体词做主语的句子，比如"苏格拉底是人"，则把它看作表示类的名词来处理。由于个体与类是有区别的，因此用表达类的方式来处理个体只是一种凑合的办法，实际上是存在不少问题的。而在一阶逻辑这里，除了 x 这样表示个体变元的符号以外，还有 a、b、c 这样表示个体常元的符号。比如"苏格拉底是人"这个句子可以表示为"Fa"。这里，谓词 F 没有变化，不同的只是跟着它的不是个体变元 x，而是个体常元 a。有了表达个体的方式，我们可以处理表达关系的情况。比如"亚里士多德是柏拉图的学生"这句话表达为"Sab"，这里，"S"是谓词，表示"是……的学生"，a 和 b 分别表示亚里士多德和柏拉图。由此可见，谓词总是要以个体词做变元的，无论是个体变元还是个体常元。这不仅说明了类与个体的关系，而且也说明，谓词与个体词是不同层次的东西。第三，从$\forall x(Fx \rightarrow Gx)$可以看出量词的性质。它后面跟一个括号，表明它所限定的一个范围。这样一方面表明了句子中个体起作用的范围，另一方面也表明了对与个体相关的谓词的限制。因此量词与谓词是不同层次的东西。而这在日常语言中是看不出来的，比如"所有哲学家是智慧的"这个句子中，"所有"这个量词只是对主语"哲学家"的修饰和限定，"所有 S 是 P"也是同样。现代逻辑的量词处理在复杂量词的情况下就显得更为重要。比如"有的人是所有人都喜欢的"可以表达为"$\exists x(Rx \wedge \forall y(Ry \rightarrow Xyx))$"。这里的 x 和 y 是两个不同的个体变元，表示不同的个体。存在量词$\exists x$和全称量词$\forall y$表明了个体变元的范围，通过这样的限制说明了句子中"有的人"中的"人"与"所有人"中的"人"是有不同所指的，因而表达了它们之间的"喜欢"的关系。由此可以看出，不同量词所限定的范围是不一样的，因而含有量词尤其是含有复杂多个量词的句子所表达的情况是非常复杂的。第四，从$\forall x(Fx \rightarrow Gx)$还可以看出一个十分重要的特征,即自然语言中连接主语和谓语的那个系词不见了。也就是说,在现代逻辑语言中,没有一个符号表示这个"是"。虽然在我们的解读中作为系词的"是"依然可以出现,比如"如果 x 是 F",但是这仅仅是一种解读,而且也不是必然的,因为可以不这样读,而用其他读法,比如"如果 x 具有 F"或者像弗雷格所说,"如果 x 处于 F 之下"。这说明,"是"仅仅是自然语言中的东西,而不是一阶逻辑中的东西。特别需要指出的是,这里所说的自然语言,主要指的是希腊语以及印欧语系的语言,而不是指其他语系的语言,比如古汉语。我们仅仅是在对照亚里士多德逻辑和现代逻辑论述这里的区别。我强调这一区别,不仅是因为它确实是现代逻辑与亚里士多德逻辑的区别之一,而且是因为,正如本书将试图说明的那样,它在涉及逻辑与哲学的关系的问题上显示出十分重要的意义。

第二种区别是,现代逻辑明确区别了句法和语义。这样它可以分别从句法和语义两个方面对逻辑研究的对象进行说明。一方面,我们说逻辑研究推理,另一方面,我们说逻辑研究真。一阶逻辑的形式系统体现了前一个方面,对这种形式系统的语义说明体现了后一个方面。比如在 $\forall x(Fx \rightarrow Gx)$ 和 $\exists x(Fx \wedge \neg Gx)$ 这两个句子中有"$\rightarrow$"、"$\wedge$"和"$\neg$"这样的命题联结词与"$\forall$"和"$\exists$"这样的量词。为了理解这两个句子,就需要有对它们的解释。解释一个命题联结词是什么意思,即是对它的语义说明。具体一些说,"$A \rightarrow B$"的意思是:不能 A 是真的而 B 是假的,也就是说,或者 A 和 B 都是真的,或者 A 和 B 都是假的,或者 A 是假的而 B 是真的。"$A \wedge B$"的意思是:$A \wedge B$ 是真的,当且仅当 A 是真的,并且 B 也是真的。"$\neg A$"的意思是:如果 $\neg A$ 是真的,A 就是假的,如果 $\neg A$ 是假的,A 就是真的。这样的解释说明了这些命题联结词的含义是什么。解释一个量词是什么意思,也是对它的语义说明。具体地说,$\forall x(Fx \rightarrow Gx)$ 的意思是:如果 a 是 F,那么 a 是 G,并且如果 b 是 F,那么 b 是 G,并且……;因此,$\forall x(Fx \rightarrow Gx)$ 是真的,当且仅当所有个体满足 F 和 G 的相关情况。$\exists x(Fx \wedge \neg Gx)$ 的意思是:a 是 F 并且 a 不是 G,或者 b 是 F 并且 b 不是 G,或者……;因此,只要有一个个体满足 F 和 G 的相关情况,$\exists x(Fx \wedge \neg Gx)$ 就是真的。从这些解释可以看出,命题联结词的含义是通过真和假来说明的。由于它们的真是通过其命题变元的真假决定的,因此它们表现为一种真值函项。量词不是真值函项,但是通过"满足"这一概念,也可以得到对量词表达式的真假的解释。由此可见,在这样的解释中,"真"是其最核心的概念。现代逻辑的发展不仅突出了"真"这一概念,而且提供了对它的精确说明以及一系列重要成果。这与亚里士多德逻辑构成了一个鲜明的区别。我强调这一点,不仅在于这一事实本身,更为重要的是,正如本书将试图说明的那样,它在涉及逻辑与哲学的关系的问题上也显示出十分重要的意义。

此外，现代逻辑自弗雷格的《概念文字》以来已经形成一门科学，一门研究推理的有效性的科学。它以一阶逻辑为基础，沿着不同方向蓬勃发展，尤其是形成了模态逻辑以及非标准模态逻辑这样一个广大的逻辑系统群，对哲学的研究和发展起了非常重要的推动作用。在现代逻辑的研究发展过程中，人们也讨论什么是逻辑的问题，比如，模态逻辑是不是逻辑？二阶或高阶逻辑是不是逻辑？但是，这样的讨论主要是探讨不同逻辑系统的性质之间的区别，以及它们对相关哲学问题的讨论带来什么样的问题和影响。因此就逻辑本身来说，逻辑的对象是清楚的，绝不再像亚里士多德的《工具论》所提供的内容那样模糊。在这种情况下，当人们谈论逻辑的时候，看法可能有所不同，但是，从一阶逻辑出发，从以一阶逻辑为基础的模态逻辑出发，以及从以模态逻辑为基础的非标准模态逻辑出发等等来讨论问题，却是没有什么疑问的。

4. 作为学科的逻辑

我在《"是"与"真"——形而上学的基石》一书最后一章的最后一节"如何理解形而上学"中指出，理解西方形而上学至少要面对语言、思想和学术这样三个层面的问题。学术层面的问题涉及学科分类，由于学科的建立，因而有了学科意义上的东西，比如逻辑、形而上学。由于它们密切相关，因此我们在讨论西方形而上学的主要问题的时候，"绝不能忽略与之相关的这种学科意义上的内容。……忽略这样的内容，大概是要出问题的"。[①] 由于那本书主要集中在语言的层面上，因此虽然在一些地方谈到逻辑与哲学的关系，但是并没有把它作为最主要、最核心的问题来谈；虽然提出了这个问题并且进行了一些论述，但是并没有把它作为一个专门的问题进行充分的深入细致的讨论。这样，那里遗留下来的问题就成为本书的主要任务。

我强调在学科的意义上理解逻辑和哲学，这是因为逻辑是一门学科，哲学也是一门学科，我们是在学科，即它们理论传承的意义上谈论它们之间的关系，而不是谈论日常所说的"逻辑"和"哲学"，比如"强盗逻辑""爱情哲学""处世哲学"，等等。但是理解西方哲学，即使在学科的意义上，为什么要考虑逻辑和哲学的关系？不考虑难道就不行吗？知道西方哲学的主要特征是逻辑分析难道还不够吗？为什么一定非要知道什么是逻辑分析不可呢？如前所述，这两个问题其实是相互联系的。前者是后者更深层次的问题。因此我们可以先考虑后一个问题，然后再考虑前一个问题。

就逻辑分析而言，实际上有两个方面：一个方面是它作为一种知识性的东西

---

① 王路：《"是"与"真"——形而上学的基石》，人民出版社 2003 年版，第 430 页，参见第 427-433 页。

被谈论;另一个方面是它作为一种能力被把握和运用。如果逻辑和逻辑分析仅仅是一种知识性的东西,一种信息,即有这么一回事情,比如一个人可能知道"逻辑是一门学科,是亚里士多德创立的",也可能知道"现代逻辑与亚里士多德逻辑不同,技术性非常强",甚至还可能知道"西方哲学的主要特征是逻辑分析的",那么不明白什么是逻辑分析也就没有什么关系。正所谓知其然,不知其所以然,当然是可以的。但是,如果逻辑和逻辑分析是一种能力,那么就绝不仅仅是知道有那么一回事,而是一定能够运用逻辑和逻辑分析,并且对它本身说出个一二三来。当然,这种能力可能有大有小,有强有弱,因而导致对逻辑和逻辑分析的理解和把握也是不同的。比如,一个人懂亚里士多德逻辑,因而他知道三段论,知道前提和结论之间的推理,还会知道这样的一些格和式,甚至知道运用这样的格和式来分析一些推理,由此说明哲学的逻辑分析特征。此外,他还知道现代逻辑与亚里士多德不同,甚至知道现代逻辑的主要特征是使用符号语言,构造演算,但是他不知道如何使用符号语言,也不知道如何构造演算,更不知道那些关于形式系统的元定理。这样,他对亚里士多德逻辑不仅有知识性的理解,而且有使用和分析的能力。但是对于现代逻辑,他只有知识性的理解,而没有能力把握它,因而没有使用和分析的能力。在这种情况下,他对逻辑的理解,他运用逻辑的那种能力,仅仅是亚里士多德逻辑意义上的,而不是现代逻辑意义上的。这样的能力当然是比较弱的。但是,假如连这种能力也没有,那么对逻辑和逻辑分析肯定不会运用,而且是什么也说不出来的。

因此,对于从事哲学研究,特别是西方哲学研究的人来说,就应该考虑一下:当我们说西方哲学的主要特征是逻辑分析的,我们究竟是不是知道什么是逻辑分析?

毫无疑问,我强调的是对逻辑分析的理解和把握,这是因为逻辑与哲学有十分密切的关系,逻辑对于哲学十分重要,因而理解逻辑分析对于理解西方哲学是至关重要的。从知识性的角度说,自亚里士多德以来,他的《工具论》很长时间一直是逻辑和哲学研究的经典文献,他创立的逻辑一直是哲学家使用的工具。在中世纪,逻辑与语法和修辞被并称为"三艺",是进入神学院学习的基础课。现代逻辑产生以后,随着现代逻辑的发展和普及,它在课堂上逐渐取代了传统逻辑,而且也成为哲学家使用的工具,并导致哲学中的"语言转向",产生了分析哲学和语言哲学。这些情况已经是哲学史上的常识,学过哲学的人几乎都会这样说。但是,如果我们问,亚里士多德逻辑是如何对传统哲学起作用的,现代逻辑是如何导致语言转向的,那么会以上说法的人是不是还能够回答呢?我认为,这至少是一个可以思考的问题。

从事哲学研究的人一般都会同意,哲学研究不是知识性的学习,而是训练和培养不断深入的、批判性的思考能力。说得通俗一些,就是能够不断地问是什么和为什么。在这种意义上,对于研究西方哲学的人来说,明白为什么逻辑会对哲学起作用和如何起作用,肯定比仅仅知道逻辑对哲学有用要有意义得多。因为这种作用的揭示将不仅仅停留在逻辑与哲学的关系这一层面上,而且一定会有助于我们更为深刻地理解西方哲学。

以上我们主要是围绕语言、句法和语义简要介绍了亚里士多德逻辑和现代逻辑,目的在于介绍它们的同时也说明它们之间的显著区别。我们看到,一方面,亚里士多德逻辑从日常语言出发,保留了系词"是"作为逻辑常项,因此突现了它,而现代逻辑从人工语言出发,因而消除了这个"是"。另一方面,现代逻辑通过区别句法和语义,使"真"这个概念突现出来,并形成了重要的理论成果,而亚里士多德逻辑虽然多次谈到它,但是由于没有句法和语义的明确区别,因而没有使"真"这个概念完全突现出来。探讨逻辑与哲学的关系无疑可以有多种方式和途径,而我则试图从亚里士多德逻辑和现代逻辑的区别出发,即从与"是"和"真"相关的问题的角度出发来探讨这个问题。

亚里士多德逻辑是西方人发明的,所谓保留日常语言中的系词"是"也是西方语言中的,因此西方人在哲学讨论中使用起他们的逻辑是自然的,谈论起他们语言中的那个"是"也是自然的。这并不是说他们对逻辑的理解就没有区别,比如亚里士多德对逻辑的理解与黑格尔对逻辑的理解就完全不同,也不是说他们对"是"的理解就毫无差异,比如有人可能在系词的意义上理解,而有人可能在"存在"的意义上理解。但是无论他们对逻辑的看法如何不同,他们所理解的逻辑的基本句式是一样的,都是"S 是 P",都以"是"为核心。不管他们对"是"的理解的差异多大,他们谈论的都是一个共同的概念,都是那个"是"。正是在这样的理解中,体现了一种逻辑和哲学的关系,因为逻辑的基本句式与哲学的核心概念是相通的,而这相通的一点正是那个"是"。

由于亚里士多德逻辑是西方人发明的,由于其保留的日常语言中的那个系词"是"也来自西方语言中,因此我们中国人在学习和研究西方哲学的过程中,在涉及它们的时候,我们的理解就不一定那么自然。因为在我们的语言中,"是"并非一直是"系词",尤其是,它的语法作用,并非像西方语言中的系词那样一直是必不可少的,而且在语法方面,我们的语言没有明确的变形规则,因而理解"S 是 P"固然没有问题,但是把"是"作为一个独立的概念来理解却非常困难。因此也就不难理解,为什么多年以来许多人一直把西方哲学中的这个核心概念理解为"存在"。除了西方人所说的"是"也含有"存在"的意思之外,字面上的通顺可行大概是更主要的理由,因为"存在"无疑是一个概念。不能说这样的理解一点道理都没有,但是我认为,这样的理解有一个最大的问题,这就是阉割了逻辑与哲学的关系。因为从字面上丝毫看不出"S 是 P"与"存在"有什么关系,因而前面所说的西方逻辑与哲学在"是"这一点的相通被彻底地阻断了。

现代逻辑也是西方人发明的,但是由于它是从人工语言出发,脱离了自然语言,因此对于我们中国人来说,它体现了普遍性的特征。也就是说,我们中国人和西方人今天对逻辑的理解是一样的,运用也是一样的,丝毫没有语言方面的差异。在现代逻辑中,"是"这个概念不见了,突出了"真"这个概念。相应地,在应用现代逻辑的哲学中,"是"也不再是讨论的核心,许多人甚至根本不再讨论它,但是"真"这个概念突现出来,成为哲学讨论的核心概念,比如人们讨论真之载体、真之条件以及各种真之理论。这个"真"就是或主要是"是真的"那种意义上的东西。但是长期以来,我们把它理解为"真理"。问题是,"真理"是不是"是真的"的名词形式?它最根本的意思是不是就是"是真的"所指的东西?当然,我们对"真"这个概念也可以提出完全相同的问题。我认为,在中文语境中,逻辑学家在讨论时总是使用"真"这个概念,并且确实是在"是真的"这种意义上理解的,而且他们一般不讨论真理;而哲学家有时候也会谈到"真"这个概念,但是当他们更经常地谈论"真理"的时候,他们并不是在"是真的"这种意义上理解的。因此,不论在字面上"真"有什么问题,至少它体现了逻辑的理解和含义。此外,逻辑学家不讨论这个概念的其他含义,并不意味着它就没有其他含义。因此"真"这种理解既反映了逻辑的理解,同时也没有排除其他理解,因为它体现了"是真的"这种含义,而所有其他含义,假如有的话,也是从"是真的"这里来的。而"真理"这一概念的本意并不是"是真的"这种意义上的东西。所以,当我们讨论西方哲学的时候,如果我们使用"真"这一概念,我们至少从字面上可以看到逻辑与哲学的联系,因而为这样的理解保留了空间。而若是使用"真理"这一概念,也就从字面上断送了这样的理解。所以,我不反对我们自说自话地讨论真理,但是从理解西方哲学的角度出发,我认为我们应该使用"真"而不是"真理"这一概念。

"是"与"真"是西方语言中的基本词汇,也是逻辑和哲学讨论中十分核心的两个概念。无论逻辑学家和哲学家对它们的理解有什么不同,它们在逻辑学家和哲学家的讨论中却是相同的。也就是说,逻辑学家可以有自己对它们的理解,哲学家也可以有自己对它们的理解,而且这样的理解可以是不同的,但是不可能逻辑学家谈论的"是"和"真"与哲学家谈论的"是"和"真"是不同的。正因为这样,逻辑学家的研究才会有助于哲学家们的研究,逻辑才会是哲学的工具,才会对哲学起作用。如果他们所谈的是不同的东西,那么其间还怎么能够有联系呢?逻辑又怎么能够为哲学家所用呢?逻辑还怎么会对哲学起作用呢?有人可能会说,即使逻辑所谈的与哲学所谈的是不同的东西,逻辑也会为哲学所用,逻辑也会对哲学起作用。我认为,在方法论的意义上,这种说法也许是有道理的。问题是逻辑不是凭空产生的,它是应哲学的需要而产生的,因此它自产生之日起就一直与哲学密切联系在一起,而且这种联系的一部分结果是,逻辑考虑的一些概念和问题本身就是哲学的概念和问题。这一点恰恰在"是"与"真"这两个概念上体现得最为清楚。而且,我们并不是单纯地探讨逻辑和哲学的关系本身,而是在如何理解西方哲学的意义上探讨这个问题。这样,哲学史的考虑,文本的考虑就必须始终在我们的视野之内。

从逻辑的角度出发来理解西方哲学,我们就会清楚地看到为什么传统哲学的核心概念是"是",而现代哲学,主要是分析哲学和语言哲学的核心概念却不再是"是"。这与它们使用不同的逻辑无疑有很大关系。看到这种差异,深入地研究这种差异,我们还可以看到,亚里士多德逻辑虽然凸显了句子中的系词"是",反映了句子的语法结构,导致哲学的讨论也主要围绕着谓词对主词的表述,比如亚里士多德的范畴说,康德的分析-综合说,黑格尔的个别-一般说,等等,但是,对"是"所表达的复杂内容却往往无法说清楚。而现代逻辑虽然消除了句子中的系词"是",却更深刻地揭示了句子的逻辑结构,提供了对"是"的新的解释,说明它可以表达类与类的关系或包含关系("哲学家是思想家"),也可以表达个体与类的关系或属于关系("亚里士多德是哲学家"),还可以表达个体与个体的关系或相等关系("晨星是昏星"),等等。有了这个视角,我们不仅可以看到哲学史发展的变化,因而理解为什么可以从谈"是"到不谈"是",也可以通过这种变化而看到哲学史的延续,因而不仅理解人们为什么不再谈"是",而且也可以理解人们对"是"的一些新解,比如说,"是"乃是变元的值。语言带有民族性特征,它的语法结构只是句子的表面形式,因此如果一种逻辑带有这样的性质,势必会有一定的局限性。一种哲学如果应用这样的逻辑,则一定会体现这样的特征。现代逻辑使我们比较深刻地认识到这一点,从而使我们这些非西方人可以更好地理解西方哲学。

从逻辑的角度出发来理解西方哲学,我们还会清楚地看到为什么分析哲学和语言哲学的核心概念是"真",而传统哲学的核心概念却不是"真"。这也与它们使用的逻辑有直接的关系。通过对这种差异的思考我们还发现,传统哲学虽然不是以"真"为核心概念,但是却不是没有对"真"的思考,尤其是在一些大哲学家那里,对"真"的论述还很多。以亚里士多德为例,他的哲学中除了有对"是"的论述之外,也有许多对"真"的论述,十分典型的是他认为"把哲学称为关于真的知识也是正确的"[①]。联系他说的哲学研究"是本身",不是可以明显地看到"是"与"真"的一种联

[①] Aristoteles: *Metaphysik*, Buecher Ⅶ-Ⅺ, griech.- Deutsch, in d. uebers. von Bonitz, H.; Neu bearb., mit Einl. u. Kommentar hrsg. von Seidl, H. ,Felix Meiner Verlag 1984, S. 73.

系吗？当然，人们可以问，即使他有关于真的论述，即使他的论述表明"是"与"真"有密切的联系，但是这是不是就体现了逻辑与哲学的联系？这确实是一个问题。但是，如果我们有逻辑的意识，认识到逻辑与哲学有密切的关系，注意到可以有这样一种从逻辑与哲学相联系来理解西方哲学的角度，就会重视和考虑亚里士多德有关"真"的论述。在这种情况下，如果说在上述论述中逻辑与哲学的联系还不十分明显的话，那么在他那段名言——"否定是的东西或肯定不是的东西就是假的，而肯定是的东西和否定不是的东西就是真的"①——中，逻辑和哲学的关系表现得还不充分吗？这样一来，我们至少可以看到，探讨"真"其实是有逻辑思考的，尽管在传统哲学中不是那样明确。通过这样的角度看哲学史，我们就可以看到，从亚里士多德的哲学到分析哲学，虽然"是"的讨论中断了，但是"真"的讨论却是一直延续的。这会促使我们深入地思考西方哲学的许多问题。比如，这里是不是有专门的语言方面的问题？如果有，怎么样？没有，又怎么样？又比如，如果"是"的讨论中断了，而"真"的讨论一直延续，那么哲学中最核心、最普遍的问题究竟是"是"，还是"真"？这些问题本身无疑是非常复杂的，但是至少有一点是清楚的，即我们是通过对逻辑分析的理解看到这一点的。换句话说，逻辑的理解可以为我们中国人开辟一条理解西方哲学的途径，而且是贯通整个哲学史的理解途径。

自弗雷格的《概念文字》发表之后，逻辑有了迅速的发展，人们称这以后的逻辑为现代逻辑，而称这之前的逻辑，即亚里士多德逻辑以及以它为基础而形成的逻辑为传统逻辑。我们借用这一说法，把相应于现代逻辑以前的哲学称为传统哲学，把现代逻辑产生之后的哲学称为现代哲学。这不是一种严格的说法，只是为了行文方便。

传统哲学是现代逻辑产生之前的哲学，肯定不会受到现代逻辑的影响。因此，它的逻辑分析的特征应该主要是亚里士多德式的。即使这同一种特征，其实也还是有区别的。如果仔细阅读西方哲学史，我们就会发现，有一些著名哲学家同时也是逻辑学家，他们不仅有哲学著作，而且也有逻辑著作。这种现象在中世纪最为突出，有逻辑著作的哲学家非常多。哲学史上也有不少哲学家没有逻辑著作。还有一些哲学家反对逻辑，最著名的是英国经验主义的鼻祖培根，他甚至命名他的著作为《新工具》，向亚里士多德逻辑提出了质疑和挑战。看到哲学史上的这些现象，大概很容易想到，所谓逻辑分析一定是因人而异的。在那些有逻辑著作的哲学家那里，逻辑分析可能会显著一些，而在那些没有逻辑著作的哲学家那里，逻辑分析也

---

① Aristoteles: *Metaphysik*, Buecher Ⅰ-Ⅵ, griech.- Deutsch, in d. uebers. von Bonitz, H.; neu bearb., mit Einl. u. Kommentar hrsg. von Seidl, H.,Felix Meiner Verlag 1984, S. 171.

许不会那么明显。我倒是认为这个问题不能一概而论,而应该从文本出发进行具体的分析。这是因为,有逻辑著作的哲学家显然对逻辑有学科意义上的考虑,但是没有逻辑著作的哲学家未必就没有这样的认识。而且,有逻辑著作的哲学家对逻辑的认识不一定就正确,而没有逻辑著作的哲学家也不见得对逻辑怀有错误的看法。即使对那些批评逻辑的人,也不能轻易地说他们对逻辑的认识不是学科意义上,或者他们的著作中没有逻辑分析。比如培根,即使在他批评逻辑的时候,他的批评也不能是违反逻辑的。总之,这实际上是一个非常复杂的问题。

下面我们以亚里士多德、康德、黑格尔、弗雷格、维特根斯坦、达米特和戴维森为例,具体地说明什么是逻辑分析,从而说明逻辑在传统哲学中和现代哲学中所起的作用。然后我们以柏拉图为例,说明在没有逻辑的时候,人们在哲学研究中如何追求逻辑,如何向着逻辑的方向努力。通过对这些人的思想的探讨,我们试图说明逻辑作为一门学科的重要性。通过对逻辑所起作用的探讨,通过对哲学家们的逻辑追求的分析,我们试图说明,什么是西方哲学中贯穿始终的东西。

第二章
亚里士多德的《形而上学》

亚里士多德不仅是逻辑的创始人,而且是形而上学的开拓者。直观上说,他开创了逻辑,并且认为逻辑是一切科学和证明的基础,因而在他的形而上学中,在他的分析论证过程中,不可能不使用逻辑。实际上,他确实使用了逻辑。比如,他在论证中经常谈到三段论(推理),常常提到"中项""端项"等等。由于这些都是逻辑术语,因此理解这些讨论无疑要联系他的三段论。特别是他明确指出,应该在进入具体的学习之前就掌握逻辑,而不应该到了学习的时候再来研究逻辑。[①] 作为逻辑的开创者,而且又是如此明确倡导逻辑的人,我们确实没有理由怀疑他使用逻辑。即便如此,真正说明他的逻辑在他的哲学中是如何起作用的,仍然需要具体分析他的著作。

在《形而上学》第四卷,亚里士多德明确地提出要研究"是本身",他认为,这样一种研究与任何所谓专门的研究都不同,因为它研究最普遍的东西。虽然他对这种研究与专门的研究进行了

---

① 参见 Aristoteles: *Metaphysik*, Buecher Ⅰ-Ⅵ, S.135; Aristotle: *The Works of Aristotle*, vol. Ⅷ, by Ross,W. D., Oxford 1954, 1005b。

一些区别,但是在这一卷里,他接下来却集中探讨了矛盾律及其相关的东西,包括排中律。这样,直观上就有一个问题:矛盾律及其相关问题的探讨是不是研究是本身?

一般认为,亚里士多德关于是本身的探讨主要集中在实体(ousia)及其相关的问题上,而围绕实体讨论的七、八、九三卷,尤其是第七卷,则是《形而上学》这部著作的核心。因此这里就有两个问题:亚里士多德在探讨实体之前为什么要探讨矛盾律?矛盾律的探讨与实体的探讨有什么关系?当然,有了这两个问题,自然就会产生另一个问题:矛盾律和实体的探讨与研究是本身有什么关系?下面我们分别论述这几个问题。

1. 关于矛盾律

矛盾律的表述是:一事物不能同时既是又不是。它表达的实际上是不矛盾律,而它所针对的看法是:同一事物可以既是又不是。亚里士多德认为,矛盾律是"所有原理中最不可争议的"[1],不应该要求对这条原理进行证明,否则就是缺乏教育。亚里士多德围绕矛盾律进行了深入的探讨,批评了当时许多违反矛盾律的错误看法。他想说明,违反矛盾律最终一定会导致矛盾。《形而上学》整个第四卷几乎都是关于矛盾律的讨论,内容十分丰富,学者们对它的看法也不一样。比如,罗斯认为,亚里士多德一开始关于矛盾律的讨论可以分为七个论证,后来的讨论则是基于这些论证[2];卢卡西维奇认为,亚里士多德关于矛盾律的讨论既有本体论的论证和逻辑的论证,也有一些心理学的论证[3];周礼全则认为,亚里士多德关于矛盾律的讨论有语义方面、逻辑方面、事实与实践方面这样三类论证[4]。尽管学者们的看法不尽相同,但是他们一般都认为亚里士多德在这里有逻辑的论证。当然,他们关于逻辑论证的看法并不完全一样。但是这些观点至少说明我们可以从逻辑的角度来考虑亚里士多德关于矛盾律的论述。

理解亚里士多德的有关论述,这些学者的研究成果很有帮助,他们提供的不同

---

[1] 参见 Aristoteles: *Metaphysik*, Buecher Ⅰ-Ⅵ, S. 139.

[2] 参见 Ross, W. D.: *Aristotle's Metaphysics*, A Revised Text with Introduction and Commentary, vol. I, Oxford 1924, pp. 261-272. 又见汪子嵩等:《希腊哲学史》第 3 卷(人民出版社 2003 年版),该书按照罗斯的解释比较详细地阐述了亚里士多德的这七个论证。

[3] 参见 Lukasiewicz, J.: *Ueber den Satz des Widerspruchs bei Aristoteles*, uebersetzt von Barski, J., in *Zur modernen Deutung der Aristotelischen Logik*, herausgegeben von Oeffenberger, N., Band V., Georg Olms Verlag 1993。

[4] 参见周礼全:《亚里士多德论矛盾律与排中律》,载《周礼全集》,中国社会科学出版社 2000 年版,第 304-340 页。

思考角度也令人深受启发。但是我认为,更值得重视的是亚里士多德本人一开始的一些论述,这些论述属于罗斯所划分的七个论证中的第一个论证,也是这个论证的开始部分,它们与卢卡西维奇所说的逻辑的论证或周礼全所说的语义方面的论证相关。由于这些论述处于亚里士多德论证的起点,因此对它们的理解有助于理解后面的论证乃至整个论述。下面让我们看一看这些论述:

> 首先,"是"或"不是"这个词有确切的含义,因而并非所有事物都会是如此并且不如此,这至少本身是真的。其次,如果"人"有一种含义,那么让这可以是"两足动物";所谓有一种含义,我是这样理解的:如果"人"意谓某种东西,那么某物若是人,则这某种东西就会是"是一个人"对这某物所意谓的。即使一个人要说一个词有几种含义,只要它们是数量有限的,就没有什么区别;因为对各个定义可能会赋予不同的词。例如,我们可能会说"人"不是有一种含义,而是有几种含义,其中的一种含义会有一个定义,即"两足动物",而如果数量有限,则可能还会有几种其他含义;因为对各个定义可能会赋予一个专门的名字。然而,如果定义是没有限制的,而且人们甚至要说这个词有无穷多含义,那么推理显然就会是不可能的。因为不具有一种含义就是没有任何含义,而如果词没有含义,我们相互之间的推理,而且实际上我们自己的推理,也就都毁了。因为如果我们不考虑一个事物,那么考虑任何事物就是不可能的;但是如果这是可能的,一个名字就会被赋予这个事物。
>
> 因此让我们假定,一如开始所说,名字有含义并且有一种含义;这样,如果由于我们不把"有一种意义"等同于"表示有关一个主体的某种东西",因而"人"不仅表示有关一个主体的某种东西,而且有一种意义,那么"是一个人"与"不是一个人"恰恰应该有相同的含义,就是不可能的,因为根据这种假定,甚至"爱好音乐的"、"白的"和"人"都会有了一种意义,因而所有事物都会有了一种意义;这是因为它们都会有了相同的意义。①

为了讨论的方便,我把这一段引文的意思简要分析为以下三点:

第一,"'是'或'不是'这个词有确切的含义,因而并非所有事物都会是如此并且不如此,这至少本身是真的。"

第二,"如果'人'有一种含义,那么这可以是'两足动物';所谓有一种含义,我

---

① Aristoteles:*Metaphysik*, Buecher Ⅰ-Ⅵ, SS.140-143; Aristotle:*The Works of Aristotle*, vol. Ⅷ, 1006a29-1006b15.

是这样理解的：如果'人'意谓某种东西，那么某物若是人，则这某种东西就会是'是一个人'对这某物所意谓的。……如果词没有含义，我们相互之间的推理，而且实际上我们自己的推理，也就都毁了。"

第三，"因此让我们假定，一如开始所说，名字有含义并且有一种含义；这样，如果'人'不仅表示有关一个主体的某种东西，而且有一种意义，那么'是一个人'与'不是一个人'就不可能恰恰有相同的含义。"

这三点的意思十分明确。简单地说，它们可以归为三句话：第一，"是"和"不"这两个词有确切的含义，因此"是"和"不是"有确切的不同含义；第二，其他语词，比如"人"，有确切的含义；第三，因此"是"或"不是"这个词加上其他语词，比如"是人"，或"不是人"，也有确切的不同含义。有了这明确的三点，因此不能说"一事物既是又不是"。比如，不能说"一事物既是人又不是人"。直观上看，这是非常清楚的从语言层面上进行的说明，应该没有什么理解的问题。但是如果我们仔细分析一下，就可以看出，这里的论述还是有区别的。

一种区别是，同样是语言层面的说明，对"是"和"不是"的说明显然比较简单。"本身是真的"是非常明确的说明，没有任何曲解的余地，因此也就用不着解释（也许正是因为可以这样理解，英文把它翻译为"显然是真的"①）。也许恰恰是由于用不着解释，因此读亚里士多德的书，人们对这一点就没有疑问。但是，既然是用不着解释，为什么亚里士多德还要说它？而且还要把这个问题放在一开始就说？表面上看，这是因为它与矛盾律相关，因为它涉及矛盾律的表达方式，因此探讨矛盾律，就不能不讨论它。但是，如果我们想到，亚里士多德讨论矛盾律主要是针对那种"一事物既是又不是"的说法，即那种在他看来违反矛盾律的说法，似乎这个问题本身并不是用不着解释的。因为"既是又不是"的说法与亚里士多德的说明正好相反，因而这样说的人大概不会赞同亚里士多德的说法，也不会认为他的说法是用不着解释的。所以我们要问：亚里士多德的语言分析为什么会导致在这样一个好像并不是用不着解释的问题上断言"本身是真的"？换言之，即使他认为这"本身是真的"，即用不着解释，他的这种看法是从哪里来的？

从字面上看，这里可以有一种理解：亚里士多德说得简单是因为他认为"是"和"不是"这两个词本身在语言上就是没有歧义的，因此不能说"一事物是如此又不是如此"。在这种意义上，似乎亚里士多德仅仅是进行一种语言分析。但是，这样一来，"本身是真的"这个断言似乎就有问题。因为你可以有对"是"和"不是"的理

---

① 参见 Aristotle：*The Works of Aristotle*, vol. Ⅷ, 1006a29；又见 Kirwan, C.：*Aristotle's ⟨Metaphysics⟩, books Γ, Δ, and E*, tr. with notes, Oxford University Press 1971, p.9。

解,别人也可以有对"是"和"不是"的理解,别人怎么就不能说"一事物既是又不是"呢?而且许多人不也正是这样说的吗?

我认为,这里的分析确实是语言层面的,但是它绝不是像语言层面所显示的那样简单,因为它的背后是有非语言层面的东西支持的。这种非语言层面的东西就是逻辑。对于逻辑学家来说,"是"和"不是"是矛盾的,是就不能不是,不是就不能是。这是显然的。这是二值逻辑的典型特征,也是亚里士多德逻辑的典型特征。因此,"一事物既是又不是"肯定是假的,而它的否定,"并非一事物既是又不是",就是真的。从这样一种逻辑视野出发来看问题,把这样的断定看作"是"本身的特征则是非常自然的。由此出发,对"是"和"不是"做出如上语言层面的分析也是自然的。前面我们说过,亚里士多德认为研究形而上学要具备逻辑的修养,不能临时抱佛脚。因此理解亚里士多德的这种语言分析,应该把它放在逻辑的背景下。这是因为,亚里士多德在逻辑著作中,比如在《解释篇》中,对"是"和"不是"已经有十分明确和详细的论述,而这里的讨论只是基于那里的研究成果,因此他用不着再多说什么。

相比之下,对与"是"和"不是"不同的语词的说明则要复杂一些:不仅多说了许多话,而且还是通过举例来说明的。一般来说,对语词的说明需要基于语言学知识,这方面亚里士多德有什么研究和理论,我们不是特别清楚。但是他的说明意图却是清楚的,即一个词是有含义的。至于他的具体说明是不是清楚,则需要具体分析。这里,我认为有两点值得注意,一点是亚里士多德以"人"为例,他给的解释是"两足动物"。这是亚里士多德在形而上学讨论中经常使用的一个例子,也是希腊哲学家们经常讨论的一个例子。另一点是他说的"所谓有一种含义,我是这样理解的"。这里的"理解"是亚里士多德个人的,至少亚里士多德认为是他个人的,因而它不是当时流行的,也不是他总结的前人的理解。① 因此这种理解就值得我们重视。下面我们就来看一看亚里士多德的这种理解。

"人"是一个词,有一种含义,即意谓某种东西,比如"两足动物",这是容易理解的,因为可以说"人是两足动物"。在这一前提下,就有了"如果'人'意谓某种东西,那么某物若是人,则这某种东西就会是'是一个人'对这某物所意谓的"这样的理解。这句话不是特别直观,它的意思是说:如果苏格拉底是人,则可以说苏格拉底是两足动物。也就是说,由于"人"的含义是"两足动物",因此"两足动物"可以意谓"人"所意谓的东西。不论亚里士多德的解释是不是有道理,这至少是一种解释的

---

① 这里涉及亚里士多德的研究和写作方式,从《形而上学》这样的著作可以看出,他总是先阐述或综述前人和已有的研究成果,然后才提出自己的看法。因此我认为,这里所说的"我的理解"具有独特性。

方式,而且是他自己的。因此,我们理解亚里士多德的解释首先就要理解他的这种解释方式。实际上,基于这种解释方式,引文中其他的意思也是清楚的。比如,"理性动物"只是"人"的一种含义,因而"人"可以有许多含义,比如"爱好音乐的""白的""会语法的"等等,因而可以说"人是爱好音乐的","人是白的","人是会语法的"等等。但是这并不会影响以上的解释,即在这些含义的前提下,如果苏格拉底是人,则可以说苏格拉底是爱好音乐的,苏格拉底是白的,苏格拉底是会语法的,等等。按照这样的理解,一个词无论有多少含义其实也是没有关系的,但是亚里士多德要求一个词的含义必须在数量上是有限的。这明显是亚里士多德对语词含义本身的一种看法,即一个词的含义不能是有穷多的。但是亚里士多德的这种说明方式却不是局限在语词本身。他所说的"某物"其实是指任何东西,比如 x,与此相似,其各种不同含义也可以是不确定的东西,比如 F、G、H、I,等等。这样,亚里士多德的理解其实就是:在 G、H、I 等等是 F 的含义的前提下,如果 x 是 F,就可以说 x 是 G,x 是 H,x 是 I 等。由此可以看出,这样的理解显然不是语言层面的语词含义的分析。这样一种以"如果……那么"方式的说明显然也不是语言学家对语言含义的经验分析。

亚里士多德的这种说明与现代逻辑的理解十分相似,尤其是看到他说的"推理",就更容易使人接受这样的理解。因此如果按照现代逻辑来解释,那么不仅比较容易,而且也没有太大不一致的地方。但是由于亚里士多德并没有形成现代逻辑意义上的量词理论,因此尽管相像,我们也不能按照量词理论的方式来解释它。这样,我们就要问,为什么亚里士多德会有这样的解释?

我认为,虽然亚里士多德的解释不是依据现代逻辑,但是它同样是依据逻辑,这就是他自己的逻辑理论。由于他的逻辑理论与现代逻辑也有相似之处,特别是由于现代逻辑比他的逻辑理论强,因此在他基于他自己的逻辑理论进行解释的地方,基于现代逻辑来解释也是可行的。正因为如此,以上解释即使是基于现代逻辑,也不是没有道理的。只不过在史学研究的意义上,我们还是应该看一看亚里士多德本人的逻辑理论。

亚里士多德主要有两个逻辑理论,一个是《论辩篇》中的四谓词理论,另一个是《前分析篇》中的三段论理论。上述讨论所涉及的主要是他的四谓词理论。根据这一理论,一个谓词可以是主词的定义、固有属性、属或偶性。由于这一理论排除了个体词做主词,因此它的主词也是类概念。如果把一个类看作种,那么对这个类的表述就是属。这样,就有了种与属的关系,比如属显然谓述种,而定义是属加种差,谓述的也是种,等等。[①] 对于种和属的关系,亚里士多德有非常详细的论述。比如

[①] 参见亚里士多德的《论辩篇》(Aristotle: *The Works of Aristotle*, vol. I, by Ross, W. D.);又见王路:《亚里士多德的逻辑学说》。

他认为，属谓述种的本质范畴，如果某个属谓述某个种，那么这个属本身和它的更高的属都谓述这个种①，因为所有更高的属都应该谓述这个种②。这显然是论述了种和属的一种关系，即如果"S是P"中的S是种，而P是属，那么凡是P的属也是S的属，因而也可以谓述S。又比如，如果"P是Q"中的Q是P的属，那么它也是S的属，因而可以说"S是Q"。但是在亚里士多德论述属和种的关系的时候，他常常把他论述的这种关系施用于个体词，由此也说明他的逻辑理论可以应用于对个体词的分析。比如他认为，个体分享种，也分享属。③ 这里的意思显然是说，如果x是种，那么x也是属。即在"S是P"的前提下，如果x是S，那么x是P。又比如他认为，定义必然也谓述种和分享种的东西。④ 这里的意思也很清楚，对于"S是P"，如果P是定义，谓述S，那么S就是种，而在这种情况下，分享种的东西即"x是S"中的x，也分享P。也就是说，如果x是S，那么就一定可以说x是P。具体到上述引文的说明，"人"与"两足动物"恰恰是种和属的关系。

对照亚里士多德在《论辩篇》的论述与上述引文就可以看出，它们是有区别的。在《论辩篇》中，亚里士多德说的是"种""属""定义""分享"等，而在上述引文中说的是"词"、"含义"、"意谓"等等。但是经过以上分析，可以十分清楚地看出，这样的区别也仅仅是表述方式的不同，而在这种不同的表述方式的背后隐藏着差不多完全一样的论述思路和方式。因此可以认为，在《形而上学》中，由于探讨的东西不同，因此亚里士多德从语言层面上进行了论述，但是这种论述所依据的是他的逻辑理论。

另一种区别是，对"是"和"不是"的说明更加明确，明确到说"是"或"不是""这个词"，而对其他"词"本身的说明并不是那样明确，不明确到仅仅以"人"为例。表面上看，前一种说明是对"是"本身和"不"本身的说明，因为"不是"正是"不"和"是"相加的结果，而对其他语词的说明只是围绕着"是"来说的，而没有涉及"不是"，即没有涉及"不"。由此也就说明，上述第三点结论，即"是一个人"和"不是一个人"的区别，主要取决于"是"和"不是"，而不是取决于一般的语词本身。在这种情况下似乎可以认为，亚里士多德最主要的区别还是在"是"和"不是"上面，而像"人"这样的概念则处于一个不是那么重要的地位，因而可以理解，对于语词本身含义的分析并不是那么重要。

我认为，这里一定要结合亚里士多德的逻辑来考虑。在亚里士多德论述逻辑

---

① Aristotle：*The Works of Aristotle*，vol. Ⅰ，122a35-38.
② 同上书，122a6。
③ 同上书，121a39。
④ 同上书，122b10。

理论的时候,"是人"也是一个例子,不过这是《解释篇》中常用的一个例子,而到了《前分析篇》中,它就不怎么用了。这里的区别是,在《解释篇》中,亚里士多德虽然探讨了句子的基本形式,却没有使用字母变元,而在《前分析篇》中,他使用了字母变元。从字面上考虑,"是人"肯定是有含义的,但是从逻辑的角度考虑,这个问题就有些复杂。由于"是人"非常自明,因此虽然它本身有含义,但是亚里士多德在使用它的时候是不是要求考虑它本身的含义就是个问题。按照习惯,逻辑学家举的例子总是非常自明的,目的是为了显示例子所表现的句子或推理的句法结构。因此应该考虑,亚里士多德用"人"是表达一个具体的概念,还是借助它那自明的含义表示一个概念变元?当然,这只是一个可以进一步思考和研究的问题。① 但是有一点却是明白无误的,这就是:"是"这个词在亚里士多德逻辑中却是恒定的,即它是一个逻辑常项。从这种理解出发,无论有什么歧义,至少有一点是清楚的:"是"的恒定作用是明白无误的。在这种意义上,无论是把"人"当作一个确切的概念来理解,即理解"是人"本身的含义,还是不把它当作一个确切的概念来理解,即理解"如果 x 是人,那么 x 是两足动物",都没有什么关系。因此,这些理解都是围绕着如何理解"是"这个问题,因此说明亚里士多德突出强调的是什么东西。

根据以上解释,亚里士多德的其他论述和论证也是非常容易理解的。下面我们举几个例子来说明一下。

比如,在第四卷接下来的说明中,亚里士多德指出,由于一事物不可能既是又不是相同的东西,因此说它是"人"和说它是"非人"乃是有歧义的。"这里的问题主要不是在于,同一事物是不是能够名义上同时既是一个人又不是一个人,而在于,同一事物是不是能够实际上同时既是一个人又不是一个人。"② 亚里士多德还认为,这些说明也适合于说明"不是人"。既然"是白的"和"是人"已经是不同的了,那么"是人"和"不是人"就意谓不同的东西。由于"不是人"与"人"是更对立的,因而"它一定更有理由意谓不同的东西"③。

我的问题是:在这一段说明中,"非人"是什么意思?由于亚里士多德的论述还涉及"不是人",涉及与"白的"等语词的比较,因此我们也应该把这两个词联系起来看。首先可以问:"非人"究竟是指一个具体的语词,还是泛指与"人"不同的语词?这里,我们其实又遇到与前面同样的问题。如果它本身是一个具体的语词,则说明古希腊人就是这样说话的,即他们说"非人"。而如果它泛指与"人"不同的语

---

① 参见王路:《"是"与"真"——形而上学的基石》,人民出版社 2003 年版,第 148-158 页。
② Aristotle: *The Works of Aristotle*, vol. Ⅲ, 1006b18-22.
③ 同上书,1007a1-4。

词,比如"白的""爱好音乐的"等等,则它具有一种表示词项变元的作用。在这种意义上,亚里士多德说的"是白的"则是"是非人"的一个具体实例。因此,"是非人"只是一种与"是人"不同的表述,它与"不是人"不同。由此亚里士多德想说明,"是人"与"是非人"是不同的,但是"是人"与"不是人"是更不同的,即它们是对立的。

但是另一方面又可以问:难道"非"这个词本身就没有否定的含义吗?换句话说,前面已经说过,亚里士多德明确说明一个词有确定的含义,因此"人"与"白的"肯定各自有确定的含义,它们的含义一般来说肯定是不同的。但是如果真说它们之间有反对甚至对立的关系,则似乎是有问题的。比如"人是白的"和"人是两足动物"尽管表达的意思不同,却很难说它们是对立的或反对的命题。这样一来,上述理解就有了问题。因此,亚里士多德这里的说明和论述并不像看上去那样简单。

我认为,这里应该联系亚里士多德的逻辑思想来理解。在逻辑著作中,亚里士多德称加在名词上的词"不"或"非"为不定词,他认为把"不"或"非"这样的词加到名词上,会产生不定命题,比如"S是非P"。这里,"非"是与"P"结合在一起的。从形式上看,这是一个与"S是P"一样的肯定命题,而从内容上看,它又似乎是一个与"S不是P"一样的否定命题。因此它自身是一个不确定的命题。这样就会给探讨命题之间的逻辑关系带来问题。比如,使用不定命题来表达,会使所表达的属性不确定,因而导致命题的分类不唯一,即不知道应该把"S是非P"看作肯定的还是否定的。又比如,由于不定命题常常只是表达偶性,因此不利于判定命题的真假。所以,亚里士多德虽然探讨了这类命题,但是最终在自己的逻辑系统中排除了这类命题。① 虽然在逻辑中经过讨论最终可以排除像"S是非P"这样的不定命题,但是由于它是一类表达方式,因此在形而上学的讨论中也是不能回避的。但是,既然这里讨论的是相同的问题,因此那里的思想同样也是适用的。所以可以认为,一方面,"是人"与"是非人"是不同的,二者具有相反的含义,而这种相反的含义是以"是"的方式体现的。另一方面,"是"与"不是"也是不同的,但是这种不同比前一种不同的力量更强,因为它表示的是一种根本的对立。由此可以看出,亚里士多德实际上是进一步说明了"是"与"不是"的含义是明确的,强调的仍然是不能违反矛盾律。

又比如,亚里士多德认为,"如果当肯定为真时否定为假,而且当否定为真时肯定为假,那么就不可能同时真的肯定和否定同一事物。但是也许他们可能会说这就是有待解决的问题"②。这一段话非常短,没有任何进一步的解释。罗斯认为它是亚里士多德提出的七个论证之一。虽然简要,但是在亚里士多德逻辑的背景下,

---

① 参见王路:《亚里士多德的逻辑学说》,第82—84页。
② Aristotle: *The Works of Aristotle*, vol. Ⅲ, 1008a34-1008b2.

联系前面说的三点,则没有什么理解的困难。这里实际上明确提出了断定与否定、真与假的关系。之所以没有进一步论证,乃是因为他在逻辑著作中已经有过明确的论述。根据他的看法,肯定命题是指某物对某物的肯定的断定,而否定命题指某物对某物的否定的断定。① 因此这里所谓的肯定是指说"是",而所谓的否定是指说"不是"。在这种前提下,亚里士多德的意思很明白,如果"是"是真的,"不是"就是假的,如果"不是"是真的,"是"就是假的。因此,所谓不能同时肯定和否定同一事物,乃是指不能说"一事物既是又不是"。

再比如,亚里士多德在探讨矛盾律的过程中谈到了众多古希腊流行的观点,包括普罗泰格拉斯、阿那克萨哥拉、德莫克利特、赫拉克利特、克拉第鲁等人的观点。仅以他关于普罗泰格拉斯的观点的一些讨论为例。亚里士多德认为,普罗泰格拉斯的学说也是由于违反矛盾律而形成的。这是因为,一方面,如果所有意见和现象都是真的,那么所有陈述一定同时是真的和假的。因为许多人持有相互冲突的信念,并认为谁与他们的意见不同谁就是错误的。因此同一事物必然既是又不是。另一方面,如果同一事物既是又不是,那么所有意见就一定是真的。因为那些错的人和那些对的人在他们的意见中相互对立。这样,如果现实如同有关观点使人以为的那样,那么所有人的信念都将是对的。②

普罗泰格拉斯的学说以"人是万物的尺度"闻名遐迩。简单地说,人说什么就是什么,即世界的情况以人的认识而定。亚里士多德的论证则是从"人是万物的尺度"得出了"一事物既是又不是",并从"一事物既是又不是"得出了"人是万物的尺度"。从"人是万物的尺度"出发可以得出,每一个人都以自己的观点为准。但是,由于人们相互之间会有完全不同的意见和看法,因此他们这些不同观点的陈述就会是不同的,即就会有些是真的,有些是假的,只不过他们各自认为自己的观点是正确的,而别人的不同观点是错误的。这样,对同一事物,张三可能会认为是,李四可能会认为不是,因此结果就会是:一事物既是又不是。而从"一事物既是又不是"出发可以得出,假定这一情况是真的,那么一定会有如下结果:对同一事物,"是"表述的观点是真的,"不是"表述的观点也是真的。这样就形成了正确观点与错误观点的对立。但是由于现实是依人的看法而定的,所以所有人的信念都是对的,因此人是万物的尺度。

还有,亚里士多德认为"是"和"不是"是矛盾的陈述,而矛盾的陈述不能同时为真。他明确指出:

---

① Aristotle: *The Works of Aristotle*, vol. I, 17a25-26.
② Aristotle: *The Works of Aristotle*, vol. III, 1009a7-15.

> 矛盾陈述之间不能有中介物,我们必须对一个主项要么肯定任一谓项要么否定任一谓项。首先,如果我们定义真和假是什么,那么这一点是清楚的。说是者不是,或者不是者是,就是假的,而说是者是,不是者不是,就是真的;因而谁说任何事物是或不是,他就要说什么是真的或什么是假的;但是是者和不是者都不被说成是或不是。①

这一段主要谈论的是"是"与"真"的关系,因此谈到"是"与"不是","真"与假"是很自然的。但是值得注意的是它还清楚地谈到"主项"和"谓项"、"肯定"和"否定"。前面我们已经说过亚里士多德关于肯定和否定的论述,因此所需要考虑的只有"主项"和"谓项"。而在这一点上,"S 是 P"这样一种表达方式和结构立即突现出来。这样,亚里士多德的几层意思就十分清楚地表达出来。

第一,"S 是 P"是一种最基本的表达,其中,S 是主项,P 是谓项;S 是所要表达的东西,P 是对 S 的表达;P 的表达有两种情况,一种情况是对 S 的肯定,即"S 是 P",另一种情况是对 S 的否定,即"S 不是 P"。

第二,一个表达,即一个肯定或否定,或者说,一个肯定的断定或一个否定的断定,可能是真的,也可能是假的。因此,如果"S 是 P"是真的,那么"S 不是 P"就是假的;如果"S 是 P"是假的,那么"S 不是 P"就是真的;并且反之亦然。

第三,事物的实际情况是一回事,对事物情况的表达是另一回事。因此,如果事物的实际情况是"S 是 P",而我们也认为"S 是 P",那么我们这种认识就是真的;但是如果我们认为"S 不是 P",那么我们这种认识就是假的。如果事物的实际情况是"S 不是 P",而我们也认为"S 不是 P",那么我们这种认识就是真的;但是,如果我们认为"S 是 P",那么我们这种认识就是假的。

亚里士多德虽然没有像我们这样以"S 是 P"这种方式,而是以"说是者是"或"说是者不是"这种方式来论述,但是在他的逻辑背景下,联系他在前面关于"是"和"不是"的说明,再联系他这里所说的"主项"和"谓项"、"肯定"和"否定"、"真"和"假",看出以上三层意思是没有什么困难的。第一层是句法的层面,第二层是语义的层面,这两层都属于逻辑的考虑。而第三层则是形而上学的层面,即它要说明什么是"真"。由此也可以看出,亚里士多德关于什么是"真"这个形而上学的探讨依赖于逻辑。因此,理解亚里士多德逻辑对我们理解他这里的哲学思想是有帮助的。

从以上论述可以看出,亚里士多德在讨论矛盾律的过程中首先明确"是"的含

---

① Aristotle: *The Works of Aristotle*, vol. Ⅲ, 1011b25-30.

义,因此我也非常强调要重视对亚里士多德关于"是"的论述和理解,并且强调要在他的逻辑的背景下来理解。亚里士多德首先明确它,简单地说,因为这是讨论的起点。我强调要重视它,则没有这么简单。因为我认为,这里不仅涉及对亚里士多德关于矛盾律的论述的理解,而且涉及对亚里士多德整个形而上学思想的理解。因此需要多说几句。

直观上可以问:为什么亚里士多德的讨论要从确定"是"这个词的含义开始?从《形而上学》这部著作来看,亚里士多德考虑它的表述方式的地方非常多。比如他在第四卷明确地说,"一事物可以在许多种意义上被说成'是'"①,在第五卷中也说,"事物被说成'是',可以在偶性的意义上,也可以依其自身"②,而在第七卷一上来又说,"正如我们在本书前面论述词的各种意义时指出的那样,在好几种意义上,人们都可以说一事物'是'"③。在这么多地方,不断重复论述这同一个问题,可以说明亚里士多德非常重视这个"是"。但是如果仔细分析一下,还可以看出,这些论述说明"是"乃是一种表达方式。当然,"是"的意义绝不在于它仅仅是一种表达方式。因为从语言的角度说,它是希腊语中一种普遍的表达方式,可以在不同的意义上进行表述,而从逻辑的角度说,它是"S是P"这种最基本的句子结构中最核心的要素,导致与推理的有效性相关,因而与命题的真假相关。因此,明确它的含义,不仅涉及有关它的表述,而且涉及与它的表述相关的一系列问题,其中最主要的就是"真"的问题。因此可以说,亚里士多德非常重视"是"的表达方式。

这样,就可以进一步问:为什么亚里士多德会重视"是"的这种表达方式?在我看来,这里可能有两个原因。一个原因是比较明显的。既然提出要研究"是本身",怎么能不重视"是"的表达方式呢?如果连"是"的含义都不清楚,哪里还谈得上研究"是本身"呢?另一个原因需要一些分析。由于"是"乃是"S是P"中的核心要素,因而是亚里士多德逻辑中的核心要素,而逻辑又是研究形而上学必须要具备的修养,因此必须重视逻辑在形而上学研究中的作用。在这种意义上,重视"是"的表述也就是重视逻辑,重视这种研究哲学的视野和方法。无论明显还是不明显,经过以上对亚里士多德关于矛盾律的讨论的分析,这两个原因还是可以看得非常清楚的:他讨论问题的方式,区别出的问题的层次,或隐含的所讨论的问题,恰恰都说明了这两个原因。

明确了以上两点之后,仍然可以再问:既然确定"是"的含义与理解矛盾律相

---

① Aristotle: *The Works of Aristotle*, vol. Ⅲ, 1003a33.
② 同上书,1017a7。
③ 同上书,1028a10。

关,因而与讨论"是本身"相关,那么矛盾律的讨论与是本身的讨论有什么关系呢?此外,矛盾律的讨论又与第七卷讨论的实体有什么关系呢?

2. 关于实体

亚里士多德在第七(八和九)卷集中探讨了实体的问题。学者们一般都认为这是《形而上学》最核心的部分。下面我集中探讨亚里士多德在第七卷的一些论述。

正如在讨论亚里士多德有关矛盾律的论述时那样,这里我依然非常强调亚里士多德在一开始,即其第一章对实体的论述。我认为,这些论述不仅有助于我们理解他后面的论述,而且有助于理解他整个形而上学思想。亚里士多德说:

> 正如我们在本书前面论述词的各种意义时指出的那样,在好几种意义上,人们都可以说一事物是;因为在一种意义上,所谓的"是"乃是所是者或这东西,而在另一种意义上,它意谓质或量或者其他一种像它们一样做谓述的东西。由于"是"有所有这些含义,显然"是"者最主要地乃是那表示事物实体的所是者。因为当我们谈到一事物是什么质的时候,我们说它是好的或坏的,而不说它是三肘长或它是一个人;但是当我们说它是什么的时候,我们不说"白的"、"热的"或"三肘长",而说"一个人"或"一个神"。所有其他东西被称为是,乃是因为它们有些是这种第一意义上是者的量,有些是它的质,还有一些是它的属性,还有一些是它的其他属性。……只有通过是其所是,有上述规定的东西才是是者。由此可以得出,那种是第一性是者——不仅是特定意义上的是者,而且是绝对的是者——的东西就是实体。
>
> 现在,"第一性"是在许多意义上使用的。然而,在各种意义上,实体都是第一性的,无论是根据定义,还是根据认识和时间。因为没有东西能够与其他种类的规定性分离;只有实体可以做到这一点。因此实体根据定义也是第一性的。因为在定义中必须包含着实体的定义。而且我们认为,当我们知道一事物是什么,比如人是什么,火是什么,而不是仅仅知道它的质,它的量,或它的地点的时候,我们最完全地知道它。因为我们只有知道量或质是什么,才能知道这些性质。这个早就提出并且仍在提出而且总是要提出的问题,这个总是充满疑问的问题,即"是者是什么?"恰恰是这样一个问题:实体是什么? 因为恰恰是这个问题,有人说是一,又有人说是多,有人说是有限的,有人说是无限的。因此我们必须主要地,首要地,而且几乎专门地考虑:一种东西,它是

这种意义上的是者,这种东西究竟是什么?①

为了讨论的方便,我同样把这段话分成如下三点:
第一,"是"表示"所是者"②和"这东西",在这种意义上,它表示实体;"是"在另一种意义上表示质、量或其他谓述方式。
第二,真正认识一事物,就是知道它的实体,即知道它是什么。
第三,"是者是什么?"这个问题恰恰是"实体是什么?"

直观上看,这三点是相互联系的,因此形成了一个比较清晰的思路。由于在"是"的诸种含义中"所是者"是主要的,而对我们的认识来说,这种含义也是最重要的,因此我们就要考察这种含义。当然,用亚里士多德的话来说,"是"的这种含义就是实体,因此他要考察的是实体。反过来考虑也是一样:他要考察实体,因为实体对我们的认识最重要,而且它也是"是"所表达的一种主要含义。但是如果我们仔细思考一下,还是会发现问题的。

首先是一个最直观的问题,即亚里士多德要从对"是本身"的思考转到对"实体"的思考。这样就有一个问题,形而上学的核心概念究竟是是本身,还是实体?必须看到,虽然亚里士多德在这里从是本身转到实体,由此往后开始讨论实体,因而关于实体的讨论可以说是他的形而上学的核心内容,专家们一般也认同这一点,但是他的形而上学的核心问题却是"是本身",而不是实体。尽管亚里士多德这里认为人们关于实体的看法不一致,因而需要探讨实体是什么,但是这并不意味着形而上学主要是研究实体的学说。从字面上看,亚里士多德在第四卷明确地说形而上学研究是本身,而在第七卷这里,他把关于是的问题归为关于实体的问题,似乎实体比是本身乃是更根本的问题。在这种意义上,难道不能说探讨实体与探讨是本身就是一回事吗?我认为,理解上述引文的思路对于回答这个问题大概是有帮助的。

前面我把这一思路分为三点。现在可以解释一下它们。简单地说,第一点是关于"是"的事实描述,第二点是关于强调实体的理由,第三点是转向实体。比较而言,理由的主观性多些,而事实描述的客观性多些。因此我们先看第一点。

在这第一点上可以看到,一方面,"是"乃是一种表述方式,"说一事物是"和"作

---

① Aristoteles: *Metaphysik*, Buecher Ⅶ-ⅩⅣ, SS. 2-7; Aristotle: *The Works of Aristotle*, vol. Ⅷ, 1028a10-1028b8.
② 对于亚里士多德这里所说的"ti esti",有人主张翻译为"是什么",我认为这个翻译也很好,而且我曾经详细讨论过这个问题(参见王路:《"是"与"真"——形而上学的基石》,第145-148页)。这里采用"所是者",主要是为了与一般的"是"即"是什么"相区别。

谓述的东西"显然都表明了这一点。另一方面,"是"又具有表述的含义,而且不止有一种含义,"所是者"、质、量等则是这方面的说明。由此可见,实体仅是从"是"的表述含义方面引申出来的东西,而且仅是它的诸种含义中的一种含义,尽管是一种主要的含义。看到这些,就可以明白,实体与是本身还是有很大区别的。探讨实体乃是在是本身这一主题下的具体研究,它可以是探讨是本身的一种方式或角度,但是它绝不等同于探讨是本身。

虽然"是"有诸种含义,但是亚里士多德认为实体是其最主要的含义,因为这对我们的认识来说最为重要。这种看法符合他关于智慧层次的区分,即要考虑那种最高的智慧。从认识的角度说,这就是"最完全的知道"。从他的具体说明来看,"这是人",即实体的表述,比"这是白的",即质的表述,是更完全的认识。这样就为他转而研究实体提供了理由。应该说,这些看法虽然是他自己的,是主观的,却也不是没有道理的。无论我们是不是同意他的观点,至少我们在这第二点上没有什么理解的问题。

有了这样一个开场白,经过第二章综述了一些关于实体的不同看法,亚里士多德从第三章开始了对实体的讨论。他首先说:

> 实体一词即使没有更多的含义,至少也要用于四种主要对象;因为是其所是和普遍的东西和属被看作是各事物的实体,第四还有基质。①

这段话的意思比较明确,没有什么理解的问题。它说明实体主要在四种意义上理解:是其所是,普遍的东西,属和基质。至于说这四种东西是什么,则有待以后讨论说明。而对它们的说明是不是清楚,则更是以后的问题。重要的是这里指明了一个讨论方向,因此对实体的讨论可以是非常具体的,几个方面也是清楚的。实际上,亚里士多德关于实体的讨论正是围绕这四个问题展开的,区别不过是在有的问题上讨论得多些,在有的问题上讨论得少些;有些地方的讨论清晰一些,因而我们理解的问题少一些,而有些地方的讨论不是那么清晰,因而我们理解的问题多一些。

对亚里士多德有关实体的论述,人们有许多不同的解释和看法。其中主要问题之一是关于第一段引文中"这东西"的理解。

罗斯认为,"所是者"(ti esti)与"这东西"(tode ti)这两个短语说明了亚里士多

---

① Aristoteles: *Metaphysik*, Buecher Ⅶ-ⅩⅣ, S. 7; Aristotle: *The Works of Aristotle*, vol. Ⅷ, 1028b32-35.

德实体学说有两个方面。"所是者"乃是某物的所是者,即对"是什么?"这个问题的回答;"而'这东西'(this)不是任何事物的这东西;它不过是个个体"①。这种观点在西方比较普遍,比如德文译本甚至直接把它翻译为"Einzelnes"(Dieses-da)②。基于这种看法,把"这东西"理解为"个体"的为多。国内学界一般赞同这种观点,有人甚至把它发挥,认为"每一'这某物'的存在是一件直接的、不经判断与表述的事实,众多的'这某物'就构成人所面对的这个世界。……亚里士多德实体论的初衷亦是精要即在于此"③。

"这东西"(tode ti)的个体解释主要基于两点,一点是根据希腊语的语法,另一点是联系《范畴篇》。根据语法,"tode"是一个具有很强指示代词意义的词,也可以被看作是一个指示代词,"ti"是一个不定代词。二者结合起来表示一个不确定的个体。特别是在有的地方亚里士多德还谈到"toionde"及其与"tode ti"的区别,前者指普遍的,意思是"这样的",或"这类的",与"这东西"形成对照。④ 因此英文的"this"和德文的"Dieses-da"的翻译都是不错的,不仅从字面上反映了这个短语的希腊文语法,而且也可以反映出这个短语所表达的意思。在这种意义上,中文翻译"这东西"或"这某物"也大致相当。

根据《范畴篇》,亚里士多德区别出第一实体和第二实体,第一实体是个体东西,第二实体是种和属,即类。而且他明确地说,第一实体是"最真的、第一性的和最确定的意义"的实体。⑤ 联系《形而上学》对"基质"的说明,即"其他所有事物都谓述它,而它本身不谓述其他任何事物"⑥,恰恰符合《范畴篇》对第一实体的说明。这说明亚里士多德对实体的考虑依然延续了《范畴篇》的考虑。因此,如果把亚里士多德这里说的"所是者"和"这东西"理解为类和个体,则符合亚里士多德在《范畴篇》中关于第一实体和第二实体的区分,也比较符合常识。

这样的翻译和理解不仅符合希腊文的语法,而且也符合亚里士多德在《范畴篇》的相关论述,同时也体现了亚里士多德思想的延续和发展,因此似乎很有道理。但是它却给人们理解亚里士多德在《形而上学》中的论述造成很大麻烦,因为基于这种个体实体的理解,亚里士多德有关实体的许多论述,比如关于本质的论述、关

---

① Ross, W. D.: *Aristotle's Metaphysics, A Revised Text with Introduction and Commentary*, Vol. 2, Oxford 1924, p. 159.

② 参见 Aristoteles: *Metaphysik*, Buecher Ⅶ-Ⅺ, S. 7.

③ 颜一:《实体(ousia)是什么?——从术语解析看亚里士多德的实体论》,《世界哲学》2002 年第 2 期, 第 74 页。

④ 参见汪子嵩等著:《希腊哲学史》第 3 卷, 第 727-728 页。

⑤ 参见 Aristotle: *The Works of Aristotle*, vol. Ⅰ, 2a12-18.

⑥ Aristoteles: *Metaphysik*, Buecher Ⅶ-Ⅺ, S. 9.

于定义的论述、关于普遍的东西的论述等等,都是有问题的。对于这样的问题,不少人认为这是因为亚里士多德本人在许多地方说得不清楚,有人怀疑亚里士多德是否始终能够控制住有关实体这两个对立的方面,他是否始终能够使它们协调一致①,有人则干脆认为亚里士多德在《形而上学》中存在着个体和普遍的双重矛盾②。在我看来,这里的问题其实并不在亚里士多德本人,主要还是在于对亚里士多德的理解。为了讨论的方便,我把所有这些问题简单地归结为一个问题:亚里士多德所说的实体究竟是一种类,还是一种个体?

帕兹希认为③,有关第一实体和第二实体这样的解释包含着一些偏见。"这些偏见可能看上去是很自然的,但是在亚里士多德 Z 卷的解释过程中却证明是错误的。"④根据他的看法,当人们说"苏格拉底是一个人"的时候,实际上是说苏格拉底是什么。这里苏格拉底被归为某种普遍的东西,即"是人"这种性质,无论这是不是涉及本质,涉及某种普遍的东西却是肯定的。亚里士多德绝不怀疑,像"人"这样的谓词表达式能够作普遍理解。因此"苏格拉底是一个人"这个句子给人一种理解,什么样一种形式和什么样一种质料构成了苏格拉底。但是亚里士多德似乎怀疑这样理解的这个句子说明了苏格拉底的什么,即苏格拉底的实体。当人们说出苏格拉底是一个人的时候,人们是在谈论一个确定的、个体的人,即在他身上可以看到所有我们归于苏格拉底的情况。这样,如果只以普遍的方式表达他,比如说他是一个人,那么这并没有表达出所谈论的这个确定的个体的人,因为"是一个人"并不能涉及苏格拉底这个特定的个体。因此,像苏格拉底这样一个"事物是我们在经验中遇到的只有与所有情况一起才形成的一个复合对象。但是只要这个对象包括所有的情况,它就不是这个事物本身,即不是实体。实体只是这个复杂对象的实体,但是这个复杂对象的实体不过是这个事物本身"⑤。因此,对于"苏格拉底是一个人"这个句子不仅可以有两种理解。一种理解是:它以"人"这个谓词表达式表示某种普遍的东西,如果这个句子是真的,那么苏格拉底与这种东西一定有某种关系。另一种理解是:它以"人"这个表达,甚至是以一种普遍的方式,表示一种确定的个体事物,这个个体事物是经验对象原本所是的那个东西。

我认为,帕兹希的看法是有道理的。而他之所以有道理,主要在于他把"所是

---

① 参见 Frede, M. / Patzig, G., C. H., *Aristoteles' Metaphysik Z*, Text, uebers. u. Kommentar, Beck'sche Verlagsbuchhandlung, Muenchen 1988, Band Ⅱ, S. 12-13。
② 参见汪子嵩等著:《希腊哲学史》第 3 卷,第 728 页。
③ 参见 Frede, M. / Patzig, G., C. H., *Aristoteles' Metaphysik Z*, Band Ⅱ, S. 12-15。
④ 同上书,第 12 页。
⑤ 同上书,第 13-14 页。

者"和"这东西"都看作是谓词表述。也就是说,他是在谓词表述的意义上理解亚里士多德有关实体的这一区别。在他看来,亚里士多德"把这种表达某种东西的形式表达为一种'这东西',因而表达为个体的东西"①,因此亚里士多德这里似乎认为,"谓词表达式也能够表达个体的东西,比如形式"②。这就说明,按照帕兹希的解释,"所是者"乃是亚里士多德论述中最核心的东西。而我恰恰认为,"是什么"乃是形而上学的出发点,也是亚里士多德考虑的出发点。从这样一种看法出发,就可以在对"是什么"这一问题的回答的基础上理解实体。因为"苏格拉底是一个人"乃是对"苏格拉底是什么?"这一问题的回答。而这样的问题显然与"人是什么?"这样的问题不同,因而这样的回答也与"人是理性动物"这样的回答有区别。因此也可以说,"是什么"这一表述可以表达两种不同的情况。用亚里士多德的话说,一种情况是"所是者",这是关于类的表述;另一种情况是"这东西",这是关于个体的表述。

有了这种区别,其实可以看出,这样的考虑依然是与第一实体和第二实体的区别相关的,因为它们虽然都属于谓述,但是显然一方与类相关,而另一方与个体相关。有了这样的区别,还可以看出,亚里士多德在《形而上学》中的许多论述就比较容易理解,比如第七卷第八章的论述:一个具体的铁球是一个球,但是,这个具体的铁球可以形成和消亡,而它所是的球却不受形成和消亡的制约。因此,一个具体的铁球是某种确定的个体的东西,而它所是的那个球本身却是所有球共同的东西,而这正是那具体的铁球所是的那东西或实体,更严格地说,它的形式。因此"这是一个球"中的"球"是与形式联系在一起的。有了这种区别,还可以看出,尽管"苏格拉底是一个人"这个句子中的"人"说明一事物的什么,但是它并不指示某种普遍的东西,而是指示某个特殊的实体,它说的方式是普遍的,但是要说明的却是个体,这种以普遍的方式对个体所表达的也是实体,因为它正是苏格拉底这个对象原本所是的东西。

尽管如此,"所是者"与"这东西"毕竟不同。它们各自似乎是清楚的,但是只要我们考虑它们之间的区别,似乎总会觉得有些不太清楚的地方。比如,为什么一般来说"所是者"是清楚的,而问题总是出在"这东西"上呢?如果说"这东西"对于理解实体最为重要,为什么探讨它的篇幅不如探讨"所是者"多呢?在探讨实体的四种用法中,为什么似乎其中三种都是关于"所是者"的,而只有一种是关于"这东西"的呢?尤其是,若想给它们一个解释,并且使这种解释不仅能够在《形而上学》中行得通,而且也符合亚里士多德的其他著作,比如《范畴篇》,则还是有不少问题的。

---

① Frede, M. / Patzig, G., C. H., *Aristoteles 'Metaphysik Z'*, Band Ⅱ, S. 14.
② 同上。

在我看来,以往的解释有一个缺陷,就是忽略了亚里士多德的逻辑思想以及他对逻辑的强调。我这样说并不是指它们根本就不考虑亚里士多德逻辑,因为在一些地方它们也谈到亚里士多德逻辑,并且结合它来分析他的思想。我的意思是说,既然亚里士多德认为逻辑是探讨形而上学必须具备的修养,那么理解他的形而上学思想的过程中就应该把他的逻辑作为一种背景的东西,因此应该把他的逻辑的理解贯彻始终。在这种意义上,亚里士多德逻辑为我们理解他的形而上学思想提供了一个视角,甚至开辟了一条思路。

前面我们说过,亚里士多德逻辑的核心句式是"S 是 P"。这种句式突出了"是"这个逻辑常项,因而使他的逻辑与他的形而上学至少从字面上联系起来,因为他的形而上学要研究"是本身"。正如在前面引文所看到的,对"是本身"的论述恰恰是从"是"开始的,而"所是者"和"这东西"正是"是"的一类意义。但是,逻辑与形而上学的联系绝不应该仅仅停留在字面上。因为仅仅做这种字面的理解,尚无法令人满意地回答以上问题。因此我们还要进行更深入的考虑。

前面我曾经把亚里士多德关于实体的那段话分为三点,其中第一点说明,"是"在一种意义上表示"所是者"和"这东西",在另一种意义上表示质、量或其他谓述方式。由于前一种意义说的是实体,而又说出两种实体,即"所是者"和"这东西",因此给人们理解实体带来麻烦。但是在我看来,造成这种麻烦的主要原因之一是忽略了对亚里士多德逻辑的考虑。

抽象地说,"S 是 P"这种句式明显表现出一种主谓结构。其中"是 P"是对主项的表述。由此出发来,"所是者"和"这东西"都是容易理解的,因为它们都可以是"是 P"或具有"是 P"这种形式。但是,如果把"这东西"理解为个体,就不能把它理解"是 P",因为在亚里士多德那里,个体词只能做主词,不能做谓词。所以,我们必须把它理解为对个体的表述。具体地说,亚里士多德是在探讨人们谈论"说一事物是"的方式,并且把这样的说明明确地表达为"做谓述的东西",因此只能在"是 P"的意义上理解"所是者"和"这东西"。这样,"这东西"就是对个体的表述,而不是个体。当然,人们也可以认为,对个体的表述也是个体,不过那是另外的问题了。因为即使它是个体,它也是"是 P"这种意义上的或是以"是 P"这种形式所体现的个体的东西。

由于亚里士多德在上述引文中区别出两种意义上的"是",即除了"所是者"和"这东西"外,还有质、量等等,并且只在对后一种意义的说明中说到"做谓述的东西",因此能不能认为后一种意义上的东西是在"是 P"的意义上理解的,而"所是者"和"这东西"不是在"是 P"的意义上理解的呢?我认为,这样理解大概是不行的。一是亚里士多德没有这样明确的说明;二是从他的论述来看他显然是在谈

"是P"这样的东西；三是无论注释家对"这东西"有什么不同的理解，对"所是者"的理解却大致相同，一般都把它理解为本质或类似于本质这样的东西。因此，我们应该把亚里士多德区分的这两种意义都理解为"是P"这种意义的东西。

有人可能会认为，即便如此，也不能脱离文本来考虑。而从文本来看，亚里士多德这里两种意义的分类显然是一种范畴分类，第一类是实体，第二类是非实体，比如质、量等等。在这种情况下，当然应该联系亚里士多德在《范畴篇》中关于范畴的论述，于是第一实体和第二实体的区别不仅顺理成章，而且也是非常自然的。因此，"这东西"肯定是个体。这样的考虑似乎是有道理的，这样的联系也是应该的。只是由于这样的考虑不够深入，这样的联系也不够广泛，因而这里得出的结论是有问题的。

亚里士多德区分出可以在两种意义上说"一事物是"，确实与他关于范畴的论述相关。他在《范畴篇》区别出第一实体和第二实体也是事实。但是应该看到，他在《论辩篇》也有关于范畴的论述，而且论述得更详细。如果我们对照文本来看，就会看出，他在《论辩篇》的论述与《形而上学》这里的论述更为接近。首先，在亚里士多德的著作中，谈到范畴的地方很多，但是完整谈到范畴分类的地方共有两处，一处是在《范畴篇》，另一处是在《论辩篇》。[①] 因此，联系亚里士多德关于范畴的论述，不应该只考虑前者，而不考虑后者。其次，从亚里士多德的研究来看，而且近年来亚里士多德的研究者趋于认为，《论辩篇》是亚里士多德关于范畴论述的更重要的著作。[②] 因此，忽略《论辩篇》中关于范畴的论述来理解亚里士多德有关范畴的思想，无论如何是不应该的。第三，在《论辩篇》中，亚里士多德论述了"S是P"这样的句式中谓项P对主项S的表述关系分为四种，即定义、固有属性、属和种差。在此基础上他说，这样的谓述也可以表达为十种范畴，即所是者（本质）、量、质、关系、地点，等等。这样的范畴分类显然是在"是P"这种意义上说的。它与《形而上学》这里所说的"说一事物是"的意思正好相符。第四，这里十个范畴的第一个是"所是者"（本质），它与《形而上学》所说的"所是者"完全一样，而《范畴篇》中所说的十个范畴中的第一个范畴是"实体"。因此，理解亚里士多德在《形而上学》这里所说的"是什么"，当然应该联系《论辩篇》。综上所述，既然联系亚里士多德关于范畴的论述，就应该考虑《论辩篇》，至少不应该把它排除在外。而只要联系《论辩篇》来考虑，"所是者"就是一种谓述，即以"是P"来体现的。这一点清楚了，对于"这东西"

---

① 我曾详细讨论过《范畴篇》和《论辩篇》中范畴分类的不同。参见王路：《亚里士多德的逻辑学说》，第 37-46 页；《"是"与"真"——形而上学的基石》，第 159-165 页。

② 参见同上。

的理解也就清楚了。由于"这东西"与"所是者"并列,因此"这东西"也应该是一种谓述,即以"是 P"来体现的。

但是,既然看到"所是者"与"这东西"有根本性的区别,那么能不能认为前者是在"是 P"意义上说的,后者却不是这样的呢? 确实,如果可以这样来理解,那么以上关于个体的理解似乎就不会有什么问题。但是,如果这样理解,就会产生另一个问题:这样的理解实际上是认为,亚里士多德的论述有问题,因为他把以"是 P"所体现的"所是者"与不是以"是 P"所体现的"这东西"放在了一起,也就是说,他混淆了不应该在"是 P"意义上谈论的东西与应该在"是 P"意义上谈论的东西。我不认为亚里士多德的所有论述都非常严谨,我也不认为他的著作中没有任何矛盾之处。但是我认为,对于像亚里士多德这样一位逻辑大师,我们首先应该从符合逻辑、严谨一致的角度去考虑。而在这里,严谨一致的考虑显然是把"这东西"理解为"是 P"这种意义上的东西。至于这样的理解行不行,有什么问题,则需要沿着这条思路去考虑。我们绝不能从一开始就按照一种含糊不清的认识来考虑。

在这种情况下,即把"这东西"与"所是者"放在同等位置上,我们就需要考虑,究竟还有些什么问题? 直观上说,仅仅从"是 P"这种形式并不容易区别出"所是者"和"这东西"。只是根据希腊语语法,"这东西"表达的是个体的东西,因而才形成与"所是者"的根本区别。因此可以理解,前者是关于类的表述,后者是关于个体的表述。但是如果深入思考,我们还会看出,亚里士多德逻辑是一种类逻辑,它排除了个体词做主项。[①] 就是说,在他的逻辑中,"S 是 P"中的主项 S 和谓项 P 都是类概念,因此从他的逻辑来看,只能考虑"所是者",而不能考虑"这东西",因为后者所表达的主项是个体词。这样的疑问是显然的,也是有道理的。这就是说,一方面,根据亚里士多德逻辑来理解,我们应该把"所是者"和"这东西"都看作谓述表达;而根据语法则区别出了前者是关于类的表达,后者是关于个体的表达。另一方面,同样是根据亚里士多德逻辑来理解,"所是者"可以是谓述表达,而"这东西"却不能是谓述表达。这样一来,同样是根据亚里士多德逻辑来理解,不仅"这东西"与"所是者"的区别可能会出问题,而且这里似乎还会得出自相矛盾的结论。这样的解释不是会很成问题吗?

我认为,逻辑本身可以是一种理论,同时也可以是一种方法。作为一种逻辑理论,亚里士多德逻辑说明了类与类之间的一些关系,因而为人们理解这些关系提供了基础。比如在"S 是 P"中,P 包含 S,或者,P 可以表达 S 的本质,也可以表达 S 的

---

① 参见 Aristotle: *The Works of Aristotle*, vol. I, 43a20-43b;王路:《亚里士多德的逻辑学说》,第 136-141 页。

偶性等等。因此,无论是表达本质还是表达偶性,被表达的东西,即 S,都是类,而不是个体。但是在亚里士多德看来,这样一种关于类的理论并不是不可以应用到个体上的。他的许多论述表明,他认为这一理论是完全可以用于个体的,比如前面我们曾经说过,他认为,由于属说明种,因此如果种说明个体,则属也说明个体;个体分享种,也分享属,等等。因此,我们不应该低估逻辑在亚里士多德眼中的作用,而且还应该看到,在亚里士多德那里,理论的方面和理论的应用还是比较清楚的。

具体到《形而上学》第七卷这里,亚里士多德肯定不是在论述逻辑,而是在探讨哲学,因此他的讨论不会局限在类与类。从字面上说,"所是者"和"这东西"这一论述大致表明这一点。因为前者虽然没有明确表明是关于类的,但是后者所表达的主项显然不是类,而是个体。在这种意义上,"所是者"是与它相对的,因此可以看作是关于类的。如果联系亚里士多德关于范畴的论述,那么如上所述,这里的讨论是从"S 是 P"的角度出发的,因此"所是者"是关于类的。但是由于这里的考虑超出逻辑的范围,因此也要考虑主项不是类而是个体的情况,因此就有了与"所是者"相对的"这东西"。这样,亚里士多德关于"所是者"的探讨就可以联系亚里士多德的逻辑理论来考虑,而他关于"这东西"的探讨似乎就不能依据他的逻辑理论来考虑。但是由于他明确地有关于逻辑理论的论述,也有关于逻辑理论的应用的论述,而且在应用中,他明确地说到可以把关于类的一些考虑应用到个体,因此在这种意义上,也可以联系他的逻辑来考虑"这东西"。最主要的,联系逻辑来考虑,就可以看出,虽然可以考虑"这东西",即超出逻辑的范围,但是最主要的,还是要考虑"所是者"。这与亚里士多德的论述正好相符:比如在他有关实体的四种用法的说明中,有三种用法是关于类的,即是其所是、普遍的东西和属,而只有一种用法是关于个体的,即基质。

有了上述考虑,我们至少可以肯定一点,亚里士多德仍然是在围绕着"S 是 P"来考虑。在这样的日常表达中,可以有关于类的表述,即"所是者",也可以有关于个体的表述,即"这东西"。而这两种不同的表述都是与"是什么"这一核心问题最直接相关的。提出这一区别旨在说明,虽然主项不同,但是在"是 P"的意义上谓项是相同的。但是正是由于主项不同,因而谓项在"是 P"的具体谓述中也会有所区别。因此,指出这种区别不仅应该,而且也正是讨论实体所需要的。

综上所述,亚里士多德提出的"所是者"与"这东西"是关于实体的区别,而且前者是关于类的,后者是关于个体的。看到这一点是重要的,也是应该的。但是更应该看到,这样的区别是在谓述意义上的,即是对"是 P"的区别。下面我们根据这样的理解,因循这种区别,进一步讨论亚里士多德关于实体的论述。

在上述引文中,引出是其所是、普遍的东西、属和基质的方式本身就表明,亚里士多德对这四种东西有一个区分,前三种东西是一起说的,并且明确地说它们都被看作是事物的实体,而第四种是单独说的。这显然说明基质与前三种东西不同。更引入注目的是,亚里士多德接着就在这一章(第三章)论述了基质,而对其他几种东西则分别在随后诸章中展开讨论,这也大致说明,基质与其他几种东西不同,而且讨论的重点并不在基质。这里,我们也可以认为,基质是关于个体的,而是其所是、普遍的东西和属是关于类的。下面,我们就从类和个体的角度来讨论亚里士多德关于实体的论述。

在关于类的三类实体中,首先需要说明的乃是"是其所是"。它也是亚里士多德首先说明的。是其所是乃是关于类的,而不是关于个体的。所谓是其所是,西方文献中有翻译为"本质"的,也有翻译为"如此是"的[①],意思主要是说,本该是什么就是什么,用亚里士多德的话说,就是"依你的实质而是的东西"或"依自身而是的东西"[②]。但是在我看来,值得注意和重视的却是亚里士多德谈论它的方式。在他看来,一事物只有有定义,才会有是其所是;凡不是一个属的种的东西就不会有是其所是,只有种才会有是其所是。[③] 这是在讨论是其所是开始不久就提出的论述,非常明确,没有什么歧义,因此很容易理解。它说明两点,一点是种有是其所是,因此是其所是适用于种,而种显然不是个体,而是类。另一点是亚里士多德引入了"定义",有定义的才会有是其所是,这样就从字面上给人一种理解:定义和是其所是乃是差不多相同的东西。由此也就说明,他要通过定义来说明是其所是。

前面我们曾经说过理解亚里士多德关于实体的论述的思路:他首先提出要研究是本身,但是把是本身的问题转化为实体的问题,随后又把实体的问题具体化为是其所是、普遍的东西、属和基质这样四个问题。现在我们看到,他在探讨是其所是的时候反复谈到定义,他似乎是想通过定义来说明是其所是。在前面的引文中我们也看到他谈到定义。而且无论是在前面的引文中,还是在具体的讨论中,对于什么是定义没有进行解释。这样谈论定义的方式给人一种感觉,究竟什么是定义乃是显然的。我认为,这样的思路和说明是清楚的,也是有道理的。因为它体现了一种论述方式:以清楚的东西说明不太清楚的东西。在这样的说明过程中,可以

---

① 例如参见《形而上学》的英译本(*The Works of Aristotle*, vol. Ⅷ, ed. by Ross)和德译本(Aristoteles: *Metaphysik*, Buecher Ⅶ-Ⅹ Ⅳ)。我也曾详细讨论过这个术语的翻译,其中涉及苗力田先生的看法,因为采用"是其所是"这个译名是他的建议。参见王路:《"是"与"真"——形而上学的基石》,第 142-145 页。

② Aristoteles: *Metaphysik*, Buecher Ⅶ-Ⅹ Ⅳ, S. 13.

③ 参见同上书,第 15 页。

把最清楚的不需要说明的东西看作是基础的东西,由此出发来说明想要说明的东西,如同在关于"是"的含义的说明中,亚里士多德认为矛盾律是最基本的原理一样。当然,如果在对定义的讨论中还会看到用来说明定义的东西,我们就可以认为还有比定义更为基础的东西。但是在我看来,在亚里士多德关于实体的四种用法的讨论中,定义是自明的东西,是不需要解释的。这个思路说明,定义在亚里士多德的论述中具有十分重要的作用。

通过定义来说明,许多问题是显然的。比如,亚里士多德提出的一种主要定义是属加种差,因此通过定义来进行探讨,就可以说明为什么是其所是乃是实体。因为定义所要说明的乃是一事物的所是者。属可以对种进行归类,种差可以对种在属下的性质进行规定,从而使它与属下的其他种得到区别,因而说它是什么,即说明它的本质。这样就通过定义说明了一事物的是其所是,即它的本质。

又比如,由于种属于属,属是对种的说明,由于种是类,而不是个体,因此也可以说明,属是关于类的,而不是关于个体的。此外,由于属和种差还有区别,因此属还不是定义。也就是说,仅有属,并不能说明一事物的所是者,即不能说明一事物的本质。这样,通过与定义的比较也就说明,同样是说明实体,属和是其所是还是有区别的。

再比如,普遍的东西是实体,因为它可以出现在是其所是之中。但是它不是定义,因此它不能以是其所是是实体那样的方式是实体,也就是说,它不是以属加种差的方式来表示实体。比如说人是动物。动物是普遍的东西,出现在人中,表示是人的实体,但是仅凭动物还不能说明人是什么,因为没有种差,说明不了本质。这样,通过与定义的比较,说明了普遍的东西为什么是实体。

当然,以上说明并不是没有问题的,比如属和普遍的东西的区别似乎就不是那样清楚。但是围绕着定义进行讨论,毕竟就可以有许多资源可以利用,比如属、种差等等,这样就可以逐步说明所讨论的实体。问题是这样的说明毕竟只适用于类,而不适用于个体。当涉及个体的时候又该如何解释呢?

我认为,仍然可以因循上述方法来思考。对类的说明确实不适合对个体的说明。因此,定义不适合个体,所以是其所是也不适合于个体,普遍的东西和属也不适合于个体。但是这只是在实体的意义上,即它们无法说明一个个体的所是者。而具体到对个体究竟是什么的表达,以上思考并不是没有用的。比如说"苏格拉底是人"。这显然是一个非常自然的表达,而且是一个关于一个个体的表达。直观上看,由于个体不能定义,因此"人"不能是定义,而且即使对人有再多的修饰和说明,也不会是定义,比如"苏格拉底是白净的、有教养的人"。由于属是对种的说明,因此无论怎样理解,"人"也不是属。这样,"是人"就没有说明苏格拉底的"所是者"。

但是尽管可以说"人"不是定义、不是属,却无论如何也不能说"人"不是普遍的东西,因为可以说苏格拉底是人、柏拉图是人、亚里士多德是人,等等。但是,由于这里说的"人"不能说明苏格拉底这样的个体,因此,亚里士多德才会说,普遍的东西不是实体;任何共同的谓词都不表示一个这东西,而表述一个这样的东西。① 因此,"人"并不能使我们认识苏格拉底,一定还有其他东西。也就是说,在"人"下,还要有很多限制说明,这些限制说明要足以使我们认识到所说的是苏格拉底。

正是在这里,亚里士多德关于形式和质料的区别获得了极其重要的意义。一个个体是一个可感觉物。"这东西"则是对这样的可感觉物的说明。"tode"指明所描述的唯一对象,"ti"表示我们可感觉到的能够说明该个体的所有东西。比如,对于苏格拉底这样一个个体,"ti"就应该表示"人"以及"人"下所有这样的限制说明。不过,这毕竟仅仅是一种语言表达形式,一种谓述形式。究竟"这东西"是什么,仍然需要具体的说明。这样的说明就是引入"基质",而对基质的阐述实际上是依据形式和质料的区别。一个个体可感觉物是什么?它是一个形式和质料的复合构成物。在这种复合构成中,它的形式是它本来所应该是的东西,它的质料是体现出它的形式的东西。因此,它的形式总是在先的。以这样的形式和质料的复合构成,我们可以说明一个可感觉物到底是什么,因而也可以认识一个可感觉物到底是什么。通过这样的说明,亚里士多德说明了"这东西"这种意义上的实体。

由此我们就可以理解,为什么亚里士多德说基质是质料、形式以及形式和质料的复合体,并且还说,形式先于质料,并且先于形式和质料的复合体。因为一个个体,或者说一个可感觉物,是由诸多成分构成的一个复合体。这也就是为什么我在前面赞同帕兹希的解释的原因。因为,在实体的意义上,即使是对一个个体的说明,也需要有普遍的东西,比如在对苏格拉底是什么的说明中,就需要"人"这样的普遍的东西。因为这是他原本所是的东西,只不过只有这样的东西还不够,还需要有其他一些东西。问题是,在对定义的说明中,可以明确地说需要属加种差,通过属和种差,我们可以认识所说明的对象。但是关于个体,却无法说明除了这普遍的东西外,还需要一些什么东西。这恰恰是类与个体的一个重大区别。质料虽然会给我们的理解带来一些问题,但是毕竟提供了一种解释。此外,正因为形式具有普遍性,因此亚里士多德不仅在论述基质的时候谈论形式,而且在谈论所是者的时候,在谈论普遍的东西的时候,也会谈论形式。正因为这样,形式在他的形而上学论述中是一个非常重要的概念。有了以上认识,我们可以说亚里士多德说的"这东西"意思是清楚的,他对这东西的许多论述也是清楚的。但是在我看来,最清楚的

---

① Aristoteles: *Metaphysik*, Buecher Ⅶ-Ⅺ, SS. 61-62.

大概还是他关于个体的表述和类的表述的区别。

从以上区别可以看出，在亚里士多德看来，"是什么"乃是最基本的表述。由于其主项有类与个体的不同，因此谓项表述就会不同，分为"所是者"和"这东西"。但是，无论如何，实体仍然是关于"是什么"的最根本的考虑。因为无论是问一个类"是什么？"还是问一个个体"是什么？"最重要的回答都是要说明它是什么，最完满的认识都是要认识它是什么。这样的认识和说明就是对实体的说明。只是由于所说明的个体和类的差异造成了说明的不同，就是说，同样是实体，却是有一些差异的，因为类的是什么与个体的是什么乃是不同的。

3. 是本身

以上讨论了亚里士多德关于矛盾律和实体的论述。一般来说，研究实体属于研究是本身，这是没有什么疑问的，有疑问的只是关于矛盾律的讨论。因为人们一般认为，这一部分属于逻辑，而不属于哲学。比如在传统逻辑教科书中，关于思维规律的论述就包含对矛盾律和排中律的论述。从这种看法出发，就会产生一个问题：为什么亚里士多德提出探讨是本身，却先论述了矛盾律，然后论述了实体？我认为，探讨这个问题是有意义的。因为通过回答这个问题我们可以进一步思考：亚里士多德所说的是本身究竟是什么？还可以思考：逻辑与哲学有什么样的关系？或者至少在亚里士多德这里它们是一种什么关系？

最简单的回答是：关于矛盾律的论述和关于实体的论述乃是研究是本身的两个不同的部分。矛盾律是公理或原理，是对所有"是"都适用的。因此谈论是本身，也要讨论矛盾律等公理或原理。这一点从亚里士多德自己的论述中可以看得非常清楚。人们一般认为，亚里士多德借用数学中"公理"一词指矛盾律和排中律，他认为研究公理和研究实体都属于"是本身"这门学问。[①] 这种看法大致不错。但是亚里士多德只是借用数学公理做类比，说研究数学中的所谓公理和研究实体"属于同一门科学，而且是哲学家的科学"，"研究推理的原理也属于哲学家"[②]。这样，亚里士多德实际上从数学的公理过渡到推理的原理。正是在这样的原理中，亚里士多德指出，最可靠的原理是"不能发生误解的"、"既是最为知晓的，又是非假设的"[③]。而这条原理就是矛盾律。因此，无论是从用语上，还是从说明上，亚里士多德对矛盾律的论述与数学公理的论述还是有区别的。

---

① 参见汪子嵩等：《希腊哲学史》，第 3 卷，第 700 页。
② Aristoteles: *Metaphysik*, Buecher Ⅰ-Ⅵ, S. 135.
③ 参见同上书，第 136 页。

我认为,亚里士多德称矛盾律为原理,并称它为推理的原理,而没有把它混同于数学公理,这一区别是非常重要的。由于是本身乃是最普遍的,因此属于它的研究也应该是最普遍的。虽然数学家不会谈论数学公理的真假,数学公理毕竟属于数学。无论数学多么抽象而普遍,它终究局限于数学这门学科,因而不是最普遍的。因此若是借用数学的公理来说明矛盾律,对于说明是本身的普遍性大概多少还是会有一些问题的。在古希腊,除了像毕达哥拉斯学派认为数学是最普遍的之外,许多人也不怀疑数学的普遍性。亚里士多德本人则认为数学、物理学与可称之为神学的东西是理论科学,但是这些还不是最普遍的。在亚里士多德看来,物理学不是最普遍的,数学中有一部分不是最普遍的,比如几何学和天文学,有一部分是普遍适用的,比如普遍数学。亚里士多德对数学的看法可能与当时的学科分类有关。但是既然他提出研究是本身,并且说明这种"是"不属于哪一门具体的学科,而是最普遍的,那么只要以数学来进行说明,就会多少存在上述疑问,即它是不是最普遍的?即使亚里士多德没有这样的疑问,我们今天也会有这样的疑问。亚里士多德的上述区别说明他可能认为在一定程度上可以把数学看作是普遍的,所以对数学公理的普遍性的论述有些模糊。但是从第一哲学的层次上,在最普遍的程度上,他对矛盾律论述却没有这样的问题。

　　我强调这里的区别,更为重要的是我认为,在亚里士多德看来,研究推理的原理属于哲学家,因而推理的原理乃是最普遍的。虽然如此,仍然会有一个问题。由于亚里士多德是借用数学做了类别,因此可以问:若是可以把数学理解为一门具体的科学,那么推理不也是一门具体的学科吗?如果数学不是普遍的,难道推理会具有普遍性吗?

　　在亚里士多德以前,逻辑还没有作为一门独立的学科出现,也没有"逻辑"这个名称。亚里士多德创立了逻辑这门学科,但是他称这样的东西为"分析",称这样研究的对象为"推理"(三段论)[①]。他认为,我们通过证明获得知识,而所谓证明就是产生科学知识的推理。[②] 他没有像弗雷格那样明确地说"数学与逻辑比其他学科与逻辑的联系更为紧密;因为数学家的全部活动几乎都是进行推理"[③],但是他以数学来类比逻辑,可见他不是没有这样的认识的。他没有把逻辑与数学、物理学等

---

　　① 亚里士多德使用的"推理"一词是"syllogismus"。我们一般把它翻译为"三段论"。在不讲三段论的格与式的地方,德译文一般都译为"推理",英译文则有时译为"推理",而在讲三段论的格与式的地方,英译文一般保留这个词原形,而有些德译文仍然译为"推理"。关于这个术语,我曾经进行过详细讨论。参见王路:《亚里士多德的逻辑学说》。

　　② 参见 Aristotle: *The Works of Aristotle*, vol. Ⅰ, 71b16-19。

　　③ 弗雷格:《弗雷格哲学论著选辑》,王路译,王炳文校,商务印书馆1994年版,第225页。

学科并列,而是说从事哲学研究时就应该掌握它。可见他把逻辑看作是哲学研究的方式或基础。因此从学科的意义上讲,逻辑和数学无疑是一样的,即可以说它们都是具体的学科。这样就需要思考,逻辑的性质是什么?为什么亚里士多德要考虑逻辑?为什么他要借助数学公理的类比来考虑逻辑的原理?

亚里士多德认为逻辑是研究推理的,即研究一种从前提到结论的推论关系"A⊢B",这种关系具有"必然地得出"的性质。① 由于这种关系是纯形式的,因此具有普遍性。亚里士多德认为,这种研究能够提供一种方法,有了这种方法,"我们就将能够对我们提出的每一个问题从普遍接受的意见出发进行推理,而且当我们面对一个论证的时候,我们也将能够避免说出自相矛盾的话"②。这里所说的"每一个问题"和"一个论证"都是没有确切所指的,因而也具有普遍性。这就说明,逻辑这门学科的研究是具有普遍性的。因此,虽然亚里士多德对于逻辑与数学的关系没有明确的说明,但是由于他认为数学具有一定的普遍性,而从他对逻辑的说明来看,逻辑研究推理,这样的研究也有普遍性,因此在普遍性这一点上,它与数学有相似之处。此外,我们看到,他认为数学中有一部分不是普遍的,我们却看不到他认为逻辑有什么地方不具有普遍性,因而我们无法判定,在他看来,究竟是数学更普遍还是逻辑更普遍。但是我们至少可以肯定,逻辑肯定是一门具有普遍性的学科,因为推理不仅在任何学科、包括数学都要使用,而且在日常表达和一般辩论中也是需要用到的。因此,亚里士多德探讨推论的原理,从普遍性这一点上来说,与是本身的研究无疑是一致的。矛盾律本身是不是逻辑的原理,当然是可以讨论的。但是亚里士多德认为它是。这样,既然逻辑具有普遍性,而矛盾律这样的原理又是逻辑的原理,因此自然也具有普遍性。在这种意义上,探讨它与探讨最普遍的是本身也是一致的。

除了普遍性这一点以外,矛盾律与实体还有字面上的联系。前面说过,实体是亚里士多德在研究"是什么"的时候提出的,提出实体是为了把研究"是什么"转化为研究"实体"。因此,实体是研究"是什么"的方式或思路。而就"是什么"来说,它的提出来自人们说"一事物是如此这般"。由于人们所说的"是"乃是有不同的意义,而"是什么"是其最主要的意义,因此需要考虑它。这就说明,实体首先是与人们说一事物是什么的这种谓述方式相关的。因此,实体首先是与一种表述方式相关的。矛盾律说的是:一事物不能既是又不是。这恰恰是关于表述方式的。因此在与表述方式相关这一点上,矛盾律与实体恰恰是一致的。

---

① 参见王路:《逻辑的观念》。
② Aristotle: *The Works of Aristotle*, vol. Ⅰ, 100a18-22.

具体一些说,"一事物是什么"的表述有不同的意义。因此探讨是本身就需要说明,这些不同的意义是什么。矛盾律说明,"是"这个词本身的意思是确定的,因此,如果一事物是什么,它就不能不是什么。矛盾律的讨论不仅规定了"是"的含义和用法,说明了"是"本身的意思是清楚的,而且体现了一种外延的、二值的逻辑原则。它揭示了我们一般的判断活动的性质,也符合这样的判断活动,因此适合于对"是什么"这样的表达的说明。但是,这只是"是什么"这样的表达的一个方面。从另一个方面看,"是"的意思仍然是不清楚的,因为它可以表达本质的东西和偶性的东西,因而有"所是者"和"这东西"与质、量、关系等范畴的区别。而经过认识这样的区别,亚里士多德告诉我们,在这些东西中,最重要的是认识"是什么"。因为只有认识了一事物是什么,我们才真正认识了一事物。同样,由于是者的不同,即表达主体的不同,表达也会不同。比如,如果主体是类,那么表达就是"所是者",如果主体是个体,表达就是"这东西"。而对于质、量等其他范畴,则没有这样的区别。

从亚里士多德的论述也可以看出,形而上学的核心是有层次的。"是本身"是最核心的东西。它是抽象的,而围绕它所讨论的两个方面——矛盾律和实体——却是具体的,因为矛盾律和实体都有明确的内容。

就矛盾律而言,它本身是抽象的。在"一事物不能既是又不是"中,"一事物"没有确切的所指,"是"也没有确切的内容,仅仅体现了一种形式,因此它所表达的是一条具有普遍性的原理。但是矛盾律所适用的对象却是具体的。任何违反这条原理的认识和表述都是错误的。比如,人们不能说,"人既是动物又不是动物","人既是白人又不是白人",等等。

就实体而言,它本身也是抽象的。因为"所是者"和"这东西"都没有确切的所指,没有固定的内容,因而也具有一定的普遍性。但是它们所适用的对象却是具体的。比如,"理性动物"可以是"人"的"所是者","那位写出《工具论》的人"可以是"亚里士多德"的"这东西"。而且对实体的探讨也是具体的。比如,与实体相比,是其所是、普遍的东西、属和基质都是具体的。

同样,在关于类的讨论中,定义本身是抽象的,因而具有普遍的适用性。但是一方面,定义的探讨是具体的,因为属和种差是具体的,它们构成了定义。这样就有了对属的说明和对种差的说明。另一方面,定义所适用的类也是具体的,比如对"人""动物"等等事物虽然都以属加种差的方式来定义,而且最终都能够得到它们的"所是者",但是它们的属和种差却是不同的。

而在关于个体的讨论中,基质本身是抽象的,因而具有普遍的适用性。但是一方面,形式和质量的讨论是具体的,由此说明形式是什么,为什么形式先于质料,也先于形式和质料复合构成的东西。另一方面,基质所适用的个体也是具体的。比如苏格拉底和眼前的这个铁球就是不同的个体。

这样,亚里士多德实际上是通过具体的东西论述了抽象的东西。用他自己的话说,则是用比较明白的说明不太明白的东西。当然,亚里士多德的讨论绝不是那样简单,还包含许多丰富的内容,比如对于普遍的东西和属的探讨,比如对于生成和毁灭的探讨,对于现实与潜能的探讨,等等。但是我认为,以上描述勾勒出亚里士多德探讨"是本身"的思路和方式。最为主要的是,以上描述说明,亚里士多德关于矛盾律和实体的论述构成了他关于"是本身"讨论的两个非常重要的,也是非常主要的方面。而且在许多地方,尤其在围绕着"是"这一点上,这两个方面是完全一致的。

以上分析可以表明我的一种看法,即亚里士多德把逻辑看作是与数学类似的,把矛盾律这样的逻辑原理看作是与数学公理类似的,因此似乎并没有把逻辑看作与形而上学是一体的。但是从史学的角度出发,人们仍然可以追问:亚里士多德究竟是认为逻辑与形而上学是一体的,还是认为逻辑是单独一门学问?因为由于当时术语的使用、学科的分类等一系列问题,亚里士多德毕竟没有非常明确地把逻辑与形而上学区分开来。此外,从今天的观点看,可以把有关逻辑原理的探讨称之为逻辑哲学,但是逻辑哲学究竟属于逻辑还是属于哲学,人们是有不同看法的。[①] 在这种意义上说,亚里士多德论述中的模糊又有一定的道理,因此史学的研究确实还是有很大空间的。

撇开史学研究的考虑,我们则可以清楚地看到,在亚里士多德关于是本身的讨论中,逻辑与形而上学有非常密切的联系。因为无论是从字面上还是从具体的内容上,无论是对矛盾律的探讨还是对实体的探讨,逻辑的视野、逻辑的理论、逻辑的分析体现得非常充分。可以说,亚里士多德的《形而上学》乃是运用逻辑的理论和方法进行哲学研究的一个典范。

分析亚里士多德形而上学中所运用的逻辑理论与方法,不仅具有史学的意义,而且主要目的之一还是为了更好地理解亚里士多德的形而上学。我认为,以上分析表明,亚里士多德形而上学的核心思想"是本身"乃是"S是P"中的那个"是"。这是人们谈论的"一事物是如此这般"的最基本的表述,也是人们认识的基本表述。它是亚里士多德对古希腊哲学家认识世界与自身的总结与概括。无论人们问世界的本源是什么,无论人们如何回答,比如说它是水,它是火等,也无论人们询问和阐述什么是正义,什么是美德,等等,超出了其研究的专门领域,达到了最为普遍的层次,即所谓第一哲学的层次,这就是问"一事物是什么?"就是回答"一事物是如此这

---

① 参见王路:《关于逻辑哲学的几点思考》,《中国社会科学》2003年第3期。

般的"。亚里士多德的独到之处不仅在于提出这样的问题,而且在于提供了具体讨论的思路。在这种具体讨论的过程中,不仅有语言层面的分析,而且有实际思辨的讨论,但是贯彻始终的则是逻辑方法的应用。这是因为,"是本身"这一问题是最为普遍的,不是属于某一具体学科,因而无法借用具体学科的具体手段来探讨。但是为了保证讨论的可行性和有效性,亚里士多德借用逻辑理论和方法,并且要求人们必须符合逻辑的基本原理。正是在这一讨论中,我们看到了逻辑与哲学的关系,逻辑对哲学的作用的深层含义。正是通过逻辑与哲学这种密切的联系,我们也更加清楚地看到,亚里士多德的形而上学乃是一种最为广泛的知识论意义上的东西。

第三章
康德的《纯粹理性批判》

康德是著名哲学家,他在哲学史上占有十分重要的地位,他的《纯粹理性批判》是划时代的哲学著作。康德也曾多次开过逻辑讲座,后来收入全集中的逻辑讲义或笔记也有好几篇①,而且他还出版过《逻辑学讲义》。此外,即使在他的哲学著作《纯粹理性批判》中,也有关于逻辑的探讨,他还提出了普遍逻辑、先验逻辑等一些新概念。有趣的是,逻辑学家一般不太重视康德的逻辑著作和有关逻辑的论述。虽然也有个别逻辑史著作论述他的先验逻辑②,但是一般的逻辑史著作并不认为他的先验逻辑是逻辑③。在我国,人们对康德的先验逻辑看法也不同,有人对它

---

① 按照杨一之先生的说法,康德在从教 41 年中共讲授逻辑 28 次,编入全集的逻辑文献达 7 种。参见他写的"代译序"(康德:《逻辑学讲义》,许景行译,杨一之校,商务印书馆 1991 年版)。此外,有人说康德从 1765 年开始讲逻辑(参见康德:《逻辑学讲义》,编者前言),也有人明确地说,康德从 1755 年开始讲授逻辑(参见 Kant: *Kant's gesammelte Schriften*, Band XXIV, zweite haelfte, Walter de Gruyter & Co., Berlin, 1966, Einleitung, S. 955)。

② 参见 Dumitriu, A.: *History of Logic*, tr. by Zamfirescu, D./Giuraneanu, D./Doneaud, D., Abacus Press 1977.

③ 例如参见 Bochenski, I. M.: *A History of Formal Logic*, University of Notre Dame Press, 1961;威廉·涅尔:《逻辑学的发展》,张家龙、洪汉鼎译,商务印书馆 1985 年版。

的评价极高,认为康德提出先验逻辑可以看作是逻辑发展史上的一个里程碑①,也有人认为康德的先验逻辑相当于先验哲学②。这里,我不准备评价康德在逻辑史上的地位,也不想评价他对逻辑发展所产生的作用和影响。在我看来,无论怎样评价,至少有一点是清楚的,在康德的著作和思想中,逻辑与哲学的联系是十分密切的。

众所周知,《纯粹理性批判》是哲学史上一部划时代的著作,影响深远。"先验逻辑"是这部著作中一个非常重要的概念,围绕它的讨论构成了该书主要的也是非常重要的一部分。而且,"先验逻辑"这一概念也对后来的哲学家,尤其是对黑格尔和我国许多哲学家产生了十分重大的影响。因此探讨康德的先验逻辑本身绝不是一件没有意义的事情。特别是,围绕这一概念的探讨,可以比较清楚地看出,在康德的思想中,逻辑与哲学具有什么样的关系。所以,围绕本书的目的,我们不仅集中讨论逻辑与哲学在康德思想中的关系,而且重点考虑康德有关先验逻辑的论述。

1. 基本框架和范畴表

粗略地说,《纯粹理性批判》主要是由"先验要素论"和"先验方法论"这样两个部分构成。"先验要素论"是该书的主体,约占全书的六分之五。这一部分又由"先验感觉论"和"先验逻辑"构成,而前者只有二十几页。从这样一个框架可以看得十分清楚,"先验逻辑"是《纯粹理性批判》的主体,也是最主要、最核心的部分。

具体到"先验逻辑"这一部分,它又由导论、先验分析论和先验辩证论这样三部分组成。简单说来,康德论述了一般意义上的逻辑,称过去所形成的逻辑为"普遍逻辑",并在此基础上区别出他所要论述的"先验逻辑"。同时,他把普遍逻辑分为"分析的"与"辩证的",因而把与它相区别的先验逻辑也分为"先验分析的"与"先验辩证的",并依照这样的分类,从"先验分析论"和"先验辩证论"这样两个部分论述了先验逻辑。

若是再细一些,则还可以看到,"先验分析论"又分为"概念分析论"和"原理分析论"。按照康德的说法,他在"概念分析论"中关于"纯粹知性概念的演绎"的讨论是最重要的。③ 因此我们再简单看一下康德是如何获得纯粹知性概念的。

众所周知,康德的纯粹知性概念是以范畴图式的方式提出来的。具体说来,他

---

① 参见杨祖陶、邓晓芒:《康德〈纯粹理性批判〉指要》,湖南教育出版社1996年版,第114页。
② 参见梁志学:《略论先验逻辑到思辨逻辑的发展》,《云南大学学报》2004年第4期,第4页。
③ 参见康德:《纯粹理性批判》第一版序,邓晓芒译,杨祖陶校,人民出版社2004年版,第5页。

的范畴图实际上有以下两个：

图 1①
Ⅰ、判断的量：全称的、特称的、单称的
Ⅱ、判断的质：肯定的、否定的（Verneinende）、无限的
Ⅲ、判断的关系：直言的、假言的、选言的
Ⅳ、判断的模态：或然的、实然的、必然的（Apodiktsche）

图 2② 范畴表
Ⅰ、量的范畴：一、多、全
Ⅱ、质的范畴：实在、否定（Negation）、限制
Ⅲ、关系的范畴：内在性与构成性（实体与偶性）、原因性与依存性（原因与结果）、共通性（主动与受动之间的交互作用）
Ⅳ、模态的范畴：可能性-不可能性、是如此-不是如此、必然性（Notwendigkait）-偶然性

图 1 中没有"范畴表"这样的字样，它是康德寻找纯粹知性概念的线索或来源，图 2 则明确标明"范畴表"，它为康德所需要，也是他提出来的。它所表达的东西则被康德称为"纯粹的知性概念或范畴"。这里，康德实际上是根据图 1 得到了图 2。具体一些说，他根据量、质、关系等范畴分类，提出了一、多、全等诸多纯粹知性概念，由此形成了他详细讨论先验逻辑所依循的东西。

以上非常简要地勾画了《纯粹理性批判》的基本框架，说明其主要部分是先验逻辑，此外还勾画了处于康德先验逻辑中比较核心位置的"范畴表"。在我看来，康德的先验逻辑和范畴表有一个共同特征：它们都是基于逻辑的考虑。不仅如此，基于逻辑也是康德哲学的一个基本特征。由于这两部分在康德著作中非常重要，因此我希望，通过这两部分来探讨康德的思想可以有代表性，而且通过对它们的讨论可以说明我要说明的问题。

基于逻辑这一点，在范畴表似乎表现得比较清楚。直观上看，图 2 与图 1 是不

---

① 参见康德：《纯粹理性批判》，邓晓芒译，杨祖陶校，第 64-65 页；Kant, I.：*Kritik der reinen Vernunft*, Band 1, S. 111。
② 参见康德：《纯粹理性批判》，邓晓芒译，杨祖陶校，第 71-72 页；Kant, I.：*Kritik der reinen Vernunft*, Band 1, SS. 118-119。

同的,因为其中所提出的那些范畴,都是图 1 所没有的。① 因此,康德在先验逻辑中所讨论的那些知性概念,都是来自图 2,与图 1 没有什么关系。但是从这两个图的分类,还是可以看出一些共同的东西来的,因为它们所依据的"量""质""关系""模态"等等乃是相同的。这就表明,图 2 尽管形成与图 1 不同的结果,但是它的分类还是与图 1 相关的。用康德的话说,图 1 所体现的东西为"知性在判断中的逻辑机能",大致相应于"知性形式"②,因此,这些东西属于普遍逻辑,只是形式的,没有任何内容。图 2 属于先验逻辑,因为它在这些形式上注入了先验的内容。③ 因此,康德的范畴是基于逻辑而来的。其实,即使康德没有这样的说明,我们也可以看出,图 1 所表达的东西,比如判断按照质分为肯定的和否定的等等,判断按照量分为全称的和特称的等等,都属于逻辑。尽管康德做了一些修正,图 1 的逻辑分类本身却是一目了然的。

但是,基于逻辑这一点在先验逻辑好像就不是那样清楚。先验逻辑本身不就是逻辑吗?它怎样又基于逻辑了呢?因此这一点需要多说几句。

直观上看,"先验逻辑"是相对于"普遍逻辑"而言的,有关先验逻辑的论述在很大程度上也是依赖于关于普遍逻辑的论述的。因此,理解康德有关普遍逻辑的论述无疑有助于理解他所说的先验逻辑。

我认为,康德所说的"普遍逻辑"④实际上是他所处时代已有的逻辑,也就是人们通常所说的逻辑。所谓普遍逻辑,不过是康德自己为了论述先验逻辑而采用的一个相对的说法。正因为如此,我才认为康德的先验逻辑是基于逻辑。由此也可以说明,康德的先验逻辑有两个特征。一个特征是基于逻辑,另一个特征是依据逻辑来说明一些东西。为了说明我的这一看法,让我们具体看一看康德的论述。

康德在"先验逻辑"这一部分首先论述"先验逻辑的理念",并在第一步"泛论逻辑"⑤的过程中对"逻辑"进行了探讨。他认为,逻辑可以从两个视角来考虑,"要么

---

① 这里提供的两个范畴表是根据国内通行的翻译。根据这两个范畴表可以看出,在字面上,其中只有"必然"和"否定"这两个范畴是相同的,其他的范畴都不是相同的。而从原文看,即使这两个范畴字面上也是不相同的。

② 康德:《纯粹理性批判》,邓晓芒译,杨祖陶校,第 64 页。

③ 参见同上书,第 65 页。

④ 国内学界对康德使用的"die allgemeine Logik"有不同的译法,包括"普泛逻辑"(参见康德:《纯粹理性批判》,蓝公武译,商务印书馆 1982 年版)、"普通逻辑"(参见康德:《纯粹理性批判》,韦卓民译,华中师范大学出版社 2000 年)、"普遍的逻辑"(参见康德:《纯粹理性批判》,李秋零译,中国人民大学出版社 2004 年版)、"普遍逻辑"(参见康德:《纯粹理性批判》,邓晓芒译,杨祖陶校)等。我赞同"普遍的逻辑"这种译法,但是在这里随众采用"普遍逻辑"这种译法。

⑤ 这里是根据蓝公武的翻译,参见康德:《纯粹理性批判》(蓝公武译);也有译为"一般的逻辑",参见康德:《纯粹理性批判》(邓晓芒译,杨祖陶校)。

是作为普遍的知性运用的逻辑,要么是作为特殊的知性运用的逻辑"①。所谓作为普遍的知性运用的逻辑包含着思维的绝对必然的规则,可称之为"基础逻辑"②,而特殊的知性运用的逻辑则包含着思维某个确定种类的对象的规则,可称之为"这门或那门学科的工具"③。有了这一区别以后,他才开始谈论"普遍逻辑",比如他进一步指出,"普遍的逻辑要么是纯粹的逻辑,要么是应用的逻辑"④。从这些论述可以看出,"普遍(的)逻辑"一词来自对逻辑的探讨,确切地说,来自于"作为普遍的知性运用的逻辑"这一区分结果。而从语言形式来看,尤其是从中文来看,"普遍(的)逻辑"无疑是"作为普遍的知性运用的逻辑"的简称,意思似乎也是清楚的。但是从德文来看却不是这样直接而简单。虽然在"普遍(的)逻辑"(die allgemeine Logik)这一短语中,"普遍(的)"是一个形容词,而在"作为普遍的知性运用的逻辑"(Logik des allgemeinen Verstandesgebrauchs⑤)中,"普遍(的)"也是一个形容词,它们却是有所区别的。在"普遍逻辑"中,"普遍的"直接修饰"逻辑",而在"作为普遍的知性运用的逻辑"中,"普遍的"修饰的却是"知性运用"。也就是说,后者的意思是指一种与普遍知性运用相关的逻辑。因此可以看出,康德实际上是通过对知性运用的区别来区分出两种不同的逻辑,一种是与普遍的知性运用相关的逻辑,另一种是与特殊的知性运用相关的逻辑。

值得注意的是康德在区别出"普遍逻辑"之后,又把普遍逻辑分为纯粹的逻辑和应用的逻辑。纯粹的逻辑抽象掉了使用知性的所有经验条件,与经验无关。应用的逻辑则与经验相关,涉及经验条件下知性的运用规则。经过这样的区别之后,康德指出,普遍而纯粹的逻辑"才是科学"。⑥ 作为普遍的逻辑,它抽象掉一切知识内容,只与"思维的单纯形式打交道",而作为纯粹的逻辑,它"不具有经验性的原则"。⑦ 由此可以看出,康德通过与经验相关或无关,区别出普遍而纯粹的逻辑和普遍而应用的逻辑,并且指出只有前者是科学。

以上关于普遍逻辑的论述是康德阐述先验逻辑这个概念的基础。有了这个基础,康德就可以继续论述先验逻辑了。康德认为,普遍逻辑与知识内容无关,因而与知识和对象的关系无关,它"只考察知识相互关系的逻辑形式即一般思维形式。但既然(如先验感性论所证明的)有纯粹的直观,也有经验的直观,那么也很有可能

---

① 康德:《纯粹理性批判》,邓晓芒译,杨祖陶校,第52页。
② Kant, I.: *Kritik der reinen Vernunft*, Suhrkamp Verlag, Band 1, 1974, S. 98.
③ 同上。
④ 康德:《纯粹理性批判》,邓晓芒译,杨祖陶校,第53页。
⑤ 参见 Kant, I.: *Kritik der reinen Vernunft*, Band 1, S. 98.
⑥ 康德:《纯粹理性批判》,邓晓芒译,杨祖陶校,第53页。
⑦ 同上。

在对象的纯粹思维和经验性的思维之间找到某种区别。在这种情况下,就会有一种逻辑,它不抽象掉知识的全部内容;因为这种只含有有关对象的纯思维规则的逻辑会排除一切具有经验性内容的知识。它还会讨论我们关于对象的认识的来源,只要这种来源不能归于对象;相反,由于普遍逻辑不涉及这种知识来源,……所以它只是研究可以为这些表象找到的知性形式,而不管这些表象可能会来自于何处"①。这里,康德明确提出了一种逻辑,它与普遍逻辑不同。它的特征有两个,一个是不会抽象掉知识的全部内容;另一个是要讨论我们关于对象的认识的来源。前一个特征突破了普遍逻辑只研究思维形式的特征,后一个特征突破了普遍逻辑与对象无关的特征。这无疑是十分清楚的。经过这些明确说明之后,康德说:

> 这样一门规定这些知识来源、范围和客观有效性的科学,我们也许必须称之为先验逻辑,因为它只与知性和理性的法则打交道,但只是在这些法则与对象先天地发生关系的范围内,而不是像普遍逻辑那样,无区别地既和经验性的知识、又和纯粹理性的知识发生关系。②

"先验逻辑"终于名正言顺地出现了,换句话说,康德从逻辑出发,得到了自己想要说明的东西。为了区别,他把他的出发点称为"普遍逻辑",而把他最终得到的东西称为"先验逻辑"。

以上我们以康德提出和论述的先验逻辑以及先验逻辑讨论中的范畴图为例,说明了康德的讨论是如何基于逻辑的。这两个例子都与先验逻辑有关,因此可以说属于先验逻辑的范围之内。由于先验逻辑是《纯粹理性批判》中基本框架的主要部分,而这个范畴表可以看作是这个主要部分中的一个具体结构,这样,我们既从宏观的角度,即从上述基本框架的主要部分来考虑康德的思想,又从微观的角度,即从其核心范畴表来探讨康德的思想,并希望以这样一种方式能够对康德的思想提供一种比较充分的说明。当然,在先验逻辑的讨论中,类似范畴表这样的结构有很多,如果愿意,也可以提出它们来讨论,比如康德关于"知性原理体系"的论述。但是限于本书的目的,我觉得以上内容就足够了。至于应用逻辑方法来进行具体论证的例子就更多了。比如康德著名的关于分析判断和综合判断的区别。这一区别虽然出现在《纯粹理性批判》的导言中,却是康德讨论先验逻辑时经常使用的一

---

① 康德:《纯粹理性批判》,邓晓芒译,杨祖陶校,第 54 页;译文有修改,参见 Kant, I.: *Kritik der reinen Vernunft*, Band 1, SS. 100-101。
② 康德:《纯粹理性批判》,邓晓芒译,杨祖陶校,第 55 页。

条具体的原理,因此虽然它不属于康德关于先验逻辑的论述,却与康德有关先验逻辑的论述密切相关。① 即使在康德关于先验逻辑的论述之内,这样的例子也还有许多,比如在康德批判先验辩证法的过程中关于上帝存在的本体论证明的反驳②,康德关于一些著名的二律背反的分析批判,等等。限于篇幅,我们在这里不一一列举。

2. 一些问题

让我们再简要回顾一下康德提出先验逻辑的过程:从逻辑区分出普遍逻辑和特殊的逻辑;又从普遍逻辑区分出纯粹的逻辑和应用的逻辑;最后与普遍逻辑相对,提出先验逻辑。应该说,这一过程本身是清楚的。但是,如果我们仔细思考一下这个过程和康德的论述,就会发现一些问题。

首先,康德关于普遍逻辑的论述基本是明确的,而他关于先验逻辑的论述则不是那样明确。这至少可以从两点看出来。一点是康德在以上论述先验逻辑的时候,并不是使用陈述句。无论是根据普遍逻辑的特征,与它相对而说的"就会有一种逻辑",这种逻辑会怎样怎样,还是后来的命名"也许必须称之为先验逻辑",康德使用的都是虚拟语态。虚拟语态的用法很多,但是无论怎样理解,它也不会像陈述句那样明确。另一点是,从康德的"就会有一种逻辑"这一论述来看,先验逻辑显然是推断出来的,而不是以断定的方式阐述出来的。而且,康德的推断并不是根据逻辑本身的性质得出来的,而是根据他认为逻辑所缺乏的性质得出来的。因此这样的推断的有效性就十分重要。具体说,康德的推断所依据的前提是:有关对象的纯粹思维和经验性思维是有区别的,而且,有一种既与纯粹思维相关又与经验性思维相关的逻辑(普遍逻辑)。也就是说,既然有纯粹思维与经验性思维的区别,而且还有一种与这两种思维相关的逻辑,那么就会有一种只与其中一种思维相关而与另一种思维无关的逻辑,因而会有一种与纯粹思维相关而与经验性思维无关的逻辑。这一推断显然是类比。类比的有效性显然是有问题的,以这样一种方式得到的结论并不是必然的。

其次,我们也可以完全忽视前一个问题,即假定康德区别出先验逻辑,而且他的这一区别是有效的。在这种情况下,我们所看到的是,他的先验逻辑不仅相对于普遍逻辑,而且基本上是基于对普遍逻辑的考虑。比如,普遍逻辑研究思维形式,不研究思维内容,先验逻辑则与它不同,要研究思维内容;普通逻辑不仅研究纯粹

---

① 我曾详细讨论过他的这个论证,参见王路:《"是"与"真"——形而上学的基石》,第 261-265 页。
② 我曾详细讨论过他的这个论证,参见王路:《"是"与"真"——形而上学的基石》,第六章第四节。

思维,而且研究经验思维,先验逻辑则与它不同,只研究与纯粹思维相关的东西,而不研究与经验思维相关的东西。因此,所谓先验逻辑,即什么是先验逻辑或先验逻辑是什么,并不是直接地正面地论述出来的,而是从有关普遍逻辑的论述而来的。因此似乎对于先验逻辑的理解在很大程度上依赖于对普遍逻辑的理解。由于康德对普遍逻辑的论述来自对逻辑的讨论,因此这里就涉及康德对逻辑的理解。

表面上看,普遍逻辑体现了一种对逻辑分类的结果,它是在逻辑这一学科下区分出来的不同种类的逻辑,而先验逻辑虽然是基于普遍逻辑的讨论,却也是构成逻辑这一学科下的一种不同的逻辑。但是仔细思考康德的论述,我们就会发现一些分类上的问题。逻辑既然分为普遍的和特殊的,似乎就应该有这样两种逻辑。但是我们只看到康德关于普遍逻辑的论述,却没有看到他关于特殊逻辑的论述,因而也就不知道特殊的逻辑是什么。尤其是看到,所谓普遍的逻辑既然分为纯粹的和应用的,似乎就应该有这样两种逻辑,但是从康德的论述来看,纯粹的逻辑确实是逻辑,而应用的逻辑至多只能是逻辑的应用,因为它涉及一些心理状态和因素。因此,应用的逻辑似乎已经不属于逻辑学科内的分类,而是对逻辑作为一门学科或理论的应用的说明。因此纯粹的逻辑和应用的逻辑这一区分充其量只是说明,逻辑本身是一门学科或科学,同时它还有应用的一面。所以,康德的逻辑分类所依据的标准不是一致的,因而他的分类是比较随意的。既然是逻辑中的分类,而且分类又有问题,因此这样的逻辑探讨肯定就是有问题的,这样探讨所得的有关逻辑的结果也会是有问题的。但是,恰恰是基于这样的分类,康德得到了它的先验逻辑的基本特征。前面说过康德的先验逻辑有两个特征。联系这里的分类,就可以看出,前一个特征似乎与这里的前一个分类相关,因为普遍逻辑与思维形式相关,而且不仅与纯粹的思维形式而且与经验的思维形式相关,而先验逻辑不仅要与思维形式相关,而且还要与思维内容相关,但是它只与纯粹的思维内容相关,而与经验的思维内容无关。而后一个特征与这里的后一个分类相关,因为普遍逻辑不会涉及我们关于对象的认识的来源,但是在它的应用过程中会涉及诸多因素,比如关注、怀疑、顾虑、确信等等状态,而先验逻辑不仅要讨论这种知识来源,而且在讨论中要涉及所有这些因素。因此尽管康德的逻辑分类有问题,但是他得出的先验逻辑却可以满足他所要讨论的要求,因为先验逻辑的这两个特征基本可以涵盖与理性相关的讨论。

再次,指出以上的问题,不过是想说明,尽管康德进行了一系列逻辑的分类,但是他的逻辑分类是有问题的,因此基于这种逻辑分类所得到的先验逻辑,作为一种逻辑来说,也一定是有问题的。以上只是探讨了分类的问题,下面谈一谈逻辑本身的问题。我认为,康德所说的"普遍逻辑"实际上就是已有的逻辑,而他所说的这种普遍逻辑的性质,基本上也是作为一门学科而已经存在的逻辑的性质。我们看到,在第一个分类,康德得到了与普遍知性运用相关的逻辑和特殊知性运用相关的逻辑,因而得到了普遍逻辑,但是他并没有得到特殊的逻辑。从分类的角度,人们可以得到一个类而不论述它。按照康德的论述,这里理应也可以得到一个特殊逻辑。但是我们可以设想一下,如果让康德论述一下的话,这样一种特殊逻辑会是什么呢?在我看来,它恰恰是不清楚的。也就是说,普遍逻辑是清楚的,而特殊逻辑,即使有,也是不清楚的。在第二个分类,康德得到了纯粹的逻辑和应用的逻辑。纯粹逻辑就是普遍逻辑,因此也是清楚的。但是应用逻辑作为一种逻辑,即什么是应用逻辑,却是不清楚的。经过上面的分析,我们看到它似乎是指牵涉到了逻辑的应用。在这种意义上,我们也可以说它是清楚的。但是在这样一种意义上,逻辑的分类却是有问题的。因此,撇开这里的问题不管,可以看得比较清楚的是:在康德的逻辑分类中,普遍逻辑始终是比较清楚的;而与它相对的东西,无论是特殊的逻辑,还是应用的逻辑,总是不大清楚的。或者,若是只考虑康德说得清楚的地方,我们则可以说,普遍逻辑总是清楚的。难怪康德说只有它才是科学。

以上三个问题仅仅局限在普遍逻辑与先验逻辑的区分方面。实际上,康德的范畴表也有类似问题。

直观上看,图 2 与图 1 中的概念几乎是一一对应的。这样,由于图 2 基于图 1,因此,图 1 若是没有什么问题,那么图 2 似乎也就不会有什么问题。由于图 1 是逻辑的刻画,因而是从逻辑出发的,因此图 1 似乎也就应该没有什么问题。但是必须看到,图 1 并不是原初的逻辑说明,而是一个经过康德改造过的逻辑图示。在这种情况下,若是康德的改造没有什么问题,则可以说这个图示是逻辑的,因而也就没有什么问题。但是如果康德的改造有问题,那么由此产生的结果就值得反思。康德对逻辑的这种改造,有人称赞也有人批评。在我看来,他的改造恰恰是有问题的。

十分清楚,康德在图 1 中所做的判断分类是一种三分法,正如他自己所说,通常的分类是二分,而他这里是三分。而且,他不仅从图 1 得出图 2 的范畴,还批评亚里士多德的范畴分类没有原则,遇到什么用什么。[①] 因此这里至少有两个问题。一个问题是康德自身的分类(图 1)有没有问题?另一个问题是康德对亚里士多德的批评是不是有道理?

从图 1 可以看出,它是一种典型的三分法。康德认为过去的逻辑分类是二分,他要改变这种情况,因而使它成为三分。这里,我们可以不考虑康德关于过去逻辑二分的认识是不是正确,而只看他的三分情况。从图 1 可以看出,I 和 II 是关于一

---

① 参见康德:《纯粹理性批判》,邓晓芒译,杨祖陶校,第 75、72—73 页。

个判断本身的分类,而Ⅲ和Ⅳ则不是这样的分类。所谓"直言的"表达的是"谓词对主词的关系"①,这显然是对一个判断自身内容的说明,因此它指的判断与Ⅰ和Ⅱ所表达的判断是相同的。但是"假言的"和"选言的"显然不是指这样的判断,它们是指由两个判断所组成的复合判断。而所谓模态判断"关系到系词在与一般思维相关时的值"②,因此与Ⅰ和Ⅱ所表达的那样的判断是相关的,却应该是不同的。但是"实然判断"表达的是"肯定或否定被看作现实的(真的)时的判断"③,这似乎又是指肯定的判断或否定的判断,只不过对它的看法有所区别罢了,因此它指的判断与Ⅰ和Ⅱ所表达的判断似乎也是相同的。由此可以看出,正如涅尔指出的那样,康德这种三分情况的划分并没有一个统一的标准,因而每一类下的三种情况都是偶然的。④ 也就是说,康德的分类是有问题的。

既然康德的分类有问题,而问题主要又是由于分类的标准不统一,人们自然就会问,为什么会有这样的问题?

在我看来,产生这样的问题,大概既与当时的逻辑所提供的东西有关,又与康德对逻辑的认识有关。实际上,康德列出的几种情况在逻辑中几乎都有阐述,只是说法不同,强调的程度不同罢了。也就是说,如果不考虑分类,康德所说的这些情况在逻辑中几乎都是存在的。比如判断从质的角度分为肯定判断和否定判断,从量的角度分为全称判断和特称判断,由于把单称判断做全称判断来处理,因此对全称判断的论述也包括单称判断。又比如在复合判断的讨论中要分别讨论假言判断和选言判断,而在模态判断中要讨论必然判断和可能判断,如果依据亚里士多德逻辑,则要讨论必然判断、或然判断、可能判断和不可能判断。因此,直观上看,康德的做法无非是把单称判断单独区别出来,把判断本身作为一种情况与复合判断并列,把对判断本身的断定作为一种情况与模态判断并列。简单地说,他不过是把逻辑的内容重新组合了一番。唯一的例外是他在判断的质的分类中增加了无限判断。

根据康德所给的例子来看,所谓无限判断是指"S是非P"这样的判断。它与肯定判断"S是P"和否定判断"S不是P"形成区别。比如,"灵魂是不死的"与"灵魂不是有死的"都表达了否定,意思却非常不同。按照康德的说法,这样的判断从逻辑范围来看是无限的,而从认识内容来看实际上又是限定的,因而在有关判断的完

---

① 参见康德:《纯粹理性批判》,邓晓芒译,杨祖陶校,第66页。
② 同上书,第67页。
③ 同上书,第67-68页;译文有修改,参见 Kant, I.: *Kritik der reinen Vernunft*, Band 1, S. 114。
④ 参见涅尔:《逻辑学发展史》,第456页。

整的思维要素表中,它是不可跳越过去的。① 康德这样的考虑本身当然不能说没有道理,因为"灵魂是有死的"、"灵魂不是有死的"、"灵魂是不死的"这三个判断的形式确实是不同的,它们所表达的意思确实也是不同的。问题是,针对逻辑做出这样的考虑是不是有道理?

阅读康德的逻辑著作,可以使我们看到康德思想的一些发展变化。在早期的"布龙姆贝格逻辑讲座"(Logik Blomberg)中②,康德根据量把判断分为全称的和特称的,并且明确地说,"根据量再没有更多的判断",因为他认为单称判断属于全称判断③。而根据质,"所有判断要么是肯定的,要么是否定的,而且要么是全称肯定的,要么是全称否定的,要么是特称肯定的,要么是特称否定的"④。这样的划分显然是传统逻辑对判断的划分,不仅把单称判断归为全称判断,而且根本就没有无限判断。值得注意的是,康德在这里还把所有判断分为有疑问的(problematica)和断定的(assertoria)。前者涉及一些关系,因而根据其关系是联系的还是矛盾的,康德区分出假言判断和选言判断。由此可以看出,最初康德关于逻辑的论述基本上都是二分。虽然是二分,但是基本上涵盖了后来在《纯粹理性批判》中列出的前三类范畴,只有无限判断除外。

虽然在判断的分类中康德排除了无限判断,但是他在分类之前也谈到了无限判断。他认为,判断分为内容的和形式的。所谓内容是指判断中的主词和谓词,所谓判断的形式是指主词和谓词的关系。这种关系是由系词"是"表示的。这种关系要么是肯定的,要么是否定的。如果只用"是"来表示,就是肯定的,如果在"是"上加上"不"这个词,就是否定的。康德强调,否定词必须加在判断的形式上,即加在系词"是"上,而不能加在判断的内容上,即不能加在主词和谓词上。如果加在判断的内容上,"也就不是否定判断,而是一种所谓无限判断(Judicium infinitum)"⑤。从他举的例子也可以看出,"动物不是有死的"是否定判断,而"动物是不死的"则不是否定判断。从这些论述可以清楚地看出,康德对于判断形式的区别是清楚的。虽然他谈到无限判断,但是他显然是认为,这一类判断所表示的否定不是有关判断的形式的,因此在对判断的分类中排除了它。

在比"布龙姆贝格逻辑讲座"晚一些的"菲利普逻辑讲座"(Logik Philippi)中,

---

① 参见康德:《纯粹理性批判》,邓晓芒译,杨祖陶校,第 66 页。
② 该讲座是收入《康德全集》第 24 卷的第一篇,没有注明年代。参见 Kant: *Kant's gesammelte Schriften*, Band XXIV, erste Haelfte, Walter de Gruyter & Co., Berlin, 1966.
③ 参见同上书,S. 275。
④ 同上书,S. 276。
⑤ 同上书,S. 274。

康德依然明确地谈到判断的分类：

> 根据量，所有判断要么是全称的，要么是特称的，单称判断属于全称判断。根据质，所有判断处于肯定和否定之中。①

可见其中依然没有无限判断。但是在这段分类论述之前康德同样谈到了无限判断。他明确地说：

> 在所有判断中，应该区别内容和形式。……
>
> 形式是主项和谓项的关系，是由系词表达的。
>
> 我认为这种关系要么是主项和谓项之间的联系，要么是矛盾。前一种情况是一个肯定判断，后一种情况是一个否定判断。在否定判断中，"不"这个词与系词联系。但是只应该把它理解为对形式的否定，而不应该把它理解为对内容的否定，因为内容可以是随意的。
>
> 如果"不"这个词不是与系词相联系，而是与内容相联系，那么这就是一个肯定判断，比如，动物是不死的。这种没有否定系词的判断叫作无限判断。②

从具体内容来看，这里的论述与前面的论述差不多。不同之处只是这里的论述比前面的论述更清楚。由此也可以看出，无论康德的论述是不是清楚，他都谈到了无限判断。但是在谈完以后，他在对判断的具体分类中却排除了这类判断。"菲利普逻辑讲座"的时间是1772年，这时康德已经开始构思《纯粹理性批判》了。③ 也就是说，在康德出版《纯粹理性批判》以前的逻辑讲座中，我们虽然可以看到康德有关无限判断的论述，但是看不到他把这一类判断包括在内的判断分类，因而看不到与《纯粹理性批判》中一样的逻辑分类。但是在更晚的"波利兹逻辑讲座"（Logik Poelitz, 1789）、"布索尔特逻辑讲座"（Logik Busolt, 1790）以及后来出版的《逻辑学讲义》（1780）中，我们却可以看到与《纯粹理性批判》中完全一样的判断分类。④ 这期间的发展变化，显然是一个可以考虑的问题。

应该指出，考虑这类无限判断，康德并不是首创。早在古希腊，亚里士多德就

---

① Kant: *Kant's gesammelte Schriften*, Band XXIV, erste Haelfte, S. 462.
② 同上书，S. 461。
③ 参见古留加：《康德传》，贾泽林、侯鸿勋译，商务印书馆1981年版，第312页。
④ 参见 Kant: *Kant's gesammelte Schriften*, Band XXIV, zweite Haelfte, S. 577, S. 664；康德：《逻辑学讲义》，第92-95页。

探讨了这样的问题。如前所述,他称加在名词上的词"不"或"非"为不定词,他认为把"不"或"非"这样的词加到名词上,会产生不定命题,比如"S 是非 P"。这里,"非"是与"P"结合在一起的。从形式上看,这是一个肯定命题,而从内容上看,它又似乎是一个否定命题,因此它自身是一个不确定的命题。这样就会给探讨命题之间的逻辑关系带来问题。比如,使用不定命题来表达,会使所表达的属性不确定,因而导致命题的分类不唯一,即不知道应该把"S 是非 P"看作肯定的还是否定的。又比如,由于不定命题常常只是表达偶性,因此不利于判定命题的真假。所以,亚里士多德虽然探讨了这类命题,但是最终在自己的逻辑系统中排除了这类命题。① 如果联系亚里士多德的这些探讨来思考康德的思想,我们就会看到,康德对无限判断的论述其实也没有超出亚里士多德所讨论的范围。他一开始把这类判断排除在分类之外,实际上也是因循了亚里士多德的做法。这两点大概也是基于亚里士多德逻辑而形成的传统逻辑的通常做法。但是,这只是康德早期的做法。因为在《纯粹理性批判》中,康德把无限判断考虑进来,因而改变了传统的判断分类。虽然我们尚无法确切知道康德什么时候在逻辑著作中做出这样的改变,但是,即使不考虑他早期关于无限判断的论述以及有关判断的分类,仅从他在《纯粹理性批判》中的分类以及自那以后他在逻辑讲座中的分类也可以看到一个明显的事实:康德考虑了一个亚里士多德早就考虑过的问题,他把亚里士多德早已抛弃了的东西又重新拾了起来。

对照亚里士多德和康德的思想,可以看得十分清楚,他们都探讨了同一类命题,即不定命题或无限判断②,结果却根本不同。亚里士多德最终在自己的逻辑思想和系统中抛弃了这类命题,而康德在自己提供的逻辑图示中保留了这类判断。亚里士多德之所以抛弃它,主要是因为它导致不确定性,而康德保留它的理由正在于认为它反映了思维中一类不确定的情况。值得思考的是,亚里士多德讨论的结果无疑为人们提供了逻辑,但是康德提供的模式是不是逻辑的模式?具体地说,不是不可以探讨这类判断,问题是探讨之后能不能提供有关它的逻辑?康德本人是不是提供了有关它的逻辑?仅仅提出它,就把它列为逻辑模式中的一类情况,因而

---

① 参见王路:《亚里士多德的逻辑学说》,第 82-84 页。
② 使用"不定"或"无限"来表达,似乎只是翻译问题。但是从中文字面上,二者还是有区别的。前者似乎更针对确定性,比较符合亚里士多德的本意。从康德这里的论述来看,他实际上也是指确定性,因为他所讨论的东西也涉及"受限制的"(beschraenkend)或"不受限制的"(unbeshraenkt)。而且在与图 1 相应的图 2 中,II 中的用词也是"限制"(Limitation)。我个人认为在康德这里也应该使用"不定"这个译名。当然,"unendlich"(英文"infinite")这个词也有无穷、无限的意思。考虑到国内的习惯用法,考虑到在哲学的意义上人们也许更愿意思考"无限"(其实"不定"也是很重要的),并且我在这里不会深入展开对康德思想的讨论,因此暂且遵循现有康德中译本的用法。

把所列出的图示当作逻辑模式,显然是不能令人满意的。在现有逻辑所提供的判断分类中,加上这样一种有问题的分类,并由此重新组合,形成一种新的分类,即康德所说的"三分",自然也是有问题的。

由此可以看出,康德对亚里士多德逻辑二分的批判是有问题的。我想表达的是,不是说不可以批评亚里士多德逻辑的二分。比如,从现代逻辑的观点看,否定词的含义显然不是像亚里士多德所描述的那样简单。因此这种从质的角度进行的分类就存在一些问题。但是康德自己的三分并没有一个清晰的标准。从康德自己关于无限判断的论述也可以看出,由于无限判断中的否定词不是对形式的否定,即不是对系词的否定,因此无限判断不属于否定判断,而属于肯定判断。这样,从判断的质区分出肯定判断和否定判断以后,自然就排除了它。而当把它引入进来以后,这样的分类就不是根据系词来区分了,因而也就不是根据康德所说的形式来区分了。为了形而上学的考虑,引入无限判断当然是可以的,问题是当把它作为逻辑分类的要素引入的时候,所提供的首先是一个逻辑分类,这样的分类首先必须依据可以自圆其说的符合逻辑自身要求和规定的标准,并且不会给逻辑的操作带来问题。无论康德的范畴分类对他的先验逻辑多么合适,多么有用,作为一种逻辑分类来说,它的问题却是显然的。

综上所述,康德在论述自己思想的过程中是从逻辑出发的,但是却存在一些问题。他依据与普遍逻辑的区别,提出了先验逻辑。普遍逻辑之所以清楚,并不是康德区别得清楚,而是逻辑本身就是清楚的。所谓"普遍逻辑"只不过是用了一个不同的名称来称谓它而已。因此,直观上或从字面上看,至少有两点是比较明确的。其一,康德所说的"普遍逻辑"就是已有的逻辑,或者保守地说,它相当于已有的逻辑,作为学科已经存在的逻辑,而"先验逻辑"则是他所提出来的新的"逻辑",即一种与已有的逻辑、作为学科已经存在的逻辑不同的"逻辑"。其二,"普遍逻辑"是基础,而"先验逻辑"是在此基础之上提出来的东西。因此可以说,康德的先验逻辑是基于逻辑提出来的,因此与逻辑乃是有区别的。① 其三,他对普遍逻辑也有所改造,即增加了一种"无限判断",并由此重新分类,在这种所谓新的逻辑模式的基础上提出了他的纯粹知性概念范畴。既然存在我们以上提出的这些问题,人们可能就会问:如果不从逻辑出发,直接探讨先验逻辑所要考虑的那些东西,直接探讨与纯粹知性概念相关的那些问题,不是就可以避免这些问题了吗?当然,这里可能会隐藏着另一个问题,即不从逻辑出发,是不是能够进行康德这样的考虑?探讨这些

---

① 周礼全用"形式逻辑"表示康德所说的"普遍逻辑",因而与其"先验逻辑"形成区别(参见周礼全:《黑格尔的辩证逻辑》,中国社会科学出版社 1989 年版)。

问题当然是有意义的。但是在这里,我只想考虑一个最表面最直观的问题:为什么康德要从逻辑出发来探讨问题?

3. 先验逻辑

康德从逻辑出发来探讨理性,这是因为在他看来,逻辑是走在探讨理性的可靠道路上的典范。他之所以可以这样看,是因为有亚里士多德逻辑和基于亚里士多德逻辑而发展形成的传统逻辑,这一逻辑已经是有明确体系的学科,也是学校的必修课。因此,无论康德把逻辑看作是各门学科的准备阶段或评价知识的前提,还是一门研究思维形式规则的严格科学[①],在他的眼中,逻辑是什么,乃是明确的。正是在这样一种知识背景下,无论他怎样划分逻辑,比如分为"作为普遍的知性运用的逻辑"和"作为特殊的知性运用的逻辑",或"普遍而纯粹的逻辑"和"普遍而应用的逻辑",作为学科的逻辑始终是一个整体,正因为这样,他才会称普遍逻辑是纯粹的逻辑,只有它"才是科学"[②]。在这样探讨的基础上,他明确指出,逻辑"作为普遍",抽象掉了知性知识的一切内容,只探讨纯思维形式,而"作为纯粹逻辑",则不具有经验性的原则,不受心理学的影响。[③] 这样做无论有没有道理,不管有什么问题,至少有一个优点。由于逻辑是一个明确的学科,因此从逻辑出发就有明确的内容可以依循,谈论起来就比较便利。对照第一版和第二版的序,可以比较清楚地看到这一点。在第一版的序中,康德说要研究理性和纯粹思维,对于这样的知识可以在身边寻找,"甚至已经有普遍逻辑作为例子,即逻辑的一切简单活动都可以完备而系统地列举出来"[④]。而在第二版的序一开始,康德就提出在科学的可靠道路上探讨有关理性知识的问题。由此他明确地说:"逻辑学大概是自古以来就已经走上这条可靠的道路了。"[⑤]这说明,康德在撰写《纯粹理性批判》的时候,确实是从逻辑出发,并且是以逻辑为例子,在逻辑中寻找自己所需要的东西。而当他修改这部著作的时候,他更进一步认识到,他所做的工作并非仅仅从逻辑寻找一些所需要的东西,而是把逻辑看作是一门探讨理性知识所依靠的科学。所以他要强调逻辑是成熟的科学,有悠久的历史。依靠这样的科学来探讨理性知识,由此而形成的关于先验逻辑的论述就有了一个比较可靠的基础。这样,康德有关纯粹理性的探讨,乃至形而上学能不能成为科学,似乎就可以脱离经验的思辨的轨道。这样,出发点是

---

① 参见康德:《纯粹理性批判》,邓晓芒译,杨祖陶校,第11页。
② 参见同上书,第53页。
③ 同上。
④ 参见同上书,第一版序,第4-5页。
⑤ 同上书,第二版序,第10页。

逻辑,而所谈的也是逻辑,只不过是一种超出普遍逻辑范围而与它不同的先验逻辑,因此,既然逻辑是科学,那么所谈的似乎也应该是科学。

康德的思想轨迹是清楚的,这就是基于逻辑。他试图为形而上学寻找科学根据,努力使形而上学成为一门科学,并且确实取得了伟大的成就。问题是,他的工作的结果是什么?简单地说,他的先验逻辑虽然叫作"逻辑",但是我却要问:它究竟是逻辑还是形而上学?

由于康德关于先验逻辑与逻辑的区别是清楚的,因此说明他的先验逻辑究竟是逻辑还是形而上学,也就不是什么困难的事情。康德不满意人们对亚里士多德逻辑的一些发展,批判他们为逻辑加入一些心理学、形而上学或人类学的内容。他认为这样做是出于对逻辑这门学科的无知。[①] 他认为,知性与思维相关。思维内容分为经验的思维和纯粹的思维,而先验逻辑只探讨纯粹的思维,用他的话说,这样的纯粹的思维内容包括知性与理性的法则,因此先验逻辑只探讨知性和理性的法则。[②] 有了这样的区分,他就可以在先验逻辑的名义下探讨与知性和理性的法则相关的东西了。

从康德关于逻辑与先验逻辑的区别至少可以清楚地看出两点。其一,他认为,先验逻辑不是单纯的研究思维形式,而是研究思维的内容,或者说,它是研究与思维内容结合在一起的思维形式。其二,先验逻辑不研究所有思维内容,即它不研究与经验的思维内容结合在一起的东西,而是只研究与纯粹的思维内容结合在一起的东西,具体地说,这就是研究与知性和理性法则相关的东西。从这两点出发,我们则可以问两个问题。一个问题是,康德是不是认为逻辑不应该单纯地研究思维形式,而应该把对思维形式的研究与内容结合起来?另一个问题是,先验逻辑是不是对逻辑的发展?换言之,沿着先验逻辑的思路是不是可以发展逻辑?前一个问题既可以在史学的意义上思考,又可以在脱离康德而推广到一般的意义上思考;而后一个问题则实实在在地涉及对逻辑这门学科的性质的认识。

直观上看,既然思维有形式和内容两个方面,而这两个方面虽然可以分开,却也结合在一起,因此,作为一门学科,只研究思维形式,而不研究思维的内容,似乎当然就是有缺陷的。这样,如果结合思维的具体内容,对思维的研究不是会更全面吗?因此,作为一门学科,如果把关于内容的研究加进来,因而使形式与内容结合起来,这样的研究不是就可以克服原来只研究形式的局限性,所带来的发展不也就是顺理成章的吗?在这种意义上说,康德对逻辑的认识是可以理解的。后来许多

---

① 参见康德:《纯粹理性批判》,邓晓芒译,杨祖陶校,第 10-11 页。
② 参见同上书,第 54-55 页。

人,比如黑格尔①,也沿着这个思路思考逻辑并试图发展逻辑,也是可以理解的。今天许多人依然按照这种模式看待逻辑,同样是可以理解的。问题是这样的看法直观上似乎可行,实际上却是行不通的。简单地说,这里有如下几个问题。

第一,亚里士多德在开创和建立逻辑这门学科的时候,对逻辑的定义或描述是"必然地得出",用我们今天的话说,就是研究推理的有效性。因此,逻辑是与推理直接相关的,而不是与思维直接相关的。所谓逻辑研究思维形式,这种看法是对逻辑性质的一种误解,由此也带来许多问题。②

第二,亚里士多德所说的"必然地得出"或今天一般所说的"推理的有效性"是由像三段论那样的格和式得到的。由于这个原因,人们也说逻辑是形式的。因此,指责思维脱离内容是空洞的也许有道理,认为应该结合思维的形式和内容来研究思维可能也不错,但是却不能由此指责逻辑只研究思维形式而不研究思维内容。这样的指责反映出对逻辑的无知,而认为结合思维的形式和内容可以发展逻辑则更是凭想当然。说到底,这样的看法是与逻辑的本质根本相悖的。

第三,由于推理是一种思维方式,而逻辑又是研究推理的,因此对于推理的说明也可以是对思维的说明,从而说逻辑是研究思维的似乎也就没有什么问题。问题是,即便可以说逻辑是一种思维方式,我们也不能说思维方式就是逻辑,因为思维方式还有其他许多种类。如果以逻辑来区分,则可以说思维方式有逻辑的和非逻辑的。这样,即使可以说逻辑研究推理,而推理属于思维的一种方式,因此似乎可以说逻辑也是研究思维的,但是我们也不能说研究思维就是研究逻辑。正因为这样,我们也就不能说逻辑是研究思维的,无论在思维的后面加上什么修饰,比如形式、规律等。

康德的"先验逻辑"实际上反映出以上全部三个问题。它虽然基于逻辑,但是由于它不是从推理出发,而是从思维出发,这样就在理解逻辑的本质的时候出现了偏差。由于康德没有明确地说他要发展逻辑,因此我们确实不好说他的先验逻辑是他理想中的逻辑,是他所要发展出来的逻辑。也就是说,康德是不是把他自己从逻辑出发而命名的这种先验逻辑看作是对逻辑本身的发展,是一个可以深入探讨的史学问题。如果不考虑这个问题,而考虑先验逻辑本身,即它是不是发展了逻辑,那么我的看法是否定的。由于对逻辑的理解出现问题,因此先验逻辑不可能发展逻辑。它的所谓发展恰恰违背了逻辑的内在规律,因此它也就不可能是对逻辑

---

① 黑格尔对逻辑只研究形式进行了更为猛烈的批判,并且明确提出要结合内容来发展逻辑。我曾详细讨论过他的问题,参见王路:《逻辑的观念》,第 156—173 页。

② 这里也涉及逻辑史的发展问题,参见涅尔:《逻辑学发展史》,第 407 页。

的发展。

除此之外,从发展逻辑的角度看,康德的先验逻辑还有一个问题,也是它自身独特的问题。这就是它基于对思维内容的经验和纯粹的两分,排除了所谓经验内容,而只研究与纯粹的思维内容结合在一起的东西。从这一点出发,所谓先验逻辑研究的对象倒是得到了说明,但是逻辑本身的性质和能力却被大大地削弱了。逻辑研究推理的有效性,用亚里士多德的话说,就是"必然地得出"。这样的东西绝不会在纯粹的思维内容中存在,而在经验的思维内容中不存在。这样的东西也不是仅仅限于某一门或某几门学科,而在其他学科不适合。实际上,推理的有效性不会仅仅限于某一类思维内容,而是适用于所有思维内容;它不会仅仅适合于某一类学科,而是适用于所有学科。因此我们说,逻辑的研究具有普遍性。具体到康德所论述的东西,无论是经验的还是理性的,逻辑其实都是适用的。而当康德以先验逻辑为名区别出只研究知性和理性法则相关的东西的时候,无论这样的区分有没有道理,它都面临着一个重大的问题。如果它是对逻辑的说明,则至少极大地削弱了逻辑的普遍性。而削弱逻辑的普遍性,发展逻辑也就失去了意义。换句话说,先验逻辑本身并不具有逻辑的普遍性,因此它也就失去了逻辑的意义。即使康德有发展逻辑的愿望,他这样的区分也会导致他的愿望最终无法实现。

有人认为,康德从形式逻辑的判断机能引出先验逻辑的诸范畴,这只是表面现象。实际上,康德是以先验逻辑的范畴为形式逻辑的判断形式奠定基础。"很难无条件地相信康德从形式逻辑中'引出'先验逻辑的说法,而可以怀疑康德是否是先有了先验逻辑的范畴体系,然后才把形式逻辑的判断形式一个个推出来的。"① 持这种观点的人甚至认为,"康德实际上到底是如何想的,这个问题无法、也没有必要搞清楚"②。

我认为,根据我在前面的论述,这样的看法显然是有问题的。一个问题是,康德的先验逻辑是否基于逻辑,这个问题显然是可以搞清楚的。一方面,且不论康德在《纯粹理性批判》的序中如何论述逻辑,也不考虑康德什么时候学的逻辑,至少我们已经知道,他从 1755 年就开始开逻辑讲座了。也就是说,逻辑作为一门学科,作为一种体系,早在他构思《纯粹理性批判》之前就成为他的知识结构中的一部分了。另一方面,当然我们也可以认为,康德从学生时代开始,甚至从一开始学习哲学的时候,他就已经在思考先验逻辑的问题了,只是由于它的问题难度极大,直到许多年以后他才把它们系统地表述出来。但是即便如此(对于这种情况,我是很难相信

---

① 邓晓芒:《康德先验逻辑对形式逻辑的奠基》,《江苏社会科学》2004 年第 6 期,第 3 页。
② 同上。

的），我们大概也只能说，对于康德来说，逻辑，包括它的体系和那些判断形式，早就是清晰明确的东西了，而先验逻辑，包括它的性质和那些范畴，却不是从一开始就是清晰明确的东西。因此，无论如何也不可能说康德是先有了先验逻辑的范畴体系，然后才推出形式逻辑的判断形式的。在我看来，这一点不仅是可以搞清楚的，而且实际上也是清楚的。既然康德的先验逻辑与逻辑有如此密切的关系，那么搞清楚这一点显然会有助于我们正确地理解康德的先验逻辑。由于康德的先验逻辑是其《纯粹理性批判》中最核心的思想，因而正确地理解康德的先验逻辑无疑会有助于我们深入地理解康德的这部名著。因此，搞清楚逻辑与先验逻辑的关系，对于我们理解康德的思想来说，并不是没有必要的，而是十分重要的。

另一个问题是，究竟是康德的先验逻辑基于逻辑，还是他的先验逻辑为逻辑奠基？其实，前一个问题清楚了，这个问题也就清楚了。这也就是我的观点，康德的先验逻辑基于逻辑。但是在这里，我认为仍然可以思考一下"奠基"一说。从字面上说，奠基应该在先。由于我们已经说明，在康德这里，逻辑在先，而先验逻辑在后，因此无法在这种意义上论述康德的先验逻辑与逻辑的关系。从"客观上"[①]说，康德对判断中两个概念之间的关系给出了自己的说明。比如，他不满意逻辑学家所谓"判断是两个概念之间的关系的表象"这样的"解释"，而主张判断"是使经验给予的知识获得统觉的客观同一性的方式"[②]。康德的说法与他所认为的逻辑学家的说法肯定是不同的。人们可以认为这种不同具有本质性的区别，也可以认为康德的看法具有认识论的价值，因而具有开创性。如果愿意，人们当然也可以同意康德的这种看法，而抛弃他所批评的看法。但是，能不能由此就说明康德的先验逻辑为逻辑奠基？在我看来，康德的上述看法与他所批判的看法有一点相同之处，也有一点不同之处。相同之处是，它们解释的对象是同一的，即都是"S 是 P"这种形式的判断。不同之处是，它们对这同一种形式的东西提出了不同的解释。也就是说，康德的解释和康德所批评的解释都是基于逻辑所提供的东西做出的，因此都是基于逻辑做出的。逻辑与基于逻辑无疑是不同的。因此，康德的先验逻辑是一种解释，他所批评的观点也是一种解释，尽管这两种解释不同，但是它们解释的对象却是由相同的逻辑所提供的。所以，即使可以说康德的解释比他所批判的解释如何如何，也不能说康德的解释为逻辑奠基，因为它恰恰依赖于逻辑。此外，在最广泛的意义上理解，如果康德的先验逻辑为逻辑奠基，那么它应该促进逻辑的发展。实

[①] 参见邓晓芒：《康德先验逻辑对形式逻辑的奠基》。该文由于认为没有必要在前一种意义上考虑康德的先验逻辑与逻辑的关系，因此主张在这样的意义上考察它们之间的关系。

[②] 参见同上文，第 3-4 页。

际上，这样的事情并没有发生。历史告诉我们，沿着先验逻辑的思路，以后有过思辨逻辑以及辩证逻辑等名称和理论，但是这些东西并没有被逻辑学家所接受，因为它们根本没有发展逻辑，而且对逻辑的发展也没有什么益处。

因此，康德的先验逻辑虽然叫逻辑，却不是逻辑，即它不是逻辑这门学科意义上的东西。从逻辑的角度来看，它可能会有这样那样的问题，但是从哲学的角度来看，它的开创性的意义却是举世公认的。我赞同把康德的先验逻辑看作一种哲学，至于是像康德有时候说的那样的先验哲学还是其他什么哲学，则是可以进一步讨论的问题。但是理解康德的哲学必须看到以下两点。

第一，康德以先验逻辑而命名的这种哲学是以逻辑为基础的。康德本人确实试图从逻辑出发，借助逻辑的科学性，利用逻辑已有的一些成果，来进行形而上学的研究，从而区别出与知性和理性法则相关的东西。抽象地说，这样的研究方式体现了康德哲学的科学性。具体地说，这样的研究方式则体现了逻辑思想方法的运用。因此，康德的哲学与逻辑是紧密结合在一起的。在这种意义上，如果不清楚地认识到逻辑在康德的著作中是如何起作用的，大概也不会深刻地理解康德的先验逻辑。

第二，即使康德从逻辑出发，运用逻辑方法，甚至根据逻辑所提供的东西来探讨哲学，也就是说，即使康德哲学中浸透了逻辑精神、逻辑思想和逻辑方法，甚至以逻辑来命名，它也不一定就是逻辑。由此也说明，一种充满逻辑精神和运用逻辑思想方法的哲学本身并不一定就是逻辑。特别是从学科的角度来考虑，逻辑本身和运用逻辑的方法毕竟不是一回事。因此，从逻辑出发，运用逻辑的方法，这并不意味着康德的先验逻辑就是逻辑。尽管先验逻辑多了一些逻辑所没有的东西，它也不是对逻辑的发展。在这种意义上，如果在康德的先验逻辑的意义上来理解逻辑，则势必造成对逻辑的曲解。

4. "形式的"逻辑

根据史学家的考察，康德是使用"形式逻辑"这个名称的第一人。[①] 无论这种说法是不是准确，在康德的著作中，我们至少看到了这样的表述，比如，他说"纯形式的逻辑(bloss formale Logik)抽掉了一切认识的内容(不论说纯粹的内容还是经验性的内容)，且只是一般地研究思维(推论的知识)的形式"[②]。在《纯粹理性批

[①] 参见肖尔兹：《简明逻辑史》，张家龙译，商务印书馆1993年，第18页。
[②] 康德：《纯粹理性批判》，邓晓芒译，杨祖陶校，第134页；参见 Kant, I.：*Kritik der reinen Vernunft*, Band 1, S.183。

判》中,虽然"形式的"这个形容词与"逻辑"这个名词结合在一起共同出现的次数非常少,但是它确实出现了。此外,康德在一些地方也谈论思维的形式。比如他在《纯粹理性批判》第二版序中说,逻辑不过是一门研究"一切思维的形式规则"(die formalen Regeln)的科学。① 而从我们以上讨论也可以看出,在康德关于先验逻辑的讨论中,尤其是他基于普遍逻辑来讨论先验逻辑或区别普遍逻辑和先验逻辑的时候,或者在他批评普遍逻辑的时候,思维的形式和内容是他最核心的区别。因此,虽然康德用普遍逻辑来称谓逻辑,但是他对这种逻辑提供了一种最基本的说明,即它是研究思维形式的,因而可以说它是一种形式的逻辑。后来人们称逻辑为"形式逻辑",并由此产生许多关于逻辑的故事,比如与"形式"相区别而形成别的什么逻辑,如辩证逻辑,以及今天所谓的非形式逻辑等,由于这些故事大都涉及逻辑这门学科的性质,因此康德关于所谓"形式的逻辑"的说明值得我们思考。

康德在"菲利普逻辑讲座"中认为,我们的认识活动有两类,一类是根据规则和定律的,另一类则意识不到规则和定律。而我们应用知性所应该依据的规则是逻辑,因此逻辑表达了运用理性的客观规则。② 逻辑与形而上学是有区别的。因为形而上学尽管是关于理性规则的科学,但是它只是关于纯粹理性的规则的科学,所谓纯粹理性不是与感觉性的东西混合在一起的,它的原理完全来自理性,而不是来自经验。而逻辑的原理部分地来自理性,部分地来自经验。③ 逻辑是一种有关正确运用知性和理性的普遍规则的哲学。④ 由于逻辑只是哲学的一部分,而科学是非常普遍的,因此不能用科学这个词来说明逻辑。⑤ 逻辑应该是科学的一种工具,而不是普遍理性的一种工具。⑥ 哲学是一种理性科学,它不是一种关于普通正常理性的认识,而是一门科学本身。⑦ 康德的这些论述蕴涵了他对逻辑、哲学和科学的看法,也涉及逻辑与哲学关系。从这些论述可以看出,他并没有从形式的角度来描述或思考逻辑。

如上所述,在做"菲利普逻辑讲座"的时候,康德已经开始构思《纯粹理性批判》了。即使在他晚年由别人代为出版的《逻辑学讲义》中,谈到"思维(的)形式"的地

---

① 康德:《纯粹理性批判》,邓晓芒译,杨祖陶校,第二版序,第 11 页。参见 Kant, I.: *Kritik der reinen Vernunft*, Band 1, S. 21。
② 参见 Kant, I.: *Kant's gesammelte Schriften*, Band XXIV, S. 311。
③ 参见同上书,SS. 313-314。
④ 参见同上书,S. 315。
⑤ 参见同上书,S. 316。
⑥ 参见同上书,S. 317。
⑦ 参见同上书,S. 319。

方也不多。① 我们确实看到他在导言中说,"这种关于一般知性或理性的必然法则的科学,或者说——这是一样的,这种关于一般思维的单纯形式的科学,我们称之为逻辑"。② 他对逻辑的两个认识是显然的,一个是关于一般思维的科学,另一个是纯形式的科学。但是,即便是在这里,他也是把与一般知性或理性相关放在首位,也就是说,这里的说明与"菲利普逻辑讲座"的说明基本是一样的,而所谓"关于一般思维的纯形式的科学"不过是一个补充说明而已。这一点从书中其他地方的说明可以看得更为清楚。比如他认为逻辑"应当是一门抽象思维规律的科学";"逻辑自身只在一切思维借以发生的概念、判断和推理中,研究思维的规律"③。这些说明均与思维相关,但是并没有提到"形式"二字。他谈到先验逻辑的地方不多,区别也仅仅在于:"在先验逻辑中,对象本身被设想为单纯知性的对象;反之,一般逻辑与一切一般对象有关。"④ 由于康德的逻辑著作是从他的一些讲课笔记整理而成,因此,《逻辑学讲义》虽然是 1880 年出版,但是内容并不一定是那时写的。而且,如果不考虑这些偶尔出现的有关"思维(的)形式"的说明外,它与"菲利普逻辑讲座"中关于逻辑的认识并没有太大的区别。也就是说,在《纯粹理性批判》出版之前和以后,他的逻辑著作并没有怎么强调"形式"。

为了说明这里的问题,我认为还有一个问题必须要注意。在康德的著作中,无论是哲学还是逻辑著作中,"形式"这个词的意思并不是没有歧义的。因此,我们不能一见到他说的"形式",就认为指的是逻辑意义上的形式。康德为了说明先验逻辑与逻辑的区别,确实利用了形式与内容这一区别。但是他也常常谈到形式和质料的区别,并且利用这一区别来探讨问题。形式和质料的区别自亚里士多德以来一直是形而上学中的重要概念和表达方式。这里的形式并不是指逻辑形式,而是指一事物本来应该所是的东西。康德也继承了这一传统。比如他认为,认识可以从形式和质料的角度来看,这样的划分非常适合知性。质料是所给定的东西,形式是认识的方式。他甚至明确地说,"所有哲学都仅仅涉及形式"⑤。如果把这里的形式也理解为逻辑意义上的形式,显然要出问题。所以,虽然康德谈到了"形式",但是我们绝不能不假思索地把他所说的"形式"理解为逻辑意义上的形式。

综上所述,抛开康德在一般的形式和质料意义上所说的形式外,有两个现象值得重视。第一,康德在著作中确实提到"纯形式(的)逻辑",但是这样的地方并不

---

① 参见康德:《逻辑学讲义》,许景行译,杨一之校,第 8、12 页。
② 同上书,第 2-3 页。
③ 同上书,第 9、24-25 页。
④ 同上书,第 5 页。
⑤ 参见 Kant, I.: *Kant's gesammelte Schriften*, Band XIV, S. 341.

多。第二，康德确实谈到"思维的形式"，但是在《纯粹理性批判》中，他非常强调思维的形式与内容的区别，而在他的逻辑著作中，反而不怎样强调这样的区别。在我看来，这两点现象说明一个问题："形式的"逻辑的说明对于阐明逻辑的性质本身来说似乎并不是那样重要，倒是对于得到康德的先验逻辑显得至关重要。一方面，如果对于逻辑十分重要，而且康德也认识到这一点，那么他似乎应该特别强调它才对。另一方面，正是依循形式与内容的区别，康德才得到了他的先验逻辑。因此，如果把康德的逻辑著作和《纯粹理性批判》对照起来看，我们似乎会感觉到，只是为了得到他的先验逻辑，逻辑研究思维的"形式"才得到了强调，逻辑自身才被赋予了"纯形式的逻辑"这样一个名字。即便是这样，康德主要也只是把"形式的"作为逻辑的一种性质来说的。因为如上所述，他明确使用的名称是"普遍逻辑"，而不是"形式逻辑"。

我强调康德关于"形式的"逻辑的论述，是想说明，康德的这种说明，对于逻辑来说，本来是不必要的。在我看来，康德的本意是从逻辑出发，冠以逻辑的名称，从而使自己的论述具有科学性。康德从逻辑出发是不错的，他想使自己建立的形而上学体系具有科学性也是不错的。但是，这两点与他把他的哲学命名为先验逻辑并没有什么必然的联系。实际上也正是如此。康德本人虽然由此得到了一种先验逻辑，但也只是得到了一种徒有虚名的"逻辑"。因为先验逻辑根本不是逻辑，而是一种哲学。假如他从逻辑出发，指出逻辑只涉及表达的形式，因而不能满足形而上学的需要，我想，他同样也是可以构造起来他的形而上学体系的。

在这种意义上，我认为康德使用"普遍逻辑"来称谓逻辑，而没有使用"形式逻辑"来称谓逻辑，可能也是有所考虑的。而且在康德的著作中，除了区别普遍逻辑和先验逻辑的地方，一般都是使用"逻辑"这一概念。这说明，"形式的"只是他区别普遍逻辑与先验逻辑所依据的东西，而他本人并没有想以此来称谓逻辑。这似乎也说明，逻辑是什么，在他所处时代，本来就是清楚的。康德本人知道这种情况，他对亚里士多德逻辑的评价也是非常出名的。因此他只是想借助逻辑来建立自己的形而上学体系。从他的著作和论述来看，尽管他提出先验逻辑，但是仍然看不出他在那里是想发展逻辑。在这种意义上，我倒是认为，康德说一说"形式的"逻辑也没有什么。只不过他大概根本不会想到，后来人们会认为他是"形式逻辑"这一名称的首创者，这个名称甚至会成为逻辑的代名词，而且由此竟产生出许多与它不同的逻辑，他的先验逻辑则是这诸多逻辑中具有开创性的一种。

我认为，逻辑就是逻辑，它根本就没有必要加上"形式"二字来说明。亚里士多德谈论的是命题，而命题是含有真假的句子。他很少用"形式"一词，也把"S 是 P"这种形式以及围绕它而形成的一些形式说得非常清楚。尤其是，他说的"必然地得出"刻画了逻辑本身的性质,也没有使用"形式"一词。今天的逻辑使用"形式语言""形式系统"这样的概念,这不过是沿用了人们习惯的形式逻辑的称谓,而且更多的是为了与自然语言相区别,而不是为了说明思维形式。而从对逻辑性质的说明来看——比如,逻辑是研究推理的有效性或有效推理的科学。所谓有效性是说,一个推理是有效的,当且仅当,从真的前提一定得出真的结论——"形式的"这样的说明根本是不用的,或者至少是可以不用的。这说明,"形式的"可以是逻辑的一种特征,但并不是逻辑的根本性质。① 以"形式的"这种特征为基点,找到与它不同的特征来发展逻辑,理论上说当然是可以的,但是这样的发展必须符合逻辑的根本性质,而绝不能违背逻辑的根本性质。康德的先验逻辑确实与逻辑的"形式的"特征有区别,康德对于这种区别的论述也非常清楚,但是它与逻辑的根本性质完全不同,因此它绝不是逻辑,更不是逻辑的发展。康德本人没有说先验逻辑是逻辑的发展,他也没有认为说他提出先验逻辑是要对逻辑的发展做出贡献。在我看来,康德本人是清楚的,而后人对他的一些看法和评价却是有问题的。

---

① 我曾把这种性质称为"逻辑的内在机制",参见王路:《逻辑的观念》。

第四章

黑格尔的《逻辑学》

黑格尔是哲学史上非常著名的哲学家。他有两部以逻辑命名的著作,一部是《逻辑学》(俗称《大逻辑》),另一部是《小逻辑》。这样,对于他是不是逻辑学家,就有一些不同的看法。一般来说,尽管也有个别逻辑史著作谈到他[1],但是,人们把他看作是一位哲学家和形而上学家,而不看作逻辑学家。

黑格尔这两部著作都有中译本。但是它们对黑格尔所讨论的核心概念"Sein"却使用了不同的翻译术语。前者用的是"有"[2],后者用的是"存在"[3]。这两个术语显然是不同的。由于《小逻辑》基本上是《大逻辑》的一个简写本,因此它们的核心观念不可能是不同的。由此来看,不同的中文翻译表明了译者对黑格尔的思想有非常不同的理解。近年来,黑格尔的《小逻辑》又出了一个新的中译本,该译本对旧译本的一些术语翻译进行

---

[1] 参见 Dumitriu, A.: *History of Logic*。
[2] 参见黑格尔:《逻辑学》上、下卷,杨一之译,商务印书馆1977年版。
[3] 参见黑格尔:《小逻辑》,贺麟译,商务印书馆1980年版。

了修正,但是仍然沿袭了"存在"这一术语。① 这表明,以"存在"来理解黑格尔的"Sein",仍然是学界的基本倾向。不过近年来依然也有人明确主张,理解黑格尔的理论应该用"有"这个概念。②

我认为应该以"是"来理解黑格尔所说的"Sein",并围绕这一概念来理解黑格尔的思想,我还把黑格尔的"Sein"译为"是",并且详细讨论了黑格尔的许多相关论述。③ 不过,那些讨论主要集中在文本之中,集中在如何理解黑格尔对"是""不"等概念以及相关概念的讨论。我认为,这是理解黑格尔思想的基础性工作。没有这样的讨论,不可能深入地研究和理解黑格尔的思想。这里,我想在以前那些研究的基础上进一步探讨,黑格尔所论述的为什么是"是",而不是"存在"和"有"。

梁志学先生在其新译的《逻辑学》(《小逻辑》)的译后记中也谈到了这个问题,并认为是否以"是"来理解乃至翻译"Sein",是"牵一发而动全身的"④事情。虽然他在译文中保留了"存在"的翻译,但是他的这一说明却切中了理解黑格尔思想的核心所在,以及理解这个问题的复杂性和重要性。我认为,除了由于语言方面的差异所产生的复杂性以外,以及除了西方形而上学思想本身的复杂性以外,还有一层复杂性,这就是逻辑与哲学的关系。下面的讨论将主要集中在这后一个方面。

1. 三种解释

黑格尔的逻辑体系是在三个基本概念的基础上建立起来的。按照不同的中译文,该体系的三个基本概念可以有以下三种解释:第一,有、无、变;第二,存在、无、变易;第三,是、不、变。根据第一种解释:

> "有"是黑格尔体系中头一个概念,是"逻辑学"的起点,是"绝对精神"自我发展的开端。"有"也译作"存在",黑格尔在这里所讲的"有"或"存在",和我们唯物主义哲学中所讲的物质的存在,完全不是一回事,它是一种纯粹抽象的、没有任何内容的概念。这个"有"是绝对空虚的,毫无任何规定性的,全然不具体的,所以,"有"也就等于"无"。黑格尔就是这样来推导的。于是,他由"有"的概念推论到他的对立面——"无"的概念。"有"与"无"既是对立的,又是统一的,"有"与"无"的统一,便是"变",或译作"生成"。"变"是比"有"与"无"更

---

① 参见黑格尔:《逻辑学:哲学全书·第一部分》,梁志学译,人民出版社 2002 年版。
② 参见赵敦华:《"是"、"在"、"有"的形而上学之辨》,《学人》第四辑,江苏文艺出版社 1993 年版,第 395 页。
③ 参见王路:《逻辑的观念》,第六章;《"是"与"真"——形而上学的基石》,第七章。
④ 黑格尔:《逻辑学:哲学全书·第一部分》,第 407-408 页。

高的概念。①

从这里的解释可以看出,黑格尔说的"有"或"存在"与唯物论所说的物质的"存在"根本不同。不知道这是否也是采用"有"而不采用"存在"这一译名的理由之一。此外,从字面上非常容易理解,"有"与"无"是两个对立的概念,从"有"推论"无",从"无"推理"有",二者达到统一,等等。这不仅符合汉语文字的表达习惯,甚至与中国人的思维方式也是一致的。因此,这种解释可以得到广泛接受,尤其是得到那些借助中译文来学习和理解黑格尔的人的接受,也就是可以理解的。

贺麟先生在说明第二种解释的时候说:

> 关于存在(Sein)一词,根据黑格尔《逻辑学》是由存在论辩证发展到本质论,并由本质论上升到概念论的,存在论是这一发展过程的最初阶段,也即亚里士多德认为思辨哲学是一种"研究存之为存在(Being as Being)以及存在之为自在自为的性质的科学"……这里包含有本体论与逻辑学统一的思想。所以我这次把旧译本的"有论"改为"存在论",有些地方,根据上下文具体情况,特别在谈到有与无的对立和同一时,仍保留"有"字。②

这里有两点是显然的,一点是与亚里士多德在《形而上学》中的论述联系起来,这里隐含着译者的一个认识,即黑格尔所讨论的这个"存在"与亚里士多德所探讨的"存在之为存在"是同一个概念,这样,就把黑格尔的著作放在哲学史中,放在哲学史的主要线索上来理解,而不是作为一本单独的著作孤立地来理解。另一点是在一些地方仍然保留了"有"这一译名,这一做法及其解释似乎说明,尤其是这里所说的"上下文"大概更是要表明,作为一对对立的概念,"有"与"无"比"存在"与"无"要更容易理解一些。

从以上分析可以看出,从字面上看,显然"有"与"无"更容易理解一些,因为它们无疑是一对对立的概念。这样一对对立的概念对于我们中国人的理解来说,没有任何问题。但是,"有"这一概念似乎会脱离哲学史,与亚里士多德所谈的形而上学的核心概念似乎没有什么关系,这样似乎会把黑格尔的著作和思想孤立起来。从哲学史的联系与发展来看,"存在"则更容易理解一些,因为它与亚里士多德的形而上学的核心概念是同一个概念。而且既然谈到本体论与逻辑的统一,人们自然

---

① 黑格尔:《逻辑学》,杨一之译,编者前言,第 3 页。
② 黑格尔:《小逻辑》,贺麟译,新版序言,第 xvii 页。

就会想到唯物论所说的物质的存在,似乎就会更容易理解。但是,如果这样理解,似乎就会产生前一种解释所告诫的问题。而且,"存在"与"无"并不是一对对立的概念,把它们作为一对对立的概念来理解,尤其是作为黑格尔思想体系的出发概念来理解,似乎就会有问题,至少在字面上是不太自然的。因此表面上看,这两种解释各有优点,也各有缺点。

值得注意的是,这两段解释有一个共同之处,就是都谈到逻辑。区别仅在于前者所谈的"逻辑学"似乎是指黑格尔的思想体系,而后者明确提到《逻辑学》这本书。如果《逻辑学》也包括黑格尔有关逻辑的思想体系,或者黑格尔有关逻辑的思想体系就在《逻辑学》这本书中,那么这两段话的意思似乎也是一样的。此外,后一段解释还提到本体论与逻辑学的统一。这里的"逻辑学"大概指作为一门科学或方法的逻辑,本体论则大致会指一种哲学或方式,仅此一句话,虽然我们尚无法深入理解,但是至少可以看到,这里已经涉及了逻辑与哲学的关系。

我认为,既然提到逻辑,那么就应该联系逻辑来考虑。而若是联系逻辑来考虑,以上两种解释都是有问题的。具体地说:"有"和"无"这两个概念与逻辑有什么关系呢?"存在"和"无"这两个概念又与逻辑有什么关系呢?我丝毫看不出它们与逻辑有任何关系。如果这些概念与逻辑没有什么关系,为什么在解释中还要提到逻辑呢?应该说,提到逻辑本来应该是十分自然的事情,因为黑格尔把他的著作就命名为《逻辑学》。在这种情况下,解释黑格尔的思考,解释他的基本概念,提到逻辑是完全有理由的。问题是这样的解释虽然提到了逻辑,因而应该与逻辑有关,可是他的两个基本概念怎么会与逻辑没有任何关系呢?

以上只考虑了前两种解释,在回答这里提出的问题以前,我们不妨先看一看第三种解释,即"是"、"不"和"变"。直观上就可以看出,这种解释恰恰与逻辑是密切相关的。"S是P"是传统逻辑的核心句式。由此出发,最核心的概念就是其中的那个"是"。该句式是肯定形式,其否定形式为"S不是P"。它不过是在"S是P"这个句式上增加了否定词"不"。所谓肯定形式和否定形式也是传统逻辑中从质的角度对句子最基本的区分。由此出发,其中的"不"也是一个逻辑概念。特别是,从肯定到否定,即从"S是P"到"S不是P",句子的真假会发生根本性的变化。因此,"是"与"不(是)"乃是对立的。黑格尔从逻辑出发,取"是"和"不"作基本概念,显然是再自然不过了。他自己的创造在于提出"变"这个概念。通过这一概念,可以达到他自己想说明的"是"与"不"的对立统一。

从第三种解释可以看出,黑格尔的思想是与逻辑密切联系在一起的,他在《逻辑学》中所构造的思想体系的基本概念就是当时基于亚里士多德逻辑而形成的传统逻辑的核心概念。由此也可以说明,不是黑格尔的基本概念与逻辑没有关系,而是前两种解释本身有问题,因为"有"和"存在"以及"无"这样的译名首先从字面上就阉割了黑格尔思想体系的基本概念与逻辑的联系。

当然,第三种解释似乎也有自身的问题。在中文中,"是"似乎仅仅是一个系词,除此之外,再没有其他含义,[①]因而"是"似乎根本不能算是概念。把它作为一个独立的概念,并且是哲学中最核心的概念,理解起来似乎是有困难的。它似乎明显不如"存在"或"有"这样的概念那样明确。

对照以上三种解释,可以得出两点结论。从字面上理解,"存在"和"有"似乎更容易一些。而从逻辑的角度出发,显然"是"更合适。关于应该以"是"还是应该以"存在"来理解西方哲学的核心概念"being",我在《"是"与"真"——形而上学的基石》一书中已经做过详细探讨,因此不再多说。这里我只考虑第二点结论。围绕这一点,似乎可以问一个问题。联系逻辑来考虑,为什么一定是"是",而不是"存在"?

以上已经说明,由于黑格尔著作的名称就叫《逻辑学》,探讨他的基本概念不联系逻辑来考虑是不行的。但是,既然人们一般认为黑格尔是哲学家,而不是逻辑学家,既然人们一般认为他的《逻辑学》是一部哲学著作,而不是一部逻辑著作,为什么他说的就一定是"是",而不是"存在"呢?再具体一些说,我们都知道,一些人认为黑格尔的逻辑是一种辩证逻辑,与亚里士多德逻辑和基于亚里士多德逻辑而形成的传统逻辑是不一样的。在这种意义上,即使黑格尔把他的著作命名为"逻辑",他说的也是辩证逻辑,而不是通常意义的逻辑。而联系这种意义的逻辑,为什么就不能是"存在",而一定是"是"呢?这样的问题显然也不是没有道理的,因此值得认真思考。

2. 出发点

以上问题的出发点是非常直观的:黑格尔的著作名称是《逻辑学》,因而其内容与逻辑不可能没有任何关系。但是从哲学史上对黑格尔的评价来看,似乎又可以得出一个与这个出发点相悖的结论。简单地说,由于黑格尔不是逻辑学家而是哲学家,因此他说的"逻辑"究竟是什么就值得考虑。如果他说的逻辑是有歧义的或者是与一般意义上的逻辑不同的,而且人们一般也确实是这样认为的,似乎就可以从哲学的角度或者在哲学史的背景下或在整个哲学的框架里来理解他的思想。我认为,这里实际上存在两方面的问题。一方面,人们不把黑格尔看作逻辑学家,

---

[①] 也有一些人研究论证汉语中的"是"也有"存在"等含义(例如参见王太庆:《我们怎样认识西方人的"是"?》,《学人》第四辑,江苏文艺出版社 1993 年版)。我一般不考虑"是"这个中文概念是不是有存在的含义。我所关心的主要是,哪一个中文概念能够反映 Sein 或 being 的最主要的含义(参见王路:《"是"与"真"——形而上学的基石》)。

因而不把它的《逻辑学》看作逻辑学著作,这是因为人们认为他写的那些东西,包括《逻辑学》,不是逻辑或与逻辑不符。另一方面,黑格尔把他的著作命名为《逻辑学》,这说明,他自己把它看作逻辑著作。换句话说,黑格尔是把他的这部著作当作逻辑著作来写的,只不过最终没有得到逻辑学家或逻辑学界的承认。因此,黑格尔的著作为什么没有得到逻辑学家的认同,这里的原因是可以探讨的,但是由此却不能说他的著作与逻辑没有任何关系。实际上,他的著作与逻辑关系密切,其中包括他对逻辑的认识和理解,以及他对他所理解的逻辑问题的论述,只是这些认识和讨论的正确与否需要另当别论。如果我的这种看法是正确的,那么上述联系逻辑来理解他的思想的看法就是有道理的。因此我们仔细考察一下我的这种看法。

《逻辑学》一书的导论由两部分组成,第一部分的题目是"逻辑的一般概念"。这部分的第一句话,即该导论的第一句话是:

> 没有一门科学比逻辑科学更强烈地感到需要从问题实质本身开始,而无需先行的反思。[①]

我直接引用这句话,并不是因为我认为它本身是不是有道理或是不是特别重要,而是因为它所处的位置以及它是把逻辑作为一门科学或学科而谈论的。在我看来,这对于理解黑格尔关于逻辑的论述是有意义的。它表明,黑格尔从一开始就是把逻辑作为一门学科或科学来论述的。因此,无论他后面如何论述,我们都应该在这种意义上来理解他所说的逻辑,至少不应该脱离这种意义。

黑格尔认为,逻辑是"研究思维、思维的规定和规律的科学","对思维的细密研究,将会揭示其规律与规则,而对其规律与规则的知识,我们可以从经验中得来。从这种观点来研究思维的规律,曾构成往常所谓逻辑的内容。亚里士多德就是这门科学的创始人。他把他认为思维所具有的那种力量,都揭示出来了"[②]。但是黑格尔又认为,亚里士多德的这种逻辑虽然还是公认的,但是没有增加什么材料,而近代人关于逻辑的工作,不过是放弃了传统的"许多逻辑规定","又掺进去许多心理学的材料"[③]。在黑格尔看来,虽然逻辑的形态与内容没有什么太大的变化,但是时代变化了,科学变化了,因而时代精神也变化了。不过这些东西和内容没有在

[①] 黑格尔:《逻辑学》上卷,杨一之译,第23页。
[②] 黑格尔:《小逻辑》,贺麟译,第63、72页。
[③] 同上书,第73页。

逻辑中显示出来。他认为,"假如精神的实质形式已经改变,而仍然想保持旧的教育形式,那总归是徒劳;这些旧形式是枯萎的树叶,它们将被从根株发生的新蓓蕾挤掉"①。十分明显,逻辑还是亚里士多德开创的逻辑,但是落后了,跟不上时代的发展,因此需要进行改造。

　　黑格尔认为,逻辑是研究思维的科学,但是以往的逻辑只研究形式而不研究内容,这是不妥当的。既然思维与思维规则是逻辑的对象,那么思维与思维规则的内容或质料也应该是逻辑研究的对象。虽然人们过去研究逻辑的时候完全不考虑形而上学的意义,但是逻辑并不因此就是一门缺乏内容的形式科学。② 他对这种只研究形式而不考虑内容的逻辑提出了强烈的批判。他认为,"形式既然只是固定的规定,四分五裂,没有结合成有机的统一,那么,它们便是死的形式,其中没有精神,而精神却是它们的具体的、生动的统一。因此它们缺少坚实的内容——一种本身就是内容的质料"③。他甚至认为,这样的逻辑是毫无精神可言的,这样的逻辑所讲述的精华部分,即"所谓规则、规律的演绎,尤其是推论的演绎,并不比长短不齐的小木棍,按尺寸抽出来,再捆在一起的做法好多少,也不比小孩子们从剪碎了的图画把还过得去的碎片拼凑起来的游戏好多少。"④。在他看来,思维都是活生生的,是与内容结合在一起的,因此只研究形式是不够的。逻辑研究的是"纯粹思维的科学,它以纯粹的知为它的本原,它不是抽象的,而是具体生动的统一"⑤。这些论述十分清楚地表明,黑格尔是在论述逻辑,而且确实是在按照自己的认识来论述逻辑。他甚至明确地说逻辑"需要一番全盘改造"⑥,这说明他对已有的逻辑不满,他确确实实要发展逻辑。

　　从以上这些论述可以十分清楚地看出几点。其一,黑格尔是把逻辑作为一门学科来谈的。其二,他认为逻辑是研究思维规律的科学。其三,他批评逻辑只研究思维形式不研究思维内容。其四,他不满意逻辑的现状,而要发展逻辑。一句话,黑格尔是从现有的逻辑出发,他要在批判现有逻辑的基础上发展逻辑,即建立他的逻辑体系。

　　目的明确以后,黑格尔对逻辑进行了分类。他把逻辑分为客观逻辑和主观逻辑。客观逻辑由两部分组成,即"是"的逻辑和"本质"的逻辑,主观逻辑则是概念的

---

① 黑格尔:《逻辑学》上卷,杨一之译,第 3 页。
② 参见同上书,第 24、29 页。
③ 同上书,第 29 页。
④ 同上书,第 34-35 页。
⑤ 同上书,第 44-45 页。另见 Hegel, G. W. F. ,: *Wissenschaft der Logik*, I. Suhrkamp Taschenbuch Verlag 1993, S. 57。
⑥ 同上书,第 33 页。

逻辑。按照黑格尔的说法,他的客观逻辑有一部分相当于康德的先验逻辑。[①] 由此看来,他的主观逻辑应该大致相当于康德的普遍逻辑。但是黑格尔并不是像康德那样从逻辑出发,根据逻辑的特征提出先验逻辑,而是把客观逻辑放在首位。因此他在分类的过程中关于客观逻辑的论述值得我们注意。

在论述客观逻辑的过程中,黑格尔首先特别强调要从科学中寻找纯粹的出发点。他认为寻找哲学的开端是困难的,他所做的是考察逻辑的开端。[②] 这表明,他要寻找科学的开端,而具体做法就是从逻辑来寻找出发点。这固然是因为在哲学中寻找开端不太容易,但主要还是因为在他看来,"逻辑是纯科学"[③]。因此从逻辑寻找纯粹的出发点这一具体做法与他所明确的从科学中寻找纯粹的出发点这一要求是一致的。黑格尔具体地说:

> 无论在天上、在自然中、在精神中或任何地方,都没有什么东西不同时包含直接性和间接性,所以这两种规定表现为不分的和不可分的,而每一个对立的命题表现为一种不是的情况。但是科学说明所涉及的东西,那就是在每一个逻辑命题中都出现了直接性和间接性的规定以及它们的对立和真的说明。只要这种对立在与思维、知、认识等的关系中,持有直接或间接的知较具体的形态,那么一般认识的本性即将在逻辑科学之内来考察,而认识的其他具体形式也便归在精神科学和精神现象学之中了。[④]

这一段说明不仅提到逻辑命题,而且提到其中的"规定"及其"对立",还有"真"。这些东西显然涉及逻辑的具体内容。即使不考虑这些具体内容,有两点意思也是十分显然的。第一,科学说明与逻辑相关,因此相关的认识要在逻辑中来考察。这也是黑格尔突出强调的。第二,与逻辑相关的这种直接性和间接性无所不在,是具有普遍性的。无论这样的说明和看法本身是不是有道理,至少它们支持了黑格尔自己的观点。这是因为,逻辑是科学,那么从逻辑出发就会具有可靠性;而逻辑若是具有普遍性,那么从逻辑出发所寻找的出发点也就会具有普遍性。

从以上讨论可以看出,黑格尔从逻辑出发,试图发展逻辑;即使在区分了客观逻辑和主观逻辑之后,在具体论述客观逻辑的过程中也首先从逻辑寻找出发点。这就说明,无论黑格尔的逻辑最终发展成什么样子,至少他从逻辑出发,这一点是

---

① 参见黑格尔:《逻辑学》上卷,杨一之译,第45页。
② 参见同上书,第51、52页。
③ 同上书,第53页。
④ 同上书,第52页;译文有修改,参见 Hegel, G. W. F. ,: *Wissenschaft der Logik* ,I. , S. 66。

非常清楚的。

3. 逻辑的核心概念

有人可能会问,即使黑格尔是从逻辑出发,为什么他的核心概念就一定是"是",而不是"存在"或"有"呢?这样的提问当然也是有道理的。如果用黑格尔的方式来回答,则可以说这个问题既简单又不简单。说它简单,是因为看一看逻辑中究竟是有"存在"或"有",还是有"是"就可以了。而说它不简单,则是因为这涉及对逻辑的理解和把握,因而涉及对逻辑技术和思想的运用的理解和把握。下面我们先考虑简单的回答。

在黑格尔时代,逻辑已经经历了漫长的发展,形成了它的基本框架,这就是概念、判断、推理。而它的核心内容仍然是三段论。这样的内容基本上与亚里士多德逻辑一脉相承,也就是说,其句子最核心的句式依然是"S 是 P",在此之上增加否定词"不"和量词"所有"和"有的",就形成了 A、E、I、O 四种形式。由此可见,这种逻辑的主要特征是:它的句子形式是以主谓结构体现的,它以系词"是"为核心,以"S"和"P"这两个变元标示出主项和谓项,因此这种逻辑也叫词项逻辑。在这种逻辑中,"是""不""所有""有的""所以"(如果,那么)是逻辑常项,"S""P""M"是变项。由于逻辑常项是逻辑研究的主要的东西,再加上"是"的核心地位,因此可以说,"是"乃是词项逻辑中最核心的东西。虽然黑格尔批评逻辑如何如何,尽管他对逻辑有这样那样的不满,但是当他从逻辑出发时,他所考虑和依据的东西依然是由这样一些内容组成的,因此他所考虑的一定是这样一些内容,也只能是这样一些内容。

很清楚,在这样一种逻辑中,丝毫看不到"存在"和"有"。换句话说,作为一门学科或科学,词项逻辑根本就没有把"存在"或"有"作为逻辑要素来考虑。当然,从理解西方思想的角度出发,这里可以问:我们能不能考虑把"S 是 P"中的"是"翻译为"存在"或"有",或者理解为"存在"或"有"?我不知道是不是可以讨论这个问题,也不知道讨论这个问题是不是有意义。但是事实是,过去我们一直十分自然地把词项逻辑的核心句式翻译和理解为"S 是 P",而且我们不仅这样学会了西方逻辑,并且对于"S 是 P"这样的句式不存在任何理解方面的问题。因此在这种意义上,我更愿意认为,"存在"和"有"根本无助于我们理解和学习词项逻辑。

这里可以顺便说一下,黑格尔对"是"与"存在"的区别也不是没有认识的。他虽然主要谈论"是",但是也专门谈论了"存在"(existieren)。对于这二者的区别,他说:

> 人们也许很难承认,某物能够是,而不存在;但是人们至少不会把比如是

这个判断系词和存在这个词混同起来,也不会说:这件货物存在得贵、合适等等,金钱存在着金属或金属的,而会说:这件货物是贵的、合适的,金钱是金属。然而,是和表现、现象和现实性,以及与现实性对立的纯是通常也是相区别的,一切这些名词与客观性的区别尤其大。——即使它们应该用作同义语,哲学也应该有自由利用语言这些空洞的多余的东西来表示哲学的区别。①

黑格尔这里强调的无疑是"S 是 P"中的"是"和"存在"的区别,而且他显然是认为,"S 是 P"中的"是"不是"存在"。

明白了什么是逻辑的基本内容,由此也就可以明白,对于学过逻辑的人来说,这些基本内容也是常识。也就是说,考虑这样的逻辑,就会把"是"当作核心的东西。因为它是"S 是 P"这种基本句式的核心,也是构成 A、E、I、O 这样的句子的核心,当然也是由 A、E、I、O 构成的三段论式的核心。黑格尔既然了解这些内容,又要发展逻辑,还要从逻辑寻找出发点,在这种情况下,他所谈的"Sein"不可能不是这里所说的"是"。最保守地说,他所谈的"Sein"不可能与这里所说的"是"没有任何关系。但是,当我们把他说的这个"Sein"翻译为"存在"或"有"的时候,就把所有这些与逻辑的联系或所有这些与逻辑可能会有的联系都断送了。

为了更清楚地说明这里的问题,我们还可以看一看与"存在"和"有"相对应的另一个翻译术语"无"。前面我们说过,"S 是 P"是最基本的句式,这同时也是肯定式。加上"不",就得到另一个句式:"S 不是 P",它也是否定式。在词项逻辑中,"是"和"不是"被看作是两种基本形式,表示句子的质。显然,无论"S 不是 P"表达的是什么,它恰恰表达了与"S 是 P"相对立的东西。因此,当黑格尔说他从逻辑中寻找开端,先找到了"是",然后又找到了"不",就绝不是随意的了。因为在逻辑中,"是"是基本要素,"不"则构成对"是"的否定,因此实际上"不"意味着"不是"。黑格尔从逻辑得到这样两个东西,则是再自然不过的了。而当他从这两个开端出发,引入"变"就更容易理解了。从纯是到具有规定性的是乃是变,从纯不到具有规定性的不乃是变,而从是到不(是)也是变。没有这样的变,他的"逻辑"体系就无法构造起来。在这些变中,无论他的论述多么含糊,大概至少从是到不(是)的变,包括否定之否定,还是容易理解的,因为它与逻辑恰恰相符。但是在这里,如果以"存在"或"有"与"不"来翻译,则这里的"变"可以是"存在"或"无",或者"有"和"无"。但是无论怎样理解,大概都不会有"S 是 P"和"S 不是 P"这样的理解。而只要没有这样

---

① 黑格尔:《逻辑学》下卷,杨一之译,第 392 页。译文有修改,参见 Hegel, G. W. F.,: *Wissenschaft der Logik*, II, Suhrkamp Taschenbuch Verlag 1993, S. 407。

的理解,就会把所有与逻辑相关或所有可能与逻辑相关的理解都断送了。

4. 概念的推导

我们也可以考虑一下不简单的回答。对照黑格尔和康德,可以看到一个明显的区别。虽然他们都是从逻辑出发,却有所不同。康德是先谈逻辑,然后根据逻辑的情况,提出先验逻辑,并根据逻辑的分类来区分先验逻辑,由此展开先验逻辑的论述。黑格尔却不是这样。毫无疑问,他从逻辑出发,区分出客观逻辑和主观逻辑。但是他先论述客观逻辑,然后论述主观逻辑。而在具体论述客观逻辑的时候,又再次从逻辑寻找出发点。如果从逻辑的角度来看,人们一般会认为,主观逻辑是黑格尔关于逻辑的论述,而他的客观逻辑是形而上学。也就是说,他对形而上学的论述先于他对逻辑的论述。如果只看这样一种次序,而不考虑逻辑本身,人们可能会认为,由于客观逻辑在先,而主观逻辑在后,因而即使他在主观逻辑部分是围绕着"S 是 P"来谈论的,在客观逻辑部分也不一定是这样谈论的,而且既然他先谈客观逻辑,而在客观逻辑这里他又不是在谈论逻辑,甚至也不是围绕着逻辑的东西来谈论,那么依照这种先后次序就应该按照他在客观逻辑部分的论述来理解他在主观逻辑部分的论述。这也就是人们常说的逻辑与哲学是不同的,因此逻辑的理解与哲学的理解可以是根本不同的。这种看法似乎是有道理的,但是太过表面化。实际上,思考问题的次序与谈论问题的次序可以是不同的。即使先谈论客观逻辑而后谈论主观逻辑是黑格尔的论述次序,这也不一定就是他考虑这些问题的次序。不过,这样谈问题太玄。我们还是具体地看一看黑格尔的论述。

我认为,即使是从逻辑的角度出发,也可以用两种方式来看待这里的问题。一种方式是结合黑格尔关于客观逻辑和主观逻辑的论述来考虑。另一种方式是只考虑黑格尔关于客观逻辑的考虑。下面我们分别以这两种方式来说明。

简单地说,主观逻辑部分是黑格尔关于逻辑的论述,也反映出他利用逻辑的理论和技术来论述问题。从他讨论的内容来看,与概念、判断和推理这样的逻辑的基本内容正好相符。但是他的讨论与逻辑的讨论又不一样,他要讨论个别和普遍、特殊和普遍等关系。用他自己的话说,就是利用"完全现成的、牢固的,甚至可以说是僵化的材料","使这些材料流动起来,把在这样陈死材料中的生动的概念燃烧起来"。[①] 我们随便看他的一段论述:

> 当我们把主词和谓词这种相互规定列比一下,就发生了这样双重的东西:

---

① 黑格尔:《逻辑学》下卷,杨一之译,第 237 页。

1)主词尽管直接是作为是者或个别的东西,谓词却是普遍的东西。但是由于判断是二者之间的关系,而主词通过谓词被规定为普遍的东西,所以主词是普遍的东西。2)谓词是在主词中被规定的,因为它不是一种一般的规定,而是主词的规定;玫瑰花是香的,这种香气不是任何一种不曾规定的香气,而是玫瑰花的香气;所以谓词是个别的东西。……因此,假如主词被规定为普遍的东西,那并不是要从谓词那里把它的普遍性规定也接受下来——那样就会不成其为判断——而是只要接受它的根本性规定;当主词被规定为个别的东西时,应该把谓词当作普遍的东西。①

这里可以看得非常清楚,黑格尔是在围绕着"S 是 P"进行论述。就这种句式本身而言,"是"无疑是系词,通过它,主词和谓词得到区别,主词和谓词的关系得以呈现,这也就是我们前面所说的"是"的逻辑常项的作用。由于这些内容是逻辑讲过的,比较清楚,黑格尔也就没有进行更多的解释,他所讲的不过是关于其中如何表示个别的东西,如何表示普遍的东西,即在"S 是 P"这样一种表述中,个别与普遍是如何体现的。通过这种关于个别与普遍的说明,以及其他许多说明,比如特殊和普遍,个别、特殊和普遍等,黑格尔似乎使"S 是 P"这样僵化的说明变得生动起来。

结合这里的论述来看客观逻辑,同样是从逻辑出发,自然同样要从"S 是 P"这样的句式出发。在这种情况下,客观逻辑所讨论的那个出发点当然也应该是"S 是 P"中的那个"是"。至于黑格尔赋予它什么样的含义,则是次一步的事情。如果这样理解,我认为是自然的,因为这样一来,他的客观逻辑与主观逻辑就是相通的。

从另一个角度看,由于黑格尔先谈论客观逻辑,然后才谈论主观逻辑,因此似乎可以问:为什么不能不考虑他的主观逻辑,而只考虑他的客观逻辑呢?或者,为什么不能先不考虑他的主观逻辑,而只考虑他的客观逻辑,在弄清楚他的客观逻辑之后,依据他的客观逻辑再来理解他的主观逻辑呢?

前面已经说过,黑格尔是从逻辑出发来寻找出发点。因此,即使不考虑他的主观逻辑而只考虑他的客观逻辑,也不能脱离逻辑。而只要从逻辑或结合逻辑来考虑,前面的论述就是有效的。此外,我认为还有一点值得注意,这就是黑格尔所说的概念的推导。这一点对于理解他的思想也是至关重要的。

黑格尔对现有的逻辑体系有一种批评,认为其中对内容的规定和划分没有经过任何演绎和论证,"这些未经任何演绎和论证而作出的规定和划分,就构成了这

---

① 黑格尔:《逻辑学》下卷,杨一之译,第 305 页;译文有修改,参见 Hegel, G. W. F., : *Wissenschaft der Logik* , Ⅱ. SS. 314-315。

样一些科学的系统的架格与全部的联系。这样一种逻辑,以为它的职务就是要谈论概念和真必须从原理推导出来;但是在它所谓的方法那里,却又一点没有想到过进行推导"①。在他看来,这样的逻辑体系无非是把同类的东西摆在一起,把较简单的东西放在较复杂的东西之前,而章与章、节与节之间根本没有推导,这样的考虑仅仅是外在的,缺乏内在的、必然的联系。他要改变这种状况,就必须使他的逻辑体系各个章节是相互联系的。因此对他来说,概念的推导是最核心的东西。所以,他在论述逻辑的分类时明确指出,"分类必须与概念相联系,或者不如说,分类即寓于概念本身之中"②。无论黑格尔是不是真正做到了他的逻辑体系的各部分是相互推导的,至少他自己是想这样做的,并且也是明确表示要努力这样做的。在这种情况下,"是",即他提出的这个出发概念,与他区分出客观逻辑和主观逻辑密切联系的概念,亦即他的客观逻辑和主观逻辑的共同概念,他的逻辑体系的核心概念,就不可能不是同一个概念。也就是说,黑格尔不能在客观逻辑里围绕着一个概念讨论,而在主观逻辑里围绕着另一个概念讨论,而且这两个概念是不同的,没有关系的。如果是这样,他自己的逻辑体系同样也不会构成概念的推导。实际上,他关于逻辑的论述构成了一个在他看来是完整的思想体系,其体系的推导,其各部分的相互联系,不仅围绕着"是"这个核心概念展开,也是围绕着它进行的。这样,"是"这个概念不仅是他的逻辑体系的各部分共同围绕的核心概念,也是它们相互联系的纽带。

综上所述,黑格尔的客观逻辑和主观逻辑是围绕着同一个概念展开的,他的逻辑体系也是围绕着同一个概念展开的。由于是从逻辑出发,因此这个核心的概念就是"是"。但是,如果仔细思考一下,其实可以发现,以上讨论只是说明了黑格尔的一些想法,由于他的这些想法,因此他的逻辑体系的核心概念不可能不是"是"。但是以上讨论还是没有具体地说明他的客观逻辑所讨论的核心概念如何是"是"。在这种情况下,认为这部分内容是形而上学讨论的人大概依然会对以上的结论不满意。因此有必要再进一步说明黑格尔的客观逻辑。为了讨论的细致,我们引用黑格尔对"是"、"不"和"变"这三个概念的说明如下:

是,纯是,没有进一步的规定。在它无规定的直接性中,它仅仅等于自己,而且针对其他东西也不是不相等,在它的内部没有差异,根据外界也没有差

---

① 黑格尔:《逻辑学》上卷,杨一之译,第 37-38 页;译文有修改,参见 Hegel, G. W. F. , : *Wissenschaft der Logik*, SS. 50-51。

② 黑格尔:《逻辑学》上卷,杨一之译,第 37-38 页。

异。通过任何规定或内容,在它规定的内容或通过这种内容把它规定为与另一个东西不同,它就不会保持它的纯粹性。它是纯无规定性和空,在它看不到任何东西,即使这里可以谈论观看;或者它仅仅是这种纯粹的空的观看本身。在它同样没有什么可以思考,或者它仅仅正是这种空思考。这种是,这个无规定的直接的东西实际上就是不,而且比不既不多,也不少。①

不,纯不;它就是与自身相等,完全的空,没有规定和没有内容,在它没有区别。就这里可以谈论观看或思考而言,它被看作一种区别,表示看到或思考到某种东西或没有看到或思考到任何东西。因此没有看到或思考到任何东西也有一种意义;不乃是(存在)在我们的观看或思考中;或者它就是空的观看和思考本身;并且是与纯是一样的空观看或思考。因此,不乃是相同的规定,或者说乃是没有规定,因而纯是是什么,不就是什么。②

纯是和纯不乃是同一的。什么是真,它既不是是,也不是不,而是:[不是(那)是向不并且(那)不向是的转变,而是](那)是转变成了不,(那)不转变成了是。但是,真也不是它们的没有区别,而是:它们是绝对不同的,只是一方同样直接在其对立面消失。因此它们的真是这种一方向另一方直接消失的运动:变,即这样一种运动,在这个运动中,二者是通过一种区别而不同的,但是这种区别本身同样也已直接消失。③

在讨论黑格尔的这三段话之前,需要说明一点。关于翻译的问题,比如关于"是"和"不"的翻译及其含义,我在别处做过详细讨论,因此不再重复。④ 这里我们只讨论黑格尔的思想。

我完全同意,黑格尔这里的讨论是哲学或形而上学的讨论,而不是逻辑的讨论。且不论他对"是"、"不"和"变"这三个概念的说明是不是清楚,这种说明的方式显然不是逻辑的,而完全是哲学思辨的。但是,这并不意味着这三个概念本身不是来自逻辑。也就是说,从逻辑寻找初始概念进行谈论是一回事,最终讨论成什么样子是另一回事。正因为如此,前面我才强调,黑格尔认为自己写的是逻辑与别人承认不承认他的著作是逻辑著作乃是有区别的。

具体一些说,"是"、"不"和"变"这三个概念并非都来自逻辑。实际上,只有"是"和"不"来自逻辑,而"变"是黑格尔自己添加的一个概念。从逻辑的角度说,"S

---

① Hegel, G. W. F.: *Wissenschaft der Logik*, SS. 82-83.
② 同上书, S. 83.
③ 同上。括号中的"那",即"(那)"为引者所加,为的是中文表达清楚。
④ 参见王路:《"是"与"真"——形而上学的基石》,第七章。

是P"乃是最基本的句式,因此其中的"是"乃是一个逻辑常项,因而是重要的逻辑概念。所以,从逻辑出发,选择"是"作为初始概念,乃是自然的,也是没有什么问题的。"S是P"仅仅是一种肯定的形式。与它相应的否定形式是"S不是P",即在"是"的前面加上"不"。"不"乃是对"是"的否定,因而作为核心概念,也可以把它简单地看作表达了"不是"。在这种意义上说,选择"不"作为初始概念也可以理解,仍然没有什么问题。"变"并不是哲学史上的一个新概念,它与古希腊所讨论的"生成"①概念相应。联系古希腊的讨论来看,它与"是"的讨论也是相关的。这里我们不对这个概念进行深入的哲学探讨,但是需要指出,"变"这个概念却无论如何不是来自逻辑。因为在逻辑中看不到这样一个东西。在逻辑中,最基本的解释是,如果"S是P"是真的,"S不是P"就是假的。在黑格尔的眼中,也许这就是一种变化,因此他抽象出"变"这样一个概念;也许,他要寻找从是到不是,从不是到是的统一,因此他需要"变"这样一个概念;也许他根本就认为一切都是变化的,变化本身是最根本的,因此他必须以"变"这样一个概念作为初始概念。但是无论他有什么道理,不管他的理由是什么,这个"变"确实不是来自逻辑。这一点,从他关于科学中的开端的论述也可以看得十分清楚。那里他只论述了是和不,论述了从是到不与从不到是,但是并没有提出"变"这个概念。只是到了具体论述"是"的这一部分的时候,他才把这个概念与是和不一起提出来,并命名为"是与不的统一"②。

值得注意的是,在上述对"变"的具体说明中提到了"真"这一概念。这说明,黑格尔是用真这个概念来说明变。真乃是是和不的转变。这种转变就是"变"。也就是说,"变"这个概念是从这种转变得来的。前面说过,在逻辑中,"S是P"若是真的,"S不是P"就是假的,因此可以看出,逻辑中有句法和语义两方面的考虑。"S是P"和"S不是P"等等都是句法方面的考虑,而真、假等等则是语义方面的考虑。在一定意义上也可以说,对句子做出的真和假这样的语义解释乃是基于"是"和"不是"这样的句法的。在黑格尔这里,虽然他使用了一个逻辑中所没有的概念"变",但是由于他在对这个概念的说明中借助了真这一概念,因此仍然可以显示出他在这里与逻辑相关的考虑。当然,这一点清楚了,"是"和"不"这两个来自逻辑的概念也就更加清楚了。

增加"变"这个概念作初始概念,是黑格尔逻辑体系的需要。他既然批评逻辑著作之间的各部分缺乏推导,他就必须建立起自己的逻辑体系,从而使该体系各部

---

① 不用"变"而用"生成"这个译名也是可以的,意思其实也是一样的。比如从纯是生成是,从纯不生成不,从是生成不是,等等。我不探讨翻译问题,这里只是因循现有的一般翻译采用"变"。

② 参见 Hegel, G. W. F.：*Wissenschaft der Logik*, SS. 82-83。

分之间可以相互推导。他既然认为逻辑的核心是概念的推导,他就必须提出初始概念,从而在初始概念的基础上建立概念的推导。通过"变"这个概念,也显示出黑格尔对逻辑的不同理解。同样是从"S 是 P"这样的基本句式出发,同样看到了其对立的句式"S 不是 P",黑格尔却不是以真假来解释,而是以"变"来解释。在他看来,这个变既是从是到不的过渡,也是从不到是的过渡,更是是和不的统一。因此在这一统一的过程中,是和不乃是两个不可分的环节,而变则是另一个环节,它与前两个环节乃是不同的。这样一种解释显然有许多优点,比如它体现了一种过程,因此适合于解释变化和过渡,它超出了形式的范围,因此适合于解释是与不的内在综合,如此等等。特别是,由于它是基于"是"和"不"这两个逻辑的基本概念,因此它几乎可以用来解释自巴门尼德以来一切有关"是"这个形而上学核心问题的讨论。更为重要的是,有了这种变的发展过程,有了基于这种是、不和变的解释,辩证法应运而生。这并不是说在黑格尔以前没有辩证法,而是说从黑格尔以后,辩证法作为一种方法开始在哲学研究中以理论的方式出现,成为一种非常重要的方法。

应该看到,是、不和变虽然是三个不同的初始概念,却是同在"是"这一题目下论述的。这似乎表明,它们都是为了说明是这同一个概念或与之相关的问题的。这样,直观上就会有一个问题:既然这是三个不同的概念,为什么却同在"是"这一题目下共同论述?这里难道不是表现出分类的问题吗?在我看来,这依然是与黑格尔从逻辑出发来考虑问题有关的。

从《逻辑学》的具体章节来看,客观逻辑由"是论"和"本质论"组成,而"是论"分为"规定性"和"大小"这两部分。关于"是"的论述则是"规定性"这一部分的第一章。由此可见,关于是的学说,黑格尔是从"规定性"和"大小"这样两个方面来论述的。而在这一学说中,黑格尔首先讨论"是",而且是通过讨论是、不和变这三个概念来进行的。也就是说,这三个概念不仅一上来就讨论,而且是在"规定性"这一部分里讨论的。我们还看到,在标题"规定性"和"大小"的后面分别用括号注明"质"和"量"。这就说明,黑格尔这样的分类讨论与"质"和"量"是相关的。因此什么是"质"和"量"就值得考虑。这是因为,是、不和变这三个概念的讨论是与质直接相关的,而不是与量直接相关的。

按照黑格尔的说法,是乃是无规定的直接的东西,"由于它是无规定的,因而它是没有质的是;但是无规定性这种特征只有与规定的东西或质的东西相对立时才属于它。由此出发,这样规定的是与一般的是乃是对立的,或者说,由此它的无规定性本身形成它的质"[①]。由此可见,在对是的说明中涉及"规定性"和"质"。由于

---

① Hegel, G. W. F.: *Wissenschaft der Logik*, S. 82.

无规定就是没有质，因此可以认为，质就是规定性。而且黑格尔明确说到"规定的东西或质的东西"，显然"规定的"与"质的"意思是一样的。当然，通过对立的说明，黑格尔最后使"无规定性"本身也成为质，但是这并不能掩盖他最初使用"规定性"和"质"时对这两个概念的理解。而如果我们追究这两个概念，我们就会发现，它们似乎是自明的概念，因为黑格尔没有对它们再做进一步的说明。因此我们就要问，这两个概念是从哪里来的？有什么含义？

我不知道"规定性"这个概念是谁最先使用的，也不知道黑格尔是不是把它与"质"联系起来使用的第一人。但是十分明显的是，这里黑格尔确实把这两个概念联系起来使用。更确切地说，黑格尔是借用质这个概念来使用规定性这个概念。他用"规定性"作标题，同时把"质"用括号括起来放在后面。这样做无非有两种含义，要么他所说的规定性就是质，要么两者是同义。而且这种表达方式还会使我们相信，"质"是比规定性更为基础或更为熟知的概念。即使不能这样说，至少也可以说，"质"是一个基础概念，也是人们熟知的概念。因此我们可以问，为什么"质"是一个基础概念和人们熟知的概念？

从哲学史的角度说，"质"这个概念可以有两种理解。一种是哲学的理解，一种是逻辑的理解。从哲学的角度出发，它是一个范畴概念，无论是亚里士多德的范畴，还是康德的范畴，都有这个概念。从逻辑的角度出发，它是一种分类说明。如前所述，传统逻辑中对命题有两个分类。一个是从质来区分，一个是从量来区分。从质出发，命题分为肯定的和否定的，即"S是P"和"S不是P"。由此也可以看出，质的这种理解与"是"本身乃是联系在一起的。我认为，黑格尔关于质的理解主要是后一种意义上的，因为我们前面说过，他的论述是从逻辑出发的。因此在他看来，质乃是一个自明的概念，其含义是用不着详细阐述的。由于它的含义是自明的，因此以它来表示的规定性的含义也应该是自明的。至少在与"是"相关的意义上，它的含义是明确的，没有歧义的。

有了这样的理解，也就看得很清楚，黑格尔在"规定性"下所讨论的"是"和"不"乃是比较容易理解的。至少理解它们的思路应该说是清楚的。唯一有疑问的是他所说的"变"。因为这是逻辑中所没有的。但是联系黑格尔在论述"变"的时候所说的"真"，也应该是可以理解的。因为在逻辑中，是和不是尽管是从质的方面来区分的，也形成肯定和否定的形式，但是它们之间的关系恰恰是用真和假来说明的。沿用这里的思路，这不过是把它们之间的关系以及相应的说明用"变"表达出来，由此形成超出逻辑范围的讨论。因此可以说，黑格尔借助逻辑上有关质的区分，用规定性来表示，探讨的却是"是"和与"是"直接相关的东西。

根据同样的理由，我们也可以理解黑格尔所说的"大小"（量）。在逻辑中，从量出发,命题分为全称命题"所有 S 是 P"和特称命题"有 S 是 P"。借用这里的概念,黑格尔用大小来表示,与"是"相关,探讨的却是与量相关的东西。

5. 逻辑还是哲学?

一些人称黑格尔是辩证逻辑的创始人。需要说明的是,黑格尔对辩证法有许多论述,但是他始终使用"逻辑"一词,只是偶尔使用一下"思辨的逻辑"这一概念,却从未用过"辩证(的)逻辑"这一概念。也就是说,他称他的思想体系为逻辑,而后人称他的思想体系为辩证逻辑。我承认,黑格尔没有使用辩证逻辑这个概念,并不意味着他的逻辑就不是辩证逻辑,一如亚里士多德没有使用逻辑这一概念,人们却称他是逻辑的创始人。这里,我不准备深入探讨辩证逻辑[①],而只想讨论黑格尔的逻辑是不是逻辑。当然,如果人们愿意称他的逻辑为辩证逻辑,那么也可以认为我所探讨的是:辩证逻辑是不是逻辑? 如果人们愿意把他的逻辑看作辩证法,那么也可以认为我所探讨的是:辩证法是不是逻辑?

前面我们说过,黑格尔对逻辑的现状不满,他要对逻辑进行全面改造,他想发展逻辑。他从逻辑出发,寻找初始概念,努力围绕着"是"和"不"这两个逻辑的初始概念建立起自己的思想体系。这说明,他不仅有研究和发展逻辑的愿望,而且在具体做法上确实也是围绕着逻辑最基本的概念进行的。看到这样的情况,本来可以有充分的理由相信他的逻辑就是逻辑,而且是发展了逻辑,可是为什么会对他的逻辑产生怀疑呢? 为什么甚至还会对相信他的逻辑是逻辑的人的那些理由提出质疑呢? 我认为,这依然是涉及了逻辑这门学科的性质的问题。

直观上说,黑格尔的许多想法都是有道理的,包括逻辑要发展,逻辑要从初始概念出发,逻辑要有推导,等等。但是,逻辑的本质性质是什么,黑格尔却不是那样清楚。我们在论述康德的先验逻辑的时候,谈到它存在三个问题,即认为逻辑是研究思维的,而忽略了亚里士多德所强调的逻辑的"必然地得出"的性质;指责逻辑研究脱离思维的具体内容而只研究思维形式,认为逻辑研究必须结合思维内容;试图在思维的框架下增加一些修饰,说明逻辑的性质。实际上,这三个问题在黑格尔这里也同样存在。下面我们仅以黑格尔所强调的概念的推导为例来说明这里的问题。

表面上看,逻辑的过程显然是推导的过程,因而与推导密切相关,所以强调推导无疑是正确的。但是确切地说,逻辑对于推导是有要求的。比如亚里士多德说

[①] 恩格斯最先使用"辩证的逻辑"一词。值得注意的是,他在使用这一表达的时候,是把它与"旧的纯形式的逻辑"对照而说的。这一使用方式与前面提到的康德的用法完全一样,因为康德在区别不同逻辑的时候,也是说"纯形式的逻辑"。关于"辩证(的)逻辑"的详细讨论,参见王路:《逻辑的观念》,第 173-183 页。

的"必然地得出","得出"无疑是推导,但是正是"必然地"这一限制才使这种推导成为逻辑。如果没有这一限制,因而推导也就没有这一性质,仅剩下从前提到结论的过程,那么这样的推导还是不是逻辑至少是会有疑问的。也就是说,逻辑所说的推导并不是任意的推导。如果我们再仔细看一下前面提到的黑格尔关于推导的那段引文,还可以看出,黑格尔先提到"演绎和论证",然后谈到"推导"并加以强调。"演绎"和"推导"的含义肯定是不同的。人们常常称逻辑为演绎,因而赋予它特定的意义。"论证"包括从前提到结论的过程,由于这一过程不仅仅局限于逻辑,因此它的含义比"演绎"要宽泛。黑格尔在这里把这样两个概念并列使用,然后谈论"推导",似乎有借助"演绎和论证"这一概念来说明"推导"的意思。如果是这样,"推导"这一概念就是从"演绎和论证"引申出来的。在这种意义上,我的问题是,既然演绎和论证字面上就不是同一概念,那么黑格尔所说的推导究竟是指演绎,还是指论证,还是兼指二者? 这里,我们可以清清楚楚地看到黑格尔的含糊之处。① 黑格尔是故意这样含糊,还是他认为这里的区别无关紧要,我在这里不做探讨和评论。但是我要指出,这样的含糊恰恰模糊了逻辑的性质。因为推导并不一定就是演绎,因而虽然逻辑的过程充满了推导,但是推导却不一定是逻辑。逻辑的推导是有特殊性质的,用亚里士多德的话说是"必然地得出",用我们今天的话说就是"有效性"。没有这样性质的推导就不是逻辑。

再具体一些,利用推导这一概念和特征,黑格尔固然可以说,从纯是到是是推导,从是到不也是推导,再从不到是还是推导;他也可以说,从是到本质是推导,再从本质到概念还是推导;因此,他最终可以说,从客观逻辑到主观逻辑也是推导;因此,他的整个思想体系的各个部分是相互联系的、可推导的,因而这个思想体系是一个逻辑的体系。但是,这样的推导缺乏有效性,因而不是逻辑,基于这样的推导而建立的体系自然也就不会是逻辑。我们举否定之否定这个非常简单的例子来看这个问题。

"A 等于并非非 A"表达了一条逻辑定理。从句法的角度说,"A=¬¬A"是在逻辑系统中可证的。因此给定 A,可以得出¬¬A,给定¬¬A,也可以得出 A。这样的推导是有句法保证的。从语义的角度说,"A=¬¬A"是逻辑系统中的一个永真命题。因此如果 A 是真的,那么¬A 是假的,因而¬¬A 是真的。因此这样的推导(解释)是有语义保证的。

黑格尔的说明大致如下:从是到不形成了对是的否定,再从不到是形成了对

---

① 顺便说一下,中译文把这里的"演绎"也译为"推演",使这里的含糊之处看不太清楚。所以我在前面的引文中对中译文做了相应的修正。

不的否定,这样,是通过两次否定又达到它自身。当然,这样的达到不是返回,因为这个是已经不再是它原初的自身,而是更高级的是。应该说,这样的说明的思想依据无疑是类似于以上逻辑的说明。因为我们显然可以说,非 A 是 A 的否定,因此非非 A 是非 A 的否定,双重否定等于它自身,因此非非 A 等于 A。由此也可以看到,黑格尔的论述直观上与逻辑是相符的。但是他的论述与逻辑的论述存在着一个十分重要的区别。这就是他的论述远远超出了逻辑的范围。在逻辑中,"A"和"非"都是明确的,其自身与其所表达的含义是一一对应的,由此形成的推导才是有效的。而在黑格尔那里,虽然基本思想是以逻辑为基础,但是他的说明却不是逻辑的。比如,从是出发,经过否定,达到不,这一说明依据逻辑。但是由此而说,这一否定形成是和不的统一,就不是逻辑了。这里对"统一"的理解还需要有其他的东西,而这其他的东西,就是逻辑中所没有的。应该看到,所谓的"统一"或"对立统一"是黑格尔对否定的最基本的说明,也是他最基本的思想,同时还是他最重要的创建之一。但是,恰恰这一点是非逻辑的。说它是非逻辑的,并不是说它没有任何道理,而是说它没有逻辑的道理,因为它无法依据逻辑来考察和检验,更无法操作。从逻辑来看,它根本就是不清楚的。

以此为例可以看出,从逻辑的角度出发,黑格尔的论述虽然基于逻辑,却是不清楚的。而从黑格尔的角度出发,在这些不清楚的地方,他恰恰是要超出逻辑的范围,发展逻辑。由此可以说明,基于逻辑的说明本身并不一定是逻辑。但是看到这一点毕竟过于简单,因为这里还有更为复杂的问题。

首先,前面我们说过,并不是说黑格尔的说法就没有道理,而是说它没有逻辑的道理。这里实际上隐含着一层意思。如果不考虑逻辑,或者如果不从逻辑来考虑,而只考虑黑格尔的论述本身,把它只是当作一种哲学、一种理论、一种学说,甚至一种思想,则不能认为它没有道理,即我们可以说黑格尔的论述是一种哲学、一种理论、一种学说,甚至一种思想,但是唯独不能说它是一种逻辑。也就是说,与哲学、理论、学说这样的称谓相比,逻辑自身有明晰的标准。这种标准就是它作为一门科学而具有的那些性质和特征。这些性质和特征在我看来就是逻辑的内在机制。一种理论是不是逻辑,主要并不在于它是不是叫逻辑,或叫什么样的逻辑,而在于它是不是符合作为一门科学的逻辑的性质和特征。

其次,具体一些说,黑格尔对逻辑有许多批评,他想发展逻辑。虽然他的批评并非都有道理,但是也不是一点道理都没有。比如他认为现有的逻辑局限性很大,远远不能满足我们的需要。而且他想发展逻辑,这种想法总是没有什么错误的。问题是,不是不可以发展逻辑,而是如何才能发展逻辑。我曾经说过,逻辑的发展要因循它自身的内在机制。① 黑格尔确实是从逻辑出发,在逻辑中寻找出发点,因循逻辑所提供的范畴模式来建立自己的思想体系,但是他的具体做法恰恰违背了逻辑的内在机制。同样是从逻辑出发,同样是论述"是"和"不"这样的概念,他的论述与逻辑大相径庭。因此无论他的论述多么有道理,也不是逻辑。

按照常识,既然思维有形式和内容这样两个方面,而逻辑又是只研究形式的,那么它的鲜明特征似乎恰恰同时也是它的局限。因此,结合内容的研究来发展逻辑,似乎就是一种自然的选择。一个直观的问题是,虽然黑格尔沿着这个方向来发展逻辑失败了,但是沿着这个方向是不是就不可以发展逻辑?换言之,这一方向是不是根本就是错的?我认为,提出这一方向主要基于对形式和内容这一两分的区别,而这一两分又是基于对思维的考虑。因此这里归根结底还是涉及对逻辑的看法。

逻辑不是研究思维的科学,因此即使推理是一种思维方式,也不能以研究思维来定义逻辑。所以,形式与内容这一区别所赖以存在的基础是不可靠的。当然,人们也可以不考虑思维,而认为推理本身也有形式和内容的区别。这样,关于形式和内容的考虑似乎就会依然是有道理的。但是我们前面说过,所谓"形式",不过是康德为了得出他的先验逻辑而对逻辑提出的一种性质描述。它实际上并不是逻辑的根本特征。今天我们有时候沿用这一表达来修饰逻辑,一是方便,二是在现代逻辑中,我们也确实经常使用"形式"这一概念。但是尽管如此,"形式"依然不是逻辑的本质。逻辑就是逻辑,它根本就不需要添加任何修饰。加上"形式"二字,对逻辑的内在机制并没有增加什么东西,而去掉它们,逻辑的内在机制依然不受任何影响。所以,对于逻辑的内在机制来说,"形式"其实根本就是一个多余的东西。

形式与内容的区别,可以是一对对立的哲学范畴。但是把这一区别套用到逻辑上,因而认为有研究形式的逻辑,也应该有研究内容的逻辑,更应该有研究形式与内容相结合的逻辑,充其量大概只是一种哲学的思辨。因为它们并不是逻辑自身得出的性质。或者说,"形式"本身并不是逻辑自身得出的性质。在这种情况下,总想着结合内容来研究逻辑,这难道会是一种发展逻辑的方向吗?最保守地说,在这一方向上,至少黑格尔没有获得成果。当然,若是想做这方面的研究也不是不可以。但是在没有确实得出具体的成果以前,侈谈这一发展方向大概是不会有什么意义的。

我认为,黑格尔的《逻辑学》不是逻辑著作,而是一部重要的哲学著作,其中的论述不是逻辑研究的结果,也没有发展逻辑,而是形成了他的重要的哲学思想体

---

① 参见王路:《逻辑的观念》,第 237-254 页。

系。但是，这部著作体现了逻辑与哲学的密切关系，显示出从逻辑的基本概念出发，运用逻辑所提供的范畴框架来构造哲学体系的思维方式，而且在许多具体问题讨论中直接运用了逻辑的成果，比如其中提供的关于正、反、合的方法，关于对立统一的论述等。正确地认识和把握逻辑，对于理解这样一部著作的丰富思想内容，乃至理解黑格尔的全部思想内容，无疑是十分必要的。

第五章
弗雷格的语言哲学

弗雷格是公认的现代逻辑的创始人。他的《概念文字》(1879)是具有划时代意义的第一部现代逻辑经典文献,他建立了第一个一阶谓词演算系统,为现代逻辑的发展奠定了坚实的基础。现代逻辑的产生和发展对哲学产生了十分重要的影响,使它在20世纪发生了重大变化,产生了"语言转向",形成了与传统截然不同的形态——分析哲学和语言哲学。因此,仅从现代逻辑这一点来看,弗雷格对现代哲学的贡献也是巨大的。

但是,弗雷格不仅是一位逻辑学家,而且也是一位哲学家。他关于哲学有许多讨论。他留下的有关文献成为今天语言哲学的经典,他的这些讨论极大地推动了语言哲学的发展,甚至他使用的一些术语也成为今天语言哲学讨论的基本术语。人们对弗雷格的哲学思想给予很高的评价,认为弗雷格是语言哲学之父[1],"由于有了弗雷格,大家才清楚地知道这条探寻的途径,人们循着这条途径进行探寻的劲头甚至经久不衰"[2]。因此,弗雷

---

[1] 参见 Dummett, M.: *Origins of Analytical Philosophy*, Harvard Univesity Press, 1993.
[2] 戴维森:《真理、意义、行动与事件》,牟博译,商务印书馆1993年版,第4页。

格在某种意义上与亚里士多德是一样的,他不仅是逻辑的创始人,而且是语言哲学之父。这样,在他的哲学研究中不可能不使用他自己创建的逻辑。他自己明确地说,并不排除他的逻辑用于数学以外的领域,通过它,"对思维形式的一种直观描述毕竟有了一种超出数学范围的意义",他还断言,"因此哲学家们也想重视这个问题!"[①]看到这些论述,我们可以相信,逻辑与哲学的联系不仅在弗雷格的著作中,在他的具体论述中是存在的,而且他本人也是十分清楚地看到了这一点。

这一章我们主要探讨弗雷格的语言哲学,说明弗雷格的思想路径,揭示他的思想背后的逻辑基础,并且还要探讨人们对他的一些批评。我希望,通过我们的探讨可以比较清楚地说明逻辑与哲学的关系。

顺便说一下,关于弗雷格的思想,尤其是一些重点文献,我曾经做过专门而详细的讨论。[②] 下面的讨论无疑基于以前的讨论,但将不再重复对相关文献的讨论,而主要讨论弗雷格的思想。而且,与前面几章的讨论一样,我们的讨论在很大程度上仍然集中在如何理解弗雷格的思想。

1. 涵义与意谓

达米特认为,弗雷格的语言哲学就是他的意义理论,这一理论由两部分组成,一部分是关于涵义的理论,另一部分是关于所指的理论。其中,关于所指的理论是其关于涵义的理论的基础。[③] 无论这一观点是不是正确,其中提到的涵义和所指两个概念却是弗雷格思想的两个核心概念,也是人们研究弗雷格思想最为重视和讨论最多的。因此下面我也重点围绕着涵义和意谓[④]这两个概念和与之相关的问题进行讨论。在达米特看来,围绕这两个概念无疑形成了两个相互联系的理论。而在我看来,这两个概念则是弗雷格进入语言分析、从事哲学讨论的一种路径,是他从语言出发,在语言所表达的东西所区别出来的两个不同层次。因此对于理解弗雷格的思想,理解弗雷格的语言分析的方式,这两个概念至关重要。

从语言分析的角度说,弗雷格的语言哲学主要有两个特征。一个特征是,他从自然语言出发,但是并没有局限在自然语言,由此他提出一种分析自然语言时可以

[①] 弗雷格:《弗雷格哲学论著选辑》,王路译,王炳文校,第 42-43 页。
[②] 参见王路:《弗雷格思想研究》,社会科学文献出版社 1996 年版,该书后以《世纪转折处的思想巨匠——弗雷格》为名再版(1998 年)。
[③] 参见 Dummett, M.: *Frege: Philosophy of Language*, Harvard University Press, 1981。达米特所说的"所指"就是本文所说的"意谓"。
[④] 弗雷格的"Bedeutung",达米特译为"reference"(所指),我则译为"意谓"。关于"意谓"与"所指"的区别,我曾进行过详细讨论。我坚持用"意谓"而反对用"所指",因为我认为这里涉及对弗雷格思想的理解和解释。参见王路:《弗雷格思想研究》,第七章。

依循的句法。另一个特征是,他提出的句法是以句子为核心的。我们看到,弗雷格最常使用的例子是"晨星是昏星",这显然是自然语言中的东西,而且是句子。在论述中,他总是在谈论句子、专名或概念词;或者,他从句子、专名或概念词出发来论述其他东西。他的这种论述方式是极其清楚的,正是在这样的讨论中,他引入了涵义和意谓的区别。比如,他在句子区别出涵义和意谓,在专名和概念词也区别出涵义和意谓;他讨论的是句子的涵义和意谓,专名的涵义和意谓,概念词的涵义和意谓等等,但是他的出发点始终是句子、专名(专名)和概念词。也就是说,他总是从句子、专名和概念词出发来讨论问题。

一个直观的问题是,既然弗雷格讨论的核心概念是"涵义"和"意谓",为什么他总是在讨论句子、专名和概念词呢?我认为,句子、专名和概念词仅仅是弗雷格讨论问题的出发点。也就是说,他讨论的并不是句子、专名和概念词,他讨论的实际上是句子、专名和概念词所表达的东西。句子、专名和概念词都是语言层面的东西,但是它们所表达的东西却不是语言层面的。明确这一点,就可以看到弗雷格语言分析的一个十分重要的特征:从语言出发,通过句子、专名和概念词来讨论它们所表达的东西。这样一来,语言和语言所表达的东西就得到明显的区别。

句子、专名和概念词都是语言层面的东西。但是,它们之间也是有区别的。其中,句子是一个整体,是言语表述的基本单位。专名和概念词则是句子的构成部分。因此,它们之间的关系实际上不是并列的,而是如下图所示:

[图式 1]
　　　　句子:专名　/概念词
(或者)句子:专名　/专名
(或者)句子:概念词/概念词

一个专名和一个概念词可以组成一个句子,如"亚里士多德是哲学家"。这可以说是日常语言中最简单的句子,也是一种最简单的句式。以下我们常常仅谈这种句式。当然,两个专名也可以组成一个句子,如"晨星是昏星"。两个概念词也可以组成一个句子,如"哲学家是思想家"。毫无疑问,句子的形式实际上还要复杂得多。但是以上描述至少反映了一些最基本的句子情况。最主要的是,这样的分析实际上是提供了一种对语言的句法描述。有了这样一种句法描述,就可以从语言出发,进而探讨语言所表述的东西。

如果我们再仔细分析一下,还可以看出,在弗雷格所考虑的这个语言层面上,最重要的东西显然是句子。句子是一个整体,而专名和概念词只是句子的构成部分。这一点不是无足轻重的,相反,它对于理解弗雷格的思想是至关重要的。

在这一层面上,我们看不到涵义与意谓的区别。因此可以说,语言是出发点,而涵义和意谓不是这一层面上的东西。对语言有了一种基本的句法认识,就可以由此出发来探讨语言所表达的东西。那么,如何进行这样的探讨呢?弗雷格的方式就是区别涵义和意谓。我曾经非常强调弗雷格对句子的涵义和意谓的区别。[①] 这一基本思想是:句子的涵义是句子的思想,句子的意谓是句子的真值。抛开这一区别本身的重要性不谈,仅从理解弗雷格的角度说,这一区别也是十分重要的。尤其是在从语言的层面向非语言层面的过渡,即向语言所表达的东西的过渡中,这一区别尤其重要。请看下面的图式:

[图式 2]

  (语言)句子:专名　　　　/概念词
  (含义)思想:思想的一部分/思想的一部分
  (意谓)真值:对象　　　　/概念

如果说,语言是研究的出发点,那么涵义和意谓却不是研究的出发点,而且它们也不是研究的对象。如果一定要说它们是什么,我认为可以说它们是一种区分媒介。因为利用这一区别,可以对语言进行深入的探讨。也就是说,通过区别涵义和意谓,可以从对句子的探讨过渡到对思想和真值的探讨。由于句子由专名和概念词组成,因此在探讨句子的思想的时候,要探讨思想的部分,而在探讨句子的真值的时候,要探讨对象和概念。在弗雷格的著作中,这样的表述是清楚的,这样的区别也是清楚的。

更为重要的是,通过这一区别,我们可以看得很清楚,弗雷格实际上是探讨了两个层面的东西,一个层面是思想,另一个层面是真值。如果说这里还有什么特征的话,那么我认为弗雷格主要论述的是真值这个层面的。关于这个问题,我们需要讨论得具体一些。

弗雷格直接论述涵义和意谓的文章有两篇,一篇是生前发表的《论涵义和意谓》(1892),这不仅是他最重要的论文之一,也是他专门论述涵义和意谓的最主要文献;另一篇是大约同时撰写而没有发表的文章《对涵义和意谓的解释》(1895)。如果仔细阅读前一篇文章,我们就会发现,虽然这篇文章区别了涵义和意谓,并把这种区别用于专名和句子,但是它最主要论述的是意谓,而不是涵义。句子的意谓

---

① 参见王路:《弗雷格思想研究》。

是真值,专名的意谓是对象,这是非常清楚的。但是,尽管句子的涵义是思想,也是清楚的,而专名的涵义是什么却不是那样清楚。根据弗雷格的说法,专名的含义就是它的"给定方式"①。什么是给定方式?我们充其量只能理解,"亚里士多德"在"亚里士多德是哲学家"这个句子的出现方式就是它的给定方式。也就是说,我们按照"亚里士多德"这几个字的组合来理解它的涵义。难道这能算是对专名的涵义的明确说明吗?引人注意的是,弗雷格甚至认为,人们关于专名的涵义有不同的理解没有关系,"只要意谓相同,这些意见分歧就是可以忍受的"②,换句话说,只要专名的涵义不影响到专名的意谓,因而不影响句子的真值可以了。可见它多么的不重要。后来在其他论著中,弗雷格说,"专名的涵义是思想的一部分"③,这个说明比前面的要明确一些,但是我们仍然只能知道,专名的涵义是思想的部分,或者引申一步,是不完整的思想。如果我们追究专名的涵义,那么这样的说明当然是不能令人满意的。

此外,该文主要探讨的是句子,而就句子本身来说,该文主要探讨的是意谓,或者说,通过意谓,探讨句子的真值。这一点可以从几个方面看得很清楚。第一,专门谈论专名的地方很少,而通篇几乎都在谈论句子。尽管在文章开始谈到专名,在文章结束又回到专名,但是全文并不是在谈论专名。这一点仅仅从文章谈论句子的比例就可以看出来。第二,围绕句子的意谓,得出许多重要结论。但是单纯围绕专名,却没有得出什么与意谓相关的结论。比如,如果一个句子的意谓就是它的真值,那么所有真句子就有相同的意谓,所有假句子也有相同的意谓。这显然是关于句子的意谓方面,即真值的重要结论,与专名没有任何关系。又比如,如果一个句子的意谓就是它的真值,那么,若是把这个句子的一部分代之以另一个意谓相同而涵义不同的部分,则这个句子的真值保持不变。④ 这个结论显然也是与句子的意谓,即真值相关的重要结论。其中所谈的可替代部分虽然涉及专名,但这是围绕着句子在说的,特别是,它的最终目的是说明句子的真值。比如,"《工具论》的作者"和"亚里士多德"的意谓相同,即它们所表达的对象相同,因此,用它们进行互换,因而从"亚里士多德是哲学家"这个句子得到"《工具论》的作者是哲学家",句子的真值保持不变。

在《对涵义和意谓的解释》中,一方面,弗雷格明确地说,概念词的意谓是概念。另一方面,尽管他明确地说,概念词有相应于专名那样的涵义,概念词也必须有涵

---

① 弗雷格:《弗雷格哲学论著选辑》,第 91 页。
② 同上书,第 92 页注释。
③ 同上书,第 219 页。
④ 参见同上书,第 98-99 页。

义，但是他并没有明确地说明，概念词的涵义究竟是什么。[①] 而从这篇文章来看，他探讨的重点又是在概念词的意谓，而不是概念词的涵义。由此他得出一些非常重要的结果。比如，由于概念词的意谓是概念，而概念的外延是对象，因此概念词的意谓与概念的外延是不同的。这样就区别出，概念词的意谓与传统所说的概念的外延不是一回事。又比如，由于概念词的意谓是概念，而专名的意谓是对象，因此专名的意谓与概念词的意谓是不同的，它们之间的关系也是不同的。这样就得出，对象与概念是不同的。

如果把前面两篇文章结合起来看，则十分清楚，弗雷格主要探讨的是图式 2 中意谓层面的东西，而在这一层面上，最主要的还是探讨句子的真值。也就是说，在意谓这一层面上，专名是清楚的，它的意谓是对象；概念词也是清楚的，它的意谓是概念。但是弗雷格对它们的讨论从来没有脱离句子，而是始终结合句子的真值进行的。相比之下，虽然图式 2 中涵义层面的东西大致也是清楚的，比如专名的涵义是它的"给定方式"，概念词也有相应的涵义，但是毕竟不如意谓层面上的东西那样清楚。在涵义层面上，最清楚的是句子，因为弗雷格明确地说了句子的涵义是它的思想。但是即便如此，弗雷格关于它的讨论也不多，而所有的那一点点讨论几乎都是与意谓相关的。这里，我们也可以顺便看一看弗雷格关于从句的论述。

在《论涵义和意谓》这篇文章中，弗雷格用了非常大的篇幅解释从句，而且他主要是通过举例的方式来说明。特别是，他认为从句的意谓不是真值，而是思想。根据弗雷格从涵义和意谓的区别来看，既然他主要是探讨句子，并且重点是在对句子的意谓的说明上，因此，他实际上是对句子的真值情况作出解释。应该看到，弗雷格这是基于他的逻辑理论，对句子提出的语义说明，因此他必须考虑他的说明的有效性。弗雷格的逻辑理论是一阶谓词理论，它的主要特征是典型的外延的和二值的。因此他对句子的说明必然带有这种理论的特征。比如，前面我们谈到的他在句子的真值方面得出两条重要结论，一是所有真句子有共同的真值，所有假句子也有共同的真值，二是一个句子的一部分被代之以一个真值相同的部分，该句子的真值保持不变。这两条结论就非常典型地体现了一阶逻辑的性质。问题是，日常表达非常丰富，也非常复杂。弗雷格的说明自然遇到了许多问题。从句就是其中比较主要的一种情况。

直观上说，从句也是句子。既然句子的涵义是它的思想，句子的意谓是它的真值，那么，从句的涵义是不是它的思想呢？从句的意谓是不是它的真值呢？这里涉

[①] 参见 Frege, G.：*Nachgelassene Schriften*, hg. von Hermes, H./Kambartel, F./Kaulbach, F., Hamburg, 1969, S. 128, S. 135。

及非常复杂的问题,而有些问题仅仅用一阶逻辑是无法处理的。弗雷格非常清楚地认识到这一点。因此,他进行了详细的探讨。① 从今天的逻辑成果出发,我们可以看到,弗雷格的这部分探讨涉及非常丰富的内容,至少包括命题态度、索引词、条件句这三类。前两部分内容相当于今天内涵逻辑处理的东西,后一部分探讨则属于条件句逻辑。弗雷格没有今天条件句逻辑和内涵逻辑的成果,因此没有能够以系统的方式对这些情况进行处理。但是他看出了这里的问题,而且以他对涵义和意谓的区分,说明从句的意谓不是真值,而是思想,从句子的涵义不是思想,而只是思想的一部分,这样,他不仅指出了从句存在的问题,而且从涵义和意谓的角度,对从句进行了说明。在这里,我们同样可以看到,弗雷格主要说明的还是从句的意谓。而且他探讨从句的最终结果依然是要说明,"为什么把一个从句代之以另一个具有同样真值的句子并不总是损害整个主从复合句的真值"②。通过这样的探讨,他依然是要保证他对句子的说明,尤其是关于真值方面的说明不出问题。

弗雷格关于思想即句子涵义的讨论主要是在《思想》(1918)一文中。即使在那里我们也可以看到,他的讨论始终是围绕着真进行的。不仅在文章一开始他就提出"'真'这个词为逻辑指引方向",而且他还明确地说,思想是我们"能借以考虑真的东西"。③ 这样的说明不难理解,因为有了以前的说明,我们已经知道思想与真是句子的两个层面的东西,因此当围绕着真来考虑问题的时候,从思想出发当然是可以的,或者当围绕着思想来考虑问题的时候,从真出发也是可以的。在关于思想的探讨中,弗雷格同样得出许多重要结论。比如他有一个与思想相关的划分④:

(1) 对思想的把握——思维
(2) 对思想的真的把握——判断
(3) 对判断的表达——断定

根据(2)中对判断的表达,(3)也可以表达为"对思想的真的把握的表达",因此,思维、判断和断定是围绕思想做出的区分。这一区分是不是有道理乃是可以讨论的,但是它无疑非常清楚。而且从这一区分可以清晰地看出思想的对象性,即它是可把握的。此外,我们还可以看出,在这一区分中涉及真,即其中的(2)和(3)都与真有关。由此也就不难理解,为什么弗雷格要区别句子。因为一方面,许多句子与真没有关系,即使是断定句,在一些情况下也没有真,比如虚构、戏剧里的断定,等等。另一方面,在涉及科学的地方,思想与真密切相关,甚至断定句本身就包含着真。

---

① 我曾经详细论述过他的这部分探讨,参见王路:《弗雷格思想研究》,第121-131页。
② 弗雷格:《弗雷格哲学论著选辑》,第112页。
③ 同上书,第113、116页。
④ 参见同上书,第118页。

这说明,弗雷格并不是随意地探讨思想,而总是围绕着真来探讨思想。这是因为,正像他自己所说的那样,涵义和意谓是从句子的可判断内容区别出来的东西①,因此,它们既有区别,又有联系。

又比如,弗雷格在论述思想的时候谈到第三个范围。所谓第三个范围,是指一个与人们通常所说的外在世界和内在世界不同的世界。外在世界的事物有一个最显著的特征,这就是我们用感官可感觉。思想显然不具有这样的特征,因此思想不属于外在世界。为了说明内在世界事物的特征,弗雷格用了表象一词,并以此说明了内在世界的四种特征:其一,表象不能被感官感觉;其二,表象可以被拥有;其三,感官需要有承载者;其四,每一个表象只有一个承载者。② 通过这四种特征,一方面,内在世界与外在世界得到区别,比如外在世界的对象可以被感觉,但是它们独立存在,不是通过感觉而存在,因此它们不需要承载者;另一方面,表象与思想得到区别。我们看到,在表象的四种特征中,最主要最典型的特征是它需要有承载者,而且每一个表象只有一个承载者。思想恰恰不需要承载者。因此思想也不属于内在世界。也就是说,"思想既不是外界的事物,也不是表象"③。这样,弗雷格非常自然地得出了他的与外在世界和内在世界不同的第三种范围。

弗雷格的这一结果当然是重要的。因为它超出了传统哲学基于身心二分的两个世界的划分。主观上看,他在这里讨论的是思想。通过与外在对象和表象的区别,他得出了思想的一些性质和特征,并最后把它归入另一种范围。但是如果我们仔细阅读弗雷格的著作,其实可以看出,弗雷格关于思想的探讨是与真联系在一起的,比如,思想不是由感官感觉的东西,同样,真也"不是一种与某种特殊的感觉印象相符合的性质";"我们不可能在一个事物上发现某种性质,而不同时发现有这种性质这一思想是真的";思想不需要承载者,一个思想如果是真的,则它永远是真的,"无论是否有某人认为它是真,它都是真的";在进行思考的时候,我们不是创造思想,而是把握思想;同样,"科学工作不是要制造出一个真的思想,而是要发现一个真的思想"。④ 由此可以看出,弗雷格关于思想的论述始终是与真结合在一起的,而且他得出的有关思想的一些特征其实也是真的特征。这说明,即使是在专门论述思想的时候,弗雷格也没有脱离对真的考虑。因此,真乃是弗雷格自始至终思考的核心问题,也是他的意义理论最核心的内容。

值得注意的是,弗雷格在《思想》一文中用了大量笔墨探讨"我受伤了"这样一

---

① 弗雷格:《弗雷格哲学论著选辑》,第 81-82 页、第 123 页。
② 参见同上书,第 123-126 页。
③ 同上书,第 127 页。
④ 参见弗雷格:《弗雷格哲学论著选辑》,第 116、117、127、134 页。

种表达。虽然他的说明详细而清楚,甚至明确地说听者可以在"那个眼下正向你们说话的人"这种意义上来理解这里说到的"我",尽管他要区别表象与思想,但是直观上他的讨论仍然给人以烦琐的感觉,以致使人们不太明白这样的讨论的重要性。实际上,这里牵涉到索引词的问题,因而也涉及内涵语境的问题。句子的思想是我们借以考虑的真的东西。但是在涉及"我""你""他",以及时间、地点等索引词的时候,句子的真要依赖于句子中这些词的含义,因而依赖于说出它们的语境。比如,"我是哲学家"这句话,亚里士多德说就是真的,而侯宝林说就是假的。弗雷格十分清楚地认识到了这一点,因此他对这样的情况进行详细的说明。他的目的是保证自己的结论:思想是我们借以考虑真的东西。

《论涵义和意谓》和《思想》是弗雷格非常重要的两篇论文,它们分别探讨了句子的意谓和句子的涵义。按照以上分析,它们实际上是分别探讨了句子的真值与句子的思想。弗雷格的思想是清楚的。根据图式 2,句子、专名和概念词都是语言层面的东西。由此出发可以区别出两个层面的东西,一个层面是思想和思想的部分,另一个层面是真值、对象和概念。这样,人们既可以在思想的层面上进行探讨,也可以在真值的层面上进行探讨,当然还可以结合这两个层面一起进行探讨,但是这两个层面必须区别清楚。比如,弗雷格虽然论述了专名的意谓,认为它对于确定句子的真值很重要,但是却认为它"对于纯思想内容不重要"[1]。这种看法与人们的直观似乎有矛盾,因为专名的对象对于句子表达的思想怎么能不重要呢?其实不是这样,因为在弗雷格这里,真值、对象和概念是一个层面的东西,而思想是另一个层面的东西。从真值的角度说,专名的对象是不是存在、是什么,一定会影响到句子的真值。但是由于专名的对象与思想不在同一个层面上,因此它对理解句子的思想就没有那么重要。例如前面提到的那个例子。"亚里士多德是哲学家"这样一个句子,"亚里士多德"的含义可以是"《工具论》的作者""亚力山大大帝的老师"等等。从思想的层面上说,哪一种含义都可以,但是从真值的层面上说,"亚里士多德"所表达的对象才是至关重要的。

区别涵义和意谓,可以使我们在两个不同的层面上探讨句子所表达的东西。也许正因为这样,达米特才会认为弗雷格有两个不同的理论,一个是关于涵义的理论,一个是关于所指(意谓)的理论。我倾向于认为,弗雷格只有一个理论,这就是关于意谓的理论。这是他想为我们提供并且实际上确实也提供了的一个十分清晰可见、可以把握和运用的意义理论。因为他虽然区别出涵义和意谓,但是他的一切论述都是围绕着意谓来进行的。即使他在晚年的《思想》一文中探讨的思想是涵义

---

[1] 参见弗雷格:《弗雷格哲学论著选辑》,第 220 页。

层面上的东西,也依然是为了说明真,即说明意谓层面上的东西。但是由于弗雷格有关于涵义和意谓的明确区别,还有关于涵义层面的东西的许多论述,特别是有《思想》这样的专门论述,因此为人们像达米特那样总结并发展出关于涵义的理论提供了基础,至少提供了方便。

2. 对象与概念

虽然弗雷格的意义理论主要是关于意谓的,即关于真这一核心概念的,但是它并非仅仅提供了有关真这一概念的说明。实际上它还为我们提供了许多丰富的理论和思想。其中最主要的是有关对象和概念的探讨。

从图式2可以清楚地看出,对象与概念是不同的,表达它们的语言也是不同的。这样,我们从语言形式上就得到了一种区别对象与概念的方法。专名表达的是对象,概念词表达的是概念。但是,对象与概念到底有什么不同?它们之间究竟是什么关系?从图式2却看不出来。不过,对于这样的关系,弗雷格在《算术基础》《论概念和对象》《关于涵义和意谓的解释》等许多论著都有说明。他认为:

> 逻辑的基本关系是一个对象处于一个概念之下的关系:概念之间的所有关系都可以化归为这种关系。①

应该说,这一说明是非常明确的。但是对这一说明的理解仅仅依据涵义和意谓的区分就不够了。正像弗雷格所说,这必须与他关于函数和概念的论述结合起来。在弗雷格看来,概念是不完整的、需要补充的,而对象是完整的、可以补充概念。概念一旦得到对象的补充,就成为完整的,因而产生一个真值。因此概念与对象的关系就像数学中函数和自变元的关系。还是以上面的例子来说明,"哲学家"是一个概念词,它的意谓是哲学家,因此"哲学家"本身是不饱和的,可以用符号表达为"F( )",这里的F表示"哲学家",括号表示留有一个空位,因此这个符号表达式或函数是不完整的。如果以"亚里士多德"(a)来补充,就得到F(a),即"亚里士多德是哲学家"。由此我们看到,F(a)不再是一个函数,因为它包含了不是函数的东西a,因而有了一个确定的值。相应的,"亚里士多德是哲学家"则很清楚,它是一个句子,而且是真的。如果我们以"侯宝林"来补充"哲学家",就得到一个假句子。这里可以看出,以不同的对象补充概念,所得结果是不同的。概念由对象来补充,或者对象补充概念,这就是弗雷格所说的一个对象处于一个概念之下的基本含义。这种补充和被补充的关系,也说明了对象与概念的根本区别。

即使以上说明是清楚的,但是它充其量只解释了以上引文中的第一句话,而对

---

① Frege,G.:*Nachgelassene Schriften*, S.128.

于"概念之间的所有关系都可以化归为这种关系"这句话并没有任何说明。也就是说,它只说明了图式2,而没有说明图式1,因为图式2只有"句子:专名/概念词"的情况,而图式1还有"句子:概念词/概念词"的情况。如果说在图式2还可以看出对象处于概念之下的意思,比如"亚里士多德是哲学家",那么在图式1就无法看出这种意思,比如"哲学家是思想家"。因为后者没有专名,只有概念词,因而我们根本看不到对象与概念的关系,而只看到概念与概念的关系。

除此之外,与这里相关的还有一个问题。弗雷格在《对涵义和意谓的解释》中批评传统逻辑中关于概念内涵和外延的区分,明确指出自己所说的概念词的意谓是概念这一说法与传统的解释是不同的,因此不能把概念的内涵看作他所说的涵义,也不能把概念的外延看作他所说的意谓。① 我们知道,根据传统的解释,概念的内涵是指事物的固有属性(或者本质属性或其他一些什么属性),概念的外延则是指具有这些相应属性的事物。这里其实也涉及对象和概念的关系。弗雷格的上述批评恰恰也是对这里关于对象和概念之间关系的说明的批评。为了说明这里的问题,我们可以看一看他以图式的方式对胡塞尔相关论述的批评:

[图式 3]

[图式 4]

弗雷格认为,图式4是他自己的观点,图式3则是胡塞尔的观点。这两种观点是不

---

① 参见弗雷格:《弗雷格哲学论著选辑》,第120-121页。

同的。图式 3 混淆了涵义和意谓两个不同的层次,而图式 4 恰恰区别出这样两个层次,因此它们所表达的对象与概念的关系是不同的。①

从图式 4 来看,它与前面图式 2 的区别其实很小,它不过是在"概念词的意谓"后面多了用箭头所指示的那一步。但是恰恰就是这一步,在涉及对象与概念的关系的问题上,它使弗雷格关于涵义和意谓的描述又多了一个层次,或者说,前面的图式 2 其实还缺少一个层次。而这一层次的区别恰恰说明了对象和概念之间关系的一种重大区别。

直观上说,图式 2 已经表达出对象与概念的一种关系,即一个对象处于一个概念之下。因为它们都是在意谓的层面上,由此也说明它们是与真值相关的。这一关系在图式 4 依然不变。但是图式 4 多了一个层次,而这一层次所显示的依然是"处于概念下的对象"。这样,这里的对象与上一个层次的对象就有了一些区别。首先,它显然不是意谓层面上的东西,因此它与意谓没有关系。当然,由于它处于概念之下,而概念是意谓层面上的东西,因而也可以说它与意谓相关,但是至少不能说它与意谓直接相关。这样,由于它不是意谓层面上的对象,因而它与意谓层面上的对象有什么区别就是值得思考的问题。其次,意谓层面上的对象是对象,处于概念下的对象也是对象,因此,虽然层次不同,毕竟都是对象。这样,这两种对象有什么不同也是值得思考的问题。

仔细考虑,这里实际上涉及专名指称的对象与处于概念之下的对象的区别。专名的对象直接影响到句子的真值,而处于概念下的对象不直接影响到句子的真值。换句话说,弗雷格给出的图式并不是语言的语法形式,而是他分析语言的句法形式。比如"晨星是昏星",这里的"昏星"处于谓词的位置上,但是它是一个专名,因此它指称的依然是对象。这样,"晨星"和"昏星"的关系就不是"晨星"处于"昏星"之下,而是它们都处于"等于"这一关系之下。这里的"等于"就是句子中的"是"的意谓。从这个例子可以看出,寻找专名可以是我们分析句子的一种方式。通过对专名的分析,我们可以达到句子的真值。但是当一个句子中不出现专名的时候,我们又该如何分析呢?比如前面我们考虑的那个例子。我认为,这里,弗雷格理论的两点重要意义十分突出地显示出来。

第一点,概念是不完整的,需要对象来补充。由于有对概念这样明确的说明,因此在这个例子中,它不仅适用于"思想家",而且也适用于"哲学家"。也就是说,无论概念词出现在语法谓语还是出现在语法主语的位置上,它们所表达的概念的这种性质是不会变的。第二点,概念词的意谓是概念。这就说明,当概念词同时出

---

① 参见王路:《弗雷格思想研究》,第 132-133 页。

现在主语和谓语的位置上的时候，它们仍然是同一层次的东西，它们的意谓也是同一层次的东西。它们不会由于语法位置的不同而在表述和表述的东西的层次上发生区别。

由于有这样两点，我们对句子的真值有了新的认识。专名指称的对象与一般所说的对象虽然都是对象，在涉及句子的真的时候，却是有根本区别的。专名的对象会直接影响到含有它的句子的真假，而一般所说的对象不会直接影响到概念的真假。这里的说明显然是以一阶逻辑为基础的。我们通常认为不能把一阶逻辑看作是真值函数。在涉及一阶逻辑语义的时候，需要用可满足这一概念来说明真。比如，我们说"$\forall x(Fx \rightarrow Gx)$"是真的，当且仅当所有个体都满足"$Fx \rightarrow Gx$"这种情况，而"$\exists x(Fx \wedge Gx)$"是真的，只要有一个个体满足"$(Fx \wedge Gx)$"这种情况。基于这样的理解，弗雷格关于专名的对象与概念的关系，以及关于处于概念下的对象与概念的关系，无疑是十分清楚的。

同样是由于有了以上两点，我们对概念产生了新的认识。首先，我们摆脱了句子的语法结构的限制。过去人们一般认为，句子中的主语表示的是对象，而谓语是对主语所表示的对象的说明，因而表达的是性质。而根据弗雷格的理论，概念词的意谓是概念，因此无论它出现在句子中主词还是谓词的位置上，它的意谓都是概念。由于概念与对象的关系是对象处于概念之下，因此，即使概念词出现在句子中主语的位置上，仍然掩盖不了它的谓词性质。比如在"哲学家是思想家"中，"哲学家"虽然是语法主语，但它仍然是概念词。因此，这个句子表达的意思就是："如果一个东西是哲学家，那么这个东西是思想家。"这里，"是哲学家"和"是思想家"不仅形式是一样的，而且作用也是一样的。这里，前件中的"一个东西"和后件中的"这个东西"表示相同的对象。

其次，从这样的认识出发，我们可以得到一些更进一步的认识，尤其是对量词的认识。"所有""每一个""有的"这些表示数量的词一般都在概念词前面，比如"所有哲学家都是思想家"。在确定了概念与对象的关系以后，由此也很容易得到弗雷格所揭示的量词表述：

对任一 x，如果 x 是哲学家，那么 x 是思想家。

这表明，量词是对概念词的限定，因而是比谓词更高一个层次的东西。在这样的解释下，可以清楚地看出，虽然这个句子在日常语言的层面上表达的是概念与概念之间的关系，但是实际上仍然表达了对象与概念之间的关系。而且，通过揭示量词的意义，这样的关系得到清晰的刻画。由此也就可以理解上述引文的第二句话，即概念之间的所有关系都可以化归为对象与概念之间的关系。再引申一步,语言中时常有量词不出现的情况,比如"事物是相互联系的"。人们固然可以仅仅从语法的层面上理解这句话,但是根据弗雷格的思想,这句话所表达的涵义仍然可以划归为对象与概念之间的关系。①

3. 专名与摹状词

弗雷格关于专名的论述引起后人的讨论和批评。这里我们仅以罗素的论述为例来进一步探讨这个问题。

简单地说,在语言中,表达个体的词一般有两类,一类是专名,另一类是摹状词。② 专名一般比较明确,是一个地方、一个城市、一个国家、一个人或一个事件的名字。摹状词与专名不同,是一类特殊的语言表达式。比如在英文中,摹状词一般是以定冠词加形容词词组和名词而形成,表示特定的唯一的对象。中文没有定冠词,因此摹状词词组的语言形式与英语有区别,表达对象的唯一性却不变,比如"中国的首都",它没有定冠词,仍然明确地表示北京。有时候,为了明确,我们也可以用指示代词来表示,比如"前排左边那个穿红色毛衣的学生"。

罗素批评弗雷格没有区别专名与摹状词。他认为,专名与摹状词的逻辑作用是不同的,必须区别。在他看来,一个句子如果含有摹状词,那么确定摹状词的涵义对于确定这个句子的涵义就是至关重要的。因此他深入探讨了摹状词,形成了著名的摹状词理论。在论述摹状词的过程中,罗素举了一个非常出名的例子:"《威弗列》的作者是司各特。"在这个句子中,"《威弗列》的作者"就是摹状词。根据罗素的解释,"某某作品的作者"的意思就是"写了某某作品"。因此这个句子的意思是由下面三个句子表达的:

(1) 至少有一个人写了《威弗列》,
(2) 至多有一个人写了《威弗列》,
(3) 谁写了《威弗列》,谁就是司各特。

第一个句子和第二个句子合起来就表示"恰好有一个人写了《威弗列》",因而表达了唯一性,也就是说,它们表达了"《威弗列》的作者"这个摹状词。再加上第三

---

① 参见王路:《逻辑的观念》,商务印书馆 2000 年版,第 106 页。
② 在罗素的讨论中,有两类摹状词,一类是不定的摹状词,一类是限定的摹状词。不定的摹状词是不含定冠词的指谓词组,如"一个人","一个哲学家",概括地说,"一个如此这般的东西"。这两类摹状词的主要区别在于有没有定冠词,因而在于是不是表示唯一性。后来人们讨论摹状词,主要是指罗素所说的限定摹状词。

个句子,就表达出"《威弗列》的作者是司各特"这个含有摹状词句子的涵义。① 根据罗素的分析,"写了《威弗列》"显然是谓词,表现为一种断定。因此,摹状词也表现为一种断定方式,这样,摹状词被处理为一种特殊的谓词。经过这样的分析处理,摹状词与专名的区别是显然的。因为专名指称的是对象,显然不是谓词,而摹状词表达了一类特殊的谓词。因此专名与摹状词的逻辑作用是不一样的。

  罗素的摹状词理论被称为"哲学的典范",无疑是非常出色的。但是对照弗雷格关于专名的论述,我们却可以看出,他对弗雷格的批评有不太恰当的地方。从逻辑的角度说,专名与摹状词的作用确实是不同的。问题是,当弗雷格论述专名的时候,他并不是在探讨逻辑问题,而是从逻辑的观点出发,试图为分析语言提供一种句法说明。在他看来,只要是以定冠词引导的词组都可以看作专名,因此他所说的专名不过是一种最基本的句法形式。而就他本人来说,其实他并不是不知道专名与摹状词的区别,因为他明确谈到像"亚里士多德"这样的"真正的专名"。② 特别是,弗雷格在强调句子的意谓的时候明确地说,一个专名可能会有许多涵义,只要不同的涵义不会为我们理解句子的意谓造成困难,这样的歧义就是可以容忍的,尽管在完善的语言中是不允许出现的。③ 不仅如此,他在论述思想的时候也说,"实际上必须要求每个专名都有一种给出由专名表示的对象(他、她或它)的唯一的方式。满足这种要求常常是无关紧要的,但并非总是无关紧要的"④。这样的说明差不多是一样的。如果仔细分析,就可以看出,弗雷格的意思实际上是说,一个专名可能会有一些不同的含义(在我看来,这些含义大致相当于摹状词,比如《工具论》的作者"是"亚里士多德"的一种含义),在日常表达中,这样不同的含义的理解,只要不影响到对含有它的句子的真的理解就可以了。但是在逻辑(完善的语言)中,专名与它的含义(摹状词)之间的不同含义是不允许的,也就是说,必须把专名与专名的含义(摹状词)明确地区别开来。所以,专名的唯一性在日常表达中可以不是那么严格,但是在逻辑中却是至关重要的。

  与这个问题相关的,还有所谓关于概念悖论的探讨。弗雷格认为,"马这个概念不是概念"。直观上看,"马"是概念词,它的意谓是概念。但是为什么"马这个概念"会不是概念呢?同样,"数"是概念词,它的意谓是概念,可是为什么"4这个数"

---

  ① 关于罗素的摹状词理论,可以参见他的论文:《论指谓》,载《逻辑与知识》,苑利均译,张家龙校,商务印书馆1996年版;我曾经比较详细地论述过罗素的摹状词理论,参见王路:《走进分析哲学》,生活·读书·新知三联书店1999年版,第60—65页、第173—177页。

  ② 参见弗雷格:《弗雷格哲学论著选辑》,第91页注。我曾经比较详细地讨论过这个问题,参见王路:《弗雷格思想研究》,第156—165页。

  ③ 参见弗雷格:《弗雷格哲学论著选辑》,第91—92页注。

  ④ 同上书,第122页。

就不是概念了呢？在德文中，这两个表达都是以定冠词打头的（而中文只能以"这个"来表示定冠词，并且无法把它放在词头）。① 而这里的定冠词是非常重要的句法标志。

我们说过，弗雷格是从语言出发，因此对语言的句法描述就非常重要。否则面对复杂的语言表达，找不到切入点，探讨就无法进行。弗雷格对语言的切入点是图式1中的"句子：专名/概念词"，因此句子、专名和概念词都必须有明确的句法形式。句子和概念词是清楚的，而专名则是以定冠词引导的词组。这样，弗雷格提供了一种分析语言的最基本的句法形式。这样的句法形式与通常所说的语法形式不同。它不仅是弗雷格从语言出发来探讨问题的切入点，而且也是他自己所必须依照的规则。也就是说，他在探讨中不仅必须严格依据他自己的句法区分来看问题，而且也要依据这样的区分来说明问题。正是依据这样的区分，他发现了日常表达的问题。当人们不经意地使用定冠词的时候，所使用的概念词会悄悄改变成专名，因而其所意谓的概念也会悄悄改变成对象，这样就使我们讨论的东西发生变化。"马"这个概念本身确实是一个概念词，比如在"马是动物"这个句子中，它的谓述性质是很明显的。但是当我们说"马这个概念"的时候，也许我们心里想的是探讨"马"这个概念，但是我们的表达却是一个专名。也就是说，我们的表达与我们心里所想要表达的已经有了差异。我认为，弗雷格的说明是重要的，这里的思想也是深刻的。试想一下，"人是动物"与"人是两撇"从字面上看句法是完全一样的，但是其中所表达的"人"是相同的吗？而其间的差异又是由于什么造成的呢？有关这个问题我们不做深入探讨，这里的解释只是为了说明，弗雷格关于专名的论述仅仅是对语言提供一种最基本的句法说明，而不是对专名本身进行的逻辑说明。

在专名问题上，我们也可以稍微走得再远一些。这样可以使我们对这里的问题看得更加清楚。罗素的摹状词理论产生之后，人们给予它很高的评价，但是也有人对它提出了批评。这里，我们只看施特劳森对它的一个批评。

除了前面那个例子外，罗素关于摹状词理论还有一个非常出名的例子，这就是"当今法国国王是秃顶"。而施特劳森恰恰是针对这个例子提出了强烈批评。施特劳森认为，在这个例子中，"当今"一词的含义是不清楚的，这样一种表示时间的词的意义会随着说出它的情景而变化，因此含有这样的词的意义就是有歧义的，从而导致这样的句子的真假是不确定的。为了说明自己的观点，他还用了"我热"等这

---

① 当然，我们可以说"这个概念马"或"这个数4"，这样，定冠词也有了，也到词头了。但是这样就会比较别扭。

样一些例子来补充说明。显然,施特劳森的批评利用了像"当今"和"我"这样的索引词的特殊性质。① 针对施特劳森的观点,罗素反驳说,带有这样的索引词的句子与一般的陈述句是不同的。他的摹状词理论主要是针对一般的陈述句,而不是施特劳森所说的这类带有索引词的句子。如果把这个例子中的"当今"换作"在1905年",施特劳森的批评就不成立了。从罗素的反驳可以看出,他并不认为施特劳森的批评没有道理,而只是强调施特劳森的批评不适合自己关于摹状词的论述。

我认为,罗素的辩护是有道理的,因为他的摹状词理论确实是针对一般陈述句的。也就是说,在不涉及索引词的句子时,摹状词理论是有效的。但是,施特劳森的批评本身也是有道理的。因为这里隐含了更为复杂的问题,即内涵语句的问题。一个句子如果含有像"当今"或"我"这样的索引词,它的意义就会随这些词本身的含义以及使用它们的情景发生变化,因而它的真假就会是不确定的。对照施特劳森和罗素的争论,也就更容易理解,为什么弗雷格在探讨思想的时候要讨论"我受伤了"这样一个句子。这是因为,像"我"这样的索引词会破坏他所依据的外延的二值的逻辑原则。与此相似,我们也可以理解,为什么在探讨句子的意谓的时候,他要分析和论述从句。这是因为,一些从句也涉及内涵语境的问题,而一旦涉及这样的语境,他所依据的外延的二值的逻辑原则就会出现一些问题。运用逻辑理论和方法来分析和探讨哲学问题一定要清楚自身理论的特点和特征,从而在使用中看到日常表达所带来的问题,特别是给自己所依据和使用的理论所带来的问题,并设法澄清和解决这样的问题。在这方面,弗雷格的视野无疑是十分清楚的,他的探讨也是非常谨慎的。

4. 句子结构与思想结构

弗雷格晚年在"逻辑研究"这一题目下发表了一系列论文,包括《思想》《否定》和《思想结构》,还有一篇未完成的遗著《论逻辑的普遍性》也属于这一系列。这些文章构成了弗雷格关于思想的系统论述,也形成了有关思想的理论。我曾经比较详细地讨论过他的理论,②因此这里不再重复。下面我以他的这些论述为基础,主要讨论其中涉及的一个问题,即句子结构和思想结构的区别。

---

① 关于施特劳森的有关论述,参见 Strawson, P. F.: On Referring, in *Logical-Linguistic Papers*, Methuen and CO LTD, 1971;我曾详细讨论过他与罗素的争论,参见王路:《走进分析哲学》,第 60-65 页。

② 参见王路:《弗雷格思想研究》,第八章。

弗雷格在《思想结构》这篇文章中共讲述了如下六种思想结构：

第一种：A 并且 B；
第二种：并非（A 并且 B）；
第三种：（并非 A）并且（并非 B）；
第四种：并非（（并非 A）并且（并非 B））；
第五种：（并非 A）并且 B；
第六种：并非（（并非 A）并且 B）。

直观上看，这六种思想结构实际上是其中一、三、五这三种思想结构，即"A 并且 B"、"（并非 A）并且（并非 B）"和"（并非 A）并且 B"，和它们的否定。这里的 A 和 B 表达的都是思想，因此所谓思想结构即是以"并且"和"并非"这样的联结词与 A 和 B 结合在一起所构成的东西。在弗雷格看来，这六种思想结构构成了一个封闭的整体，其中第一种思想结构及其否定表达为初始部分，但是也可以以其他任意一种思想结构作为初始部分，借助否定来推导其他思想结构。从逻辑的观点看，这六种思想结构是同等有效的。

如果再仔细分析，还可以看出，弗雷格在第四种思想结构谈到了"A 或者 B"，即它与"并非（（并非 A）并且（并非 B））"是等价的，而在第六种思想结构谈到了"如果 B，那么 A"，即它与"并非（（并非 A）并且 B）"是等价的。这里的论述显然是依据了命题逻辑。也就是说，一个析取命题与一个两否定命题的合取的否定是等价的；同样，一个蕴涵命题与一个其前件否定和后件肯定的合取的否定是等价的。因此，弗雷格的相关论述是非常清楚的。但是值得注意的是，弗雷格在论述第六种思想结构的时候却强调了句子结构和思想结构的区别。他指出，对于"如果 B，那么 A"所表达的东西，"不能理解为每个这种形式的句子结构都表达一个假言思想结构"。[①] 他还举了一个例子来具体地说明这种情况："如果某人是凶手，那么他是罪犯。"根据弗雷格的论述，这里主要有以下几点区别：

首先，A 和 B 本身都表达完整的思想，因此"如果 B，那么 A"也表达一个完整的思想。也就是说，一个思想结构表达一个完整的思想。

其次，在上面的例子中，"如果"引导的句子是"某人是凶手"。由于其中的"某人"不表示任何东西，因此这个句子不是完整的思想表达式，不表达思想。"那么"引导的句子是"他是罪犯"。其中的"他"不是专名，因此自身不表示任何对象。也

[①] 弗雷格：《弗雷格哲学论著选辑》，第 171 页。

就是说,单独看这个句子,它也不表达思想。

再次,尽管例子中的两个句子本身不表达思想,但是由于其中的"某人"与"他"相互暗示,再加上"如果,那么"的联结,因而这两个句子一起共同表达一个思想。

由于以上三点区别,可以得出一个结论:"如果某人是凶手,那么他是罪犯"这个例子与"如果 B,那么 A"这样的思想结构是不同的。换句话说,同样是"如果,那么"这样的语言形式,表达的东西却可能会是不同的。弗雷格称"如果 A,那么 B"这样的东西为思想结构,而称"如果某人是凶手,那么他是罪犯"这样的东西为句子结构,由此说明它们之间的区别,并强调区别这两种情况是至关重要的。①

从弗雷格的论述来看,句子结构与思想结构之间的区别当然是可以理解的。但是,在论述思想结构的过程中为什么会有这样一段关于句子结构的论述呢?如果看到弗雷格随后又转到关于与分离规则和假言三段论规则相关的思想结构的论述②,我们不禁要问:在指出句子结构与思想结构的区别之后,为什么就不再论述句子结构了呢?这里关于句子结构的论述似乎不如关于思想结构的论述清楚。

我认为,这里的问题实际上显示出弗雷格所依据的逻辑与他所论述的东西的区别。弗雷格之所以要强调句子结构与思想结构的区别,是因为它们在语言形式上有相似之处,即都具有"如果,那么"这样的联结词。而弗雷格之所以只集中论述思想结构,是因为他基于命题逻辑而论述了与命题联结词相关的思想表达式。相比之下,"如果某人是凶手,那么他是罪犯"这样的句子虽然也具有"如果,那么"这样的语言形式,但是这种形式却不是命题逻辑所刻画的那种形式,因此不属于基于命题逻辑而讨论的范围。所以弗雷格仅仅指出了这里的区别,而没有进行深入的讨论。换句话说,弗雷格只是指出了语言上容易产生引入误解的表达,他的讨论却主要集中在以命题逻辑为基础所讨论的范围。这样做是必要的,因为同样的表达可能会属于命题逻辑的范围,也可能会超出命题逻辑的范围。指出这里的区别会使所讨论的东西更加清楚,同时也不妨碍自己所专注的讨论。

在弗雷格关于思想的普遍性的论述中,我们看到了与这里差不多相同的论述。弗雷格认为,我们常常以"假言句子结构的形式表达一条规律",但是"假言思想结构不属于规律,因为它们缺少普遍性,而规律正是通过普遍性与我们通常譬如在历史中发现的个别事实相区别"③。二者的区别是明显的:假言句子结构表达规律,而假言思想结构不属于规律;规律与普遍性相联系,因而与个别事实相区别。在

---

① 弗雷格:《弗雷格哲学论著选辑》,第 171-172 页。
② 参见同上书,第 172-173 页。
③ 同上书,第 289 页。

具体的论述过程中,弗雷格给出的例子是:"如果某物是一个人,那么它是要死的。"这个例子与前面谈到的那个例子显然是相似的。弗雷格指出,所谓普遍性是由这个例子这样的句子结构中的两种成分体现出来的。其一是其中的假言句子结构的形式,即"如果,那么"。其二是其中所包含的不确定指称的部分,即前件中的"某物"和后件中的"它"。为了突破这样表达的局限,弗雷格用算术字母"a"来替代这两个不确定指称的部分,这样就得到"如果 a 是一个人,那么 a 是要死的"。由于其中的两个 a 形状相同,相互指示,因此普遍性比较清楚地表达出来。

应该说,弗雷格的区别是清楚的。一个假言思想结构是指"如果 A,那么 B"这样的表达式,其中 A 和 B 都表达完整的思想,因而自身有真假。由它们所构造的整个表达式也表达一个完整的思想。而一个假言句子结构是指"如果 Fx,那么 Gx"这样的表达式,由于其中的 x(即弗雷格所说的 a)是变元,没有确定的所指,因此像前件中的 Fx 和后件中的 Gx 都不表达完整的思想,而只是一个函数表达式。但是由于其中的变元相互指示,由此通过"如果,那么"形成一种联系,这样它们所组成的句子就表达一种思想。这里可以看出两点。一点是清楚的,即"如果 Fx,那么 Gx"与"如果 A,那么 B"的区别。另一点则是模糊的。按照弗雷格的说法,"如果 Fx,那么 Gx"应该表达一个思想,而且表达了普遍性,尽管"Fx"和"Gx"本身不表达思想。但是我们知道,由于"Fx"和"Gx"自身没有真假,因此"如果 Fx,那么 Gx"本身也没有真假,因而似乎就不能说它表达一个思想。这里涉及弗雷格的表述的问题。由于《论逻辑的普遍性》这篇论文是一篇未完成的遗作,因此我们无法确切地看到弗雷格对思想的普遍性的完整说明。但是,根据他在一阶逻辑中的相关思想,我们可以把这里所说的表达普遍性的句式理解为:"对任一 x,如果 Fx,那么 Gx"。根据他所举的例子也可以看出,他所讨论的普遍性是涉及带"所有"、"每一个"这样的量词的表达。除此之外,弗雷格在其他一些地方还明确地说:为了更容易识别普遍性,人们可以补充说"无论 a 是什么"[①]。因此,弗雷格所说的假言句子结构实际上是如下表达的:

"无论 a 是什么,如果 a 是一个人,那么 a 是要死的"。

这样一个表达式无疑表达了一个完整的思想,因而也是有真假的。这也说明,弗

---

① Frege, G.: *Nachgelassene Schriften*, hg. von Hermes, H./Kambartel, F./Kaulbach, F, Felix Meiner Verlag Hamburg 1969, S. 217.

雷格所讨论的所谓假言句子结构,实际上是含有量词的表达式。① 这样的结构与仅仅涉及命题联结词的假言思想结构当然是不同的,因此相关的讨论也是不同的。

与此类似,弗雷格关于否定的论述也有一些值得思考的地方。在前面说到的思想结构中显然含有否定,弗雷格在《论否定》一文中则还有对否定专门的和更为详细的探讨。简单地说,弗雷格关于否定的一些论述是非常明确的,比如,否定是对一个思想的否定。在一个句子加上否定词"并非",就形成对这个句子所表达的思想的否定。由于一个思想有真有假,因此否定也与真假相关。但是,否定既不是对思想的真的否定,也不是对思想的假的否定,而是从一个思想过渡到它的对立面。就是说,经过否定可以从一个思想得到一个与该思想对立的思想,因此否定也有真假。②

弗雷格在论述过程中批评了三种错误认识。第一种是认为有真思想而没有假思想,第二种是认为否定分解思想,第三种是认为要区别肯定的思想与否定的思想。我这里所强调的值得思考的地方,就是指弗雷格关于这三种错误认识的批评,尤其是他关于这第三种错误认识的讨论,其中还谈到康德区别肯定判断和否定判断。下面我们仅探讨他这里的一些讨论。

前面在探讨康德的思想时曾经涉及肯定判断和否定判断。从亚里士多德起,命题被分为肯定的和否定的。后来在这一区分的基础上,人们认为命题从质的角度划分为肯定的和否定的。康德的肯定判断和否定判断的区别显然也是依循了这一传统。当然,他在这一类判断还增加了无限判断,因此他把判断分为三类,而不是两类。弗雷格论述的是思想,康德的区别移植过来就是肯定的思想和否定的思想。但是弗雷格认为,这样的"区别至少对于逻辑来说是完全不必要的"③。而且这根本就不容易说明什么是否定判断。比如,"基督是不死的"、"基督万寿无疆"、"基督并非是不死的"、"基督是有死的"、"基督不万寿无疆",这些句子有的有否定词,有的没有否定词,但是我们无法说明哪个句子有肯定的思想,哪个句子有否定的思想。在弗雷格看来,否定词"并非"(或"不")可以像人们通常认为的那样与谓语动词结合在一起,但是也可以与主语结合在一起,比如"没有人活到一百岁以上"。"一个否定词可以插入句子的任何地方,同时思想肯定不会由此变为否定的。"因此弗雷格认为"否定的判断"这一表达给我们造成了非常"棘手的

---

① 关于这个问题的详细讨论,参见王路:《弗雷格思想研究》,第192-200页。
② 关于弗雷格在这个问题的具体论述和讨论,参见同上书,第173-183页。
③ 同上书,第147页。

问题"。①

弗雷格不仅指出了这里存在的问题,而且还分析了产生这些问题的两个根源。一个根源是人们想对否定下定义,试图澄清否定与一个表达式结合在一起的意义。另一个根源是人们没有分清把握一个思想与承认这个思想的真。我曾指出弗雷格所说的第一个根源是不清楚的,他本人也没有给出清晰的解释,而且我试图通过详细探讨弗雷格关于第二个根源的论述来解释他关于第一个根源的说明。② 我的结论是:弗雷格认为否定是一个句子函数,因此否定是不能定义的。现在看来,尽管我明确地说弗雷格的"结论是通过对句子的语法结构的分析,并且主要是突破了语言形式的束缚而得到的"③,但是我的这个结论表达得过于简单了。由于它过于简单,因此在关于否定这个问题上更为深刻的意义并没有完全揭示出来。

按照弗雷格的看法,否定是一个句子函数。它以一个句子为自变元,因此以这个作为自变元的句子的真值来决定自己的真值。弗雷格的这一思想无疑是清楚的,在论述过程中他的相关讨论也是清楚的。但是,有了这样的看法,或者根据这样的看法,为什么就不能对否定下定义呢?为什么就不能澄清否定与一个表达式结合在一起的意义呢?正因为有这样的问题,我才认为弗雷格在这里没有说清楚。弗雷格之所以没有说清楚,大概有几种可能。一种可能是他认为这里的问题是显然的,因此点到就可以了。另一种是他在思想中是清楚的,但是没有完全表达清楚。还有一种可能性就是他自己也还没有完全想清楚。我认为,前两种可能性比较大。但是也不能完全排除第三种可能性。下面我就来讨论这里的一些问题。

弗雷格关于否定的看法无疑是从命题逻辑出发。具有现代逻辑背景的人在理解他的思想的时候一般也是这样看的。因此在关于否定是一个句子函数的看法上,人们基本上是一致的。这样人们就会认为,对于否定就应该这样来理解。这既是我认为前两种可能性比较大的原因,也是我原来在说明中表达得过于简单的原因。但是,作为一个命题联结词,否定与其他命题联结词,比如蕴涵、合取、析取等是有差异的,最直观的区别是它是一元命题函数,而其他联结词是二元命题函数。正是由于存在这样的区别,因此虽然逻辑上可以把它们归为一类并给以明确的说明,但是在具体的语言分析中,无论是直观的还是具体的,区别还是很大的。弗雷格专门写一篇文章论述否定,而写另一篇文章论述包括否定在内的其他命题联结

---

① 王路:《弗雷格思想研究》,第 147、148 页。
② 参见同上书,第 179-183 页。
③ 同上书,第 183 页。

词,大概就是最好的证明。

在语言表达中,二元命题联结词的语法形式一般来说不仅清楚,而且与逻辑联结词的形式几乎一样,比如"亚里士多德是哲学家并且是逻辑学家"。但是否定这个命题联结词却不是这样,尤其是,它一般不是像逻辑语言所表达的那样出现在一个句子的前面,比如"并非 A"。在日常表达中人们也会说"亚里士多德是文学家,这不是真的(这是假的,这不是事实,等等)",其中的"这"就表达一个思想(A),即"亚里士多德是文学家",因而这样的表达实际上就是否定,而且其表达形式与我们所说的否定的逻辑形式大致也是一样的。此外,人们有时候也会说"并非亚里士多德是文学家"。这样的表达也是否定,而且在语言形式上与否定的逻辑形式也是一样的。尽管如此,人们一般对否定的理解却主要不是基于这样的否定表达,而是基于它出现在一个句子之中所起的作用,尤其是它与系词的结合,即"不是"。比如"亚里士多德不是文学家",这是对"亚里士多德是文学家"的否定。基于这样的表达,比较自然而容易的是把它看作对谓语的否定,通过这样的否定来说明主语的某种情况,而若是把其中的"不"作为一个命题联结词提取出来,把它看作是对整个句子的否定,则似乎不是那样容易,也不太自然。这样就形成了与基于命题逻辑对否定的解释的差异。

直观上说,传统的解释依赖于自然语言的基本表达形式,因而比较自然。"S 是 P"是人们阐明自己的认识的最基本的表达,与此相对,"S 不是 P"则是相应的最基本的否定表达。所以当亚里士多德从这样的表达形式抽象出逻辑形式的时候,他保留其中的"是"这个最核心的要素以及与它密切联系的"不"这个要素。由于它们在语法上恰恰表达为肯定和否定,因而相应地在逻辑中也表达为肯定和否定。而当这样的逻辑形成之后,尤其是在人们学习掌握它之后并用它来观察和分析语言表达的时候,这样看待否定就更是自然的。一方面语言中有这样的要素,人们也这样表达,另一方面逻辑也提供了这样分析的理论和依据。因此这样的看法是再自然不过的了。但是这里有两个问题却很容易被人们忽略。一个问题是以上所说的"抽象",另一个问题是以上所说的语法与逻辑的相应。

所谓抽象是指"S 不是 P"并不是语言中表达否定的唯一形式,而是去掉了一些东西。如前所说,亚里士多德探讨过不定命题,康德论述过无限判断,因而涉及从质的角度分类的差异。弗雷格在举例中恰恰也谈到这样的句子,比如"基督是不死的",这与康德所考虑的"上帝是不死的"差不多是一样的。这里显然存在着问题。举例说,"S 不是 P"与"S 是非 P"这样的表达式都含有否定,它们是相同的还是不同的?亚里士多德和康德都认为不同。只不过在看到这里的差异之后,亚里士多德排除了后一种表达形式,而康德保留了它。亚里士多德排除它是因为它给逻辑带来麻烦,康德保留它是因为哲学讨论的需要。弗雷格则明确地说它根本就没有说清楚什么是否定的思想,即没有说清楚什么是否定。这样看来,亚里士多德与康德的看法无疑是对立的。弗雷格谈到了康德,对康德的看法显然是持批评态度。弗雷格没有谈到亚里士多德,但是也看不出他支持亚里士多德的观点。因此可以问,按照弗雷格的观点,应该如何看待亚里士多德关于否定的论述呢?

由于弗雷格把否定看作是一个句子函数,因此否定总是对一个句子的否定。联系前面关于涵义和意谓的论述,则可以看出,那里关于句子的论述只涉及肯定,而不涉及否定。也就是说,关于思想和真值的考虑,在不涉及否定的地方,可以根据那里的论述,而在涉及否定的地方,则要根据这里的论述。这样在直观上可以看出,弗雷格关于句子的论述和关于否定的论述是一致的,没有自相矛盾的地方。这里我们也可以像前面那样画一个关于否定的图式如下:

[**图式 5**]

（语言） 句子 句子的否定
（涵义） 思想 对立的思想
（意谓） 真值 对立的真值

由此可以看出,前面关于专名和谓词的论述是一种句法说明,而这里关于否定的说明也是一种句法说明。这样的说明是一致的,但是与语法说明完全不同。我们看不到否定在句子中的位置,但是在这种句法的基础上,我们可以看到一致的语义说明。比如,一个句子的真值是由句子的思想决定的,一个句子的真值是由句子部分的意谓(比如其中专名指称的对象)决定的;一个否定的真值是由它所否定的思想的真值决定的。从这样的句法可以看出,一方面,否定也有一个思想,但是它与其所否定的思想是不同的;另一方面,否定也有真值,但是它的真假是由它所否定的思想的真假决定的。当然,人们也可以认为,根据它的真假,也可以认识它所否定的思想的真假。但是根据弗雷格的论述,它所否定的思想,或者一般地说,一个思想自身的真假是可以不通过否定而确定的,即可以通过其他方式来确定。

从这样的观点看亚里士多德关于否定的论述,则可以看出一些根本性的差异。亚里士多德的论述主要是一种基于语法的论述。所谓"S 不是 P",既是逻辑的否定形式,而且也是语言中的语法的否定形式。说它是否定形式,是因为它仅仅体现在关于最抽象的"是"的论述上,尚不能完全代表否定。也就是说,在抽象出最基本的句子形式"S 是 P"的意义上,人们可以谈论"S 不是 P"这样的否定。但是实际上的否定是有很大区别的。比如在加上量词以后,全称肯定命题是"所有 S 是 P",特称肯定命题是"有 S 是 P",而与它们相应的否定命题分别是"所有 S 不是 P"和"有 S 不是 P"。按照"S 是 P"和"S 不是 P"这样肯定和否定的说明,全称否定命题和特称否定命题似乎也应该分别是全称肯定命题和特称肯定命题的否定,但是实际上却不是这样。因为全称肯定命题的否定是特称否定命题,而特称肯定命题的否定是全称否定命题。这就是为什么亚里士多德要详细地区分命题的否定形式和否定的命题,①因为它们是不同的。由此可以清楚地看出,语法形式上的否定与逻辑的否定是两回事情。亚里士多德十分清楚地认识到这一点,因此在论述中才会区别命题的否定形式和否定的命题。这样做是必要的,除了逻辑意义外,一个主要的原因大概就在于他的逻辑的句法形式与语言的语法形式是同一的,因此容易造成语法形式与逻辑形式的混淆。认识到这一点,也就比较容易理解,为什么亚里士多德在逻辑中排除了"S 是非 P"这样的句式。因为这里的否定会带来更大的问题。

相比之下,弗雷格关于否定的论述避免了亚里士多德涉及的那些问题。首先,他从句法上对否定进行了明确的说明,即它是一个句子函数,这样"并非 A"的形式是清晰无误的。其次,它的语义也是清晰无误的,即"并非 A"的真假是由 A 本身的真假决定的。最为重要的是,从这样一种句子函数的观点出发可以得到一种关于否定的普遍认识。联系亚里士多德所涉及的问题,则可以说,对于句子内语法上不同形式的否定可以得到一种普遍一致的认识。比如涉及量词的句子,如"所有 S 不是 P"。它所表达的意思是:

"对任一 x,如果 x 是 S,那么 x 不是 P"。

这样的认识与直观差不多是一样的。而从句法上说,否定是对谓词的否定。这里的谓词是一个带有一个自变元的函数。这样一个函数是可以有真值的,因此也可以被看作具有句子的性质。又比如"没有 S 是 P"。这是西方语言中全称否定命题的一种表达方式。它所表达的意思可以同上,也可以是:

"不存在一个 x,x 是 S 并且 x 是 P"。

这里,"存在一个 x,x 是 S 并且 x 是 P"显然是一个句子,"不"作为否定词放在句首,显然是对整个句子的否定。至于特称否定命题,差不多也是一样。比如"有 S 不是 P",意思是说:

---

① 参见王路:《亚里士多德的逻辑学说》,第 80-82 页。

"至少有一个x,x是S并且x不是P"。

这样的理解与直观上比较一致,其中的否定同样是对一个函数的否定。而关于不定(或无限)命题,我们也可以得到同样的理解。比如对于"所有S是非P",它的意思是:"对任一x,如果x是S,那么x不是P"。因此,弗雷格关于否定的论述实际上是对语言中涉及否定的表达提供了一种具有普遍意义的一致的解释。

这里应该指出两个问题。一个问题是,关于否定是句子函数的解释是不是适合自然语言中所有涉及否定的用法?比如,从前面的分析显然可以看出,按照弗雷格的方式来理解,亚里士多德所区别的全称否定命题与不定命题或康德所说的无限判断被处理为同一种形式。另一个问题是,这样的解释是不是完全揭示了自然语言中否定的含义?我认为对这两个问题是可以进行深入研究的。但是弗雷格的解释至少有两个十分重要的结果。一个结果是,根据否定的性质,它可以作用于句子和谓词。这说明它可以是关于思想的否定,可以是关于事物具有的性质的否定,也可以是关于事物之间的关系的否定,但是它不能是关于个体事物的否定。另一个结果是,一个句子所表达的东西,弗雷格称之为思想,有人则称之为命题,也有人称之为事实。由于否定的句法形式是对句子的否定,因此从思想层面说,否定可以是思想或命题的否定,也可以是事实的否定。因此可以问,事实是不是总是肯定的?对事实的否定无疑是有的,但是有没有否定的事实呢?这也是后来许多哲学家,包括维特根斯坦,非常关注和讨论的问题。

弗雷格关于假言句子结构和否定的讨论,非常清楚地说明,语言的语法和逻辑的句法是不同的,从而说明,语言的语法形式和逻辑形式是不同的。他以逻辑为背景,从语言出发,围绕句子进行了详细的分析和探讨,为我们提供了一种意义理论。他的思想是清楚的,他的论述基本上也是非常清楚的。一些似乎不是特别清楚的地方,在他的逻辑框架下,经过仔细分析,其实也是清楚的。一阶逻辑包含命题逻辑和谓词逻辑两部分,如今这两部分融为一体。但是它们毕竟还是有区别的。命题逻辑是一种真值函数逻辑。而谓词逻辑由于涉及量词,因此不是一种真值函数逻辑。弗雷格的意义理论不仅反映出这样一种区别,而且反映出他对这样一种区别的认识。同时,他还在探讨的过程中显示出非常谨慎认真的态度,因为,这里涉及的问题确实是比较复杂的,对这些问题的分析并不是轻而易举的事情,尤其是在把刚刚产生的现代逻辑应用到这样的分析的时候。

第六章
维特根斯坦的《逻辑哲学论》

维特根斯坦是 20 世纪最重要的哲学家之一。他大概是唯一一位与弗雷格和罗素这两位对现代逻辑的建立和发展做出巨大贡献的逻辑学家都有密切接触和来往的人。他的《逻辑哲学论》对早期的分析哲学影响极大,而他的《哲学研究》则对后来的语言哲学产生了十分重要的影响。这里,我们主要考虑他的《逻辑哲学论》。

我在《走进分析哲学》一书中曾经谈过这部著作。在那里我认为,《逻辑哲学论》有一条清晰的思路,它可以大致表达如下:

    世界—事实—思想—句子—真值函项—句子的普遍形式。

在得出这条思路的分析中,我认为从该书的序号可以看出其不同层次。但是我只提到其中的两个层次,而没有对更深的层次做更进一步的论述。关于维特根斯坦的思想,我只强调并分析了他关于"世界是事实的总和"的论述,但是没有对他的其他许多论述做深入的分析。① 这里,我想在那里讨论的基础上对维特根斯坦的思想做更为深入细致的思考。当然,围绕本书的任务,我们主要考虑的还是逻辑与哲学的关系。

1. 可说与不可说

"凡是不可说的东西,必须对之沉默"(7)②,是维特根斯坦的一句名言。也是被引用最多、所用范围最广的一句话。但是这句话的含义是不是像它字面上那样清晰,却是值得思考的。

这是《逻辑哲学论》的最后一句话,也是结论。这句话是针对不可说的东西,由此也说明,维特根斯坦区分出了可以说的东西和不可以说的东西。比如,可以说的东西是"自然科学的命题"(6.53),而"伦理是不可说的"(6.421),"意志,作为伦理的东西的载体,是不可说的"(6.423)。这样,按照维特根斯坦的看法,对伦理、意志这样的东西就必须保持沉默。再比如,由于他认为"伦理和美学是一个东西"(6.421),因而按照他的看法也可以说,美学是不可说的,对美学也必须保持沉默。如此等等。

我认为,维特根斯坦的这个结论直观上虽然清楚,却有些费解。由于这是针对哲学而言的,因此哲学中有可以说的东西和不可以说的东西,无疑是可以理解的。但是,说伦理是哲学中不可说的,则是费解的,因为哲学中关于伦理的讨论已经有了两千多年。也就是说,人们可以看出维特根斯坦的一个结果,这就是利用可说与不可说的这一区别而把像伦理和美学这样的东西统统排除在哲学之外,但是人们不一定会赞同或接受它。我不想评价他的这一结论是不是正确,而只分析他的这一结论是如何得出来的。

维特根斯坦的论证实际上十分简单。第一点,世界的意义在世界之外,而在世界之内的东西就是如其所是,如其所发生,因而世界中没有价值。"如果在世界中会有价值,那么这种价值也不会有价值"(6.41)。联系前面给出的维特根斯坦的基本思路及其相应的解释,就可以看出,世界是由事实构成的,因此这里所说的世界中的事物是什么样就是什么样,如何发生就是如何发生,不过依然是在以不同的方

---

① 参见王路:《走进分析哲学》,第 66-77 页。此外,在原来给出这一思路的时候,省略了"图像"这一要素,我也解释了这样做的理由。
② 维特根斯坦:《逻辑哲学论》,陈启伟译,《维特根斯坦全集》第一卷,涂纪亮主编,河北教育出版社 2003 年版,第 263 页。以下引文,只注维特根斯坦自己给出的序号,分段用"/"表示。有些译文有修改,参见 Wittgenstein, L.: *Tractatus logico-philosophicus*, Suhrkamp Verlag 1984; *Tractatus logico-philosophicus / Philosophical Investigations*,中国社会科学出版社 1999 年版。

式陈述事实。价值是与事实不同的东西。价值是关于事实的。因此世界中没有价值这样的东西。即使会有这样一种东西,它也是事实意义上的东西,而不是通常所说的价值。因此这样的东西没有价值。这样,维特根斯坦以自己独特的方式区别了价值与事实。伦理是关于价值的表述,这样的东西不在世界之中,因此伦理是不可说的。

第二点,"如果存在一种有价值的价值,那么它必在一切发生的和如此而是的东西之外。因为一切发生的和如此而是的东西都是偶然的。/使这些东西成为非偶然的那个东西不能在世界之中,因为否则那个东西本身又会是偶然的了。它必在世界之外"(6.41)。这一点是上一点的继续,目的仍然是要说明价值与事实是不同的,而且是为了避免无穷倒退。这一点是显然的,因此不用多说。值得注意的倒是这里提到的偶然与非偶然的区别。按照这一区别,似乎世界中的东西是偶然的,而世界之外的东西应该是非偶然的。这样来看,伦理的东西就应该是非偶然的。不过维特根斯坦没有明确这样说,只说它在世界之外。这里,虽然维特根斯坦使用了虚拟语态,因而我们也只能做一些推论,但是,这样的说法显然不是没有问题的。

维特根斯坦明确地说,逻辑的研究是规律性的研究,"而在逻辑之外,一切都是偶然的"(6.3),"只有一种逻辑的必然性"(6.37)。由此至少可以得出两点区别,一点是逻辑与世界中的东西的区别。再一点是逻辑与伦理的区别。前一点无疑是清楚的,因为世界中的东西是偶然的,而逻辑是必然的;因此可以说,世界中的东西在逻辑之外,或者说,逻辑不是世界之中的东西。但是后一点似乎就会有些问题。因为逻辑是必然的,而逻辑之外的东西是偶然的。伦理显然不是逻辑,也不是逻辑之内的东西。因此,伦理不等于逻辑,伦理也不能是必然的东西。当然,我们不能说非偶然的就是必然的,也不能说必然的就是非偶然的。以此似乎仍然可以区别逻辑与伦理。但是在伦理问题本身的论述上,如果说非偶然不是指必然,那么偶然与非偶然的区别还是那样清楚吗?

除了这个问题以外,似乎还有另一个问题。逻辑与伦理都是世界之外的东西,这似乎是它们的相似之处。在这种意义上,既然伦理是不可说的,那么逻辑是不是也是不可说的?在《逻辑哲学论》中,维特根斯坦谈论伦理的篇幅很小,几乎只限于6.4节。但是他谈论逻辑却很多,书名且不论,专门探讨逻辑的地方几乎占据了全书的一半,而提到逻辑的地方就更多了。因此,如果说伦理是不可说的只是有些费解的话,那么说逻辑是不可说的则是非常难以理解的。

与逻辑相对照,维特根斯坦还谈到归纳律。他明确地说归纳律不是逻辑规律(6.31),归纳的过程没有任何逻辑根据,而只有一种心理根据(6.3631)。同时他还谈到物理规律,谈到因果律。他说:"如果会有一条因果律,那么内容会是这样的:

'有一条自然律。'/但是人们当然不能这样说,因为它是表现出来的。"(6.36)因此,像归纳律和因果律这样的东西也是不可说的。这里,归纳律和因果律这样的东西与逻辑规律的区别无疑是清楚的。比如,前者没有必然性,后者有必然性。但是这里似乎也有同样的问题。既然可以把归纳律和因果律这样的东西与逻辑规律进行比较,那么它们似乎是同一层面的东西。在这种意义上,既然不能说有自然律,那么似乎也就不能说有逻辑规律。而如果没有逻辑规律,逻辑不也就成为不能说的东西了吗?在这种情况下,维特根斯坦的这部著作以及他在这部著作中的论述又该怎样理解才对呢?

以上的一个结论是,从维特根斯坦关于伦理是不可说的以及他关于物理规律的论述,似乎可以得出逻辑是不可说的这样一个结论。其实,除了这样的似乎可以推导出来的结论外,维特根斯坦也有一些明确的论述。比如他说:"逻辑的句子把一些句子结合而成为什么也没有说的句子,从而显示这些句子的逻辑特征。"(6.121)这表明,逻辑的句子与一般的句子无疑是有区别的。一般的句子构成逻辑的句子,逻辑的句子什么也没有说,但是可以显示出这些句子的逻辑特征。这里比较清楚的是:逻辑的句子什么也没有说。不太清楚的是:一般的句子是不是说了什么?考虑到二者的区别,似乎应该得到一个肯定的回答。当然,如果认真思考,这里还有一个问题,即什么也没有说与不可说是不是一回事?为了弄清楚什么是不可说,我们先考虑什么是"什么也没有说"。

直观上看,逻辑的句子什么也没有说,它们只是句子的逻辑特征。对于这一点,维特根斯坦还有更为明确的论述。比如他说:"重言式是从一切句子得出来的:它没有说任何东西。"(5.142)我们知道,逻辑的句子都是重言式。由此也就可以得出,逻辑的句子没有说任何东西。假定这一点是清楚的,还需要理解的就是句子的逻辑特征。这也是逻辑句子与一般句子的区别所在。对此,维特根斯坦也有说明:

句子能够表现整个实在,但是它不能表现它为了能够表现实在而必须与实在共有的东西——逻辑形式。为了能够表现逻辑形式,我们必须能够使自己连同句子都处于逻辑之外,亦即处于世界之外。(4.12)

这里,比较清楚的有几点。一点是:句子表示实在,但是句子不表示逻辑形式。另一点是:逻辑形式是句子与实在共同具有的东西。还有一点是:在表达逻辑形式的层面上说,我们和句子都处于逻辑之外,就是说,处于世界之外。但是这里也有不太清楚的地方:句子怎么就不能表现逻辑形式呢?难道逻辑形式不是在句子中表现出来的吗?对此,维特根斯坦则有进一步的解释:

> 句子不能表现逻辑形式,逻辑形式在句子中反映出来。/语言中所反映出来的东西,语言不能表现。/自己在语言中表达出来的东西,我们不能通过语言表达出来。/句子显示实在的逻辑形式。/句子揭示实在的逻辑形式。(4.121)
>
> ……
>
> 可显示的东西是不可说的。(4.1212)

首先值得注意的是,这里明确提到"不可说的"(kann nicht gesagt werden),而它与全书的结论"不可说的"(nicht sprechen kann)非常相似,因此它可以有助于我们理解后者。如果可以认为这两个表达仅有字面的区别,则可以认为它们意思是完全一样的。因此,为了理解该书的结论,对这段话应该认真理解。

直观上看,最终的"不可说的"这一结论落在了"可显示的东西"之上,而没有落在其他几个动词所描述的东西之上。因此,如果"表现"(darstellen)、"表达"(ausdruecken)、"显示"(zeigen)、"揭示"(aufweisen)这几个关键的动词只是一种修辞,那么"不可说的"对它们所描述的东西就都是适合的。但是,如果这几个动词是有区别的,因而它们所说明的东西也是有区别的,那么"不可说的"就只能适合"可显示的",而不适合其他几种情况。我相信维特根斯坦在这里是要表现出一种区别,因此这里用语的区别不是随意的,也不是为了修辞,而是煞费苦心。但是在这样的情况下,立即产生一个问题:为什么可显示的东西是不可说的东西?

在以上几个动词中,与"说"最近似的是"表达"。但是含有"表达"的这一句话同样有些费解:自己在语言中表达出来的东西为什么就不能用语言来表达呢?而这一费解之处与前面的问题显然是相似的。"自己在语言中表达出来的东西"不是可以通过语言表达的,语言中"可显示的东西"是不可说的,而所谓"表达"和"说"显然都离不开语言。因此这里的疑问是显然的,也是自然的。由于后者是清楚的,因而这里需要理解的是前者,即所谓"自己在语言中表达出来的东西"和"可显示的东西"究竟是指什么?

维特根斯坦说:"句子之所以可能乃基于以指号代表对象的原则。/我的基本思想是:'逻辑常项'不代表。事实的逻辑不能被代表。"(4.0312)在后两个句子中,"代表"(vertreten)是一个及物动词,但是后面却没有跟名词,感觉上有些怪。如果联系前一个句子来理解,似乎只能是:"'逻辑常项'不代表对象。事实的逻辑不能由对象所代表。"[①]如果是这样,则可以认为,这里在对象与逻辑常项之间,乃

---

① 中译文就是这样翻译的。参见维特根斯坦:《维特根斯坦全集》第一卷。

至与逻辑之间画出一条鲜明的界线。

逻辑常项的意思应该是明确的,按照通常的理解,就是指命题联结词和量词。若是这样来理解,维特根斯坦的许多论述是很清楚的。比如他说:"指号'p'和'~p'能说同一件事情。因为它表明,在实在中并无任何东西与指号'~'相对应。/否定之出现于一个句子,这不是其意义($\sim\sim p=p$)的标记。/句子'p'和'~p'具有相反的意义,但是,与它们相应的是同一个实在。"(4.0621)这里所说的"~"是否定符号,就是一个逻辑常项。由于认为实在中没有东西与它相对应,因此也可以说它不代表任何对象。这一段话是维特根斯坦关于否定的非常出名的论述,其实质涉及实在中有没有否定的事实。对此我们不做深入探讨,但是字面上却可以看出,这样的讨论是基于对否定词"并非"或"~"这样一个逻辑联结词的认识。

又比如,他认为,"有组合之处,便有自变元和函数,而有自变元和函数之处,便已有一切逻辑常项。/我们可以说,唯一的逻辑常项是一切句子按其本性彼此共有的东西。/但是这就是普遍的句子形式"(5.47)。具体一些说,"fa"表达了一种函数和自变元的组合。与它相应的句子有很多,比如"苏格拉底是白净的","亚里士多德是白净的",等等。虽然在"fa"中看不到逻辑常项,但是在维特根斯坦看来,它与"$(\exists x).fx.x=a$"的意思是一样的,而这里的量词"$\exists x$"即是逻辑常项。所以,逻辑常项虽然是句子的普遍形式,实际上也可以是不出现的,正如"fa"所表现的那样。根据这样的看法,逻辑常项自然不是与对象相应的东西,因而不代表对象。同样,由逻辑常项所表现出来的逻辑也就不能被对象所代表。

值得注意的是,维特根斯坦谈到"表面的逻辑常项"(5.441)。这是因为"$(\exists x).fx.x=a$"与"fa"所说的相同,而在后者逻辑常项消失了。维特根斯坦还认为不存在弗雷格和罗素所说的"逻辑对象"或"逻辑常项"(5.4),大概和这里的分析也不是没有关系。无论对这里的逻辑常项怎样理解,对维特根斯坦的以上有关论述如何理解,逻辑常项与对象不是一回事,没有关系,却是十分清楚的。

逻辑命题的特征是由逻辑常项显示出来的。因此,明确了什么是逻辑常项,也就清楚了与逻辑常项相关的东西。这里,最显然的就是重言式和矛盾式。以重言式为例。在维特根斯坦看来,"重言式是从一切句子得出来的:它没有说任何东西"(5.142)。原因在于,"如果从一个句子得出另一个句子,那么前一个句子就比后一个句子说了更多的东西,而后一个句子比前一个句子说得要少"(5.14)。一般来说,最简单的重言式是"$p\to p$",或者用排中律来表示,"$p\vee\neg p$"。二者是等价的。"$p\to p$"的字面意思是从 p 得出 p,似乎什么也没有说,或者如同人们一般认为的那样,没有说出新东西。实际上,所谓作为前件的句子比作为后件的句子说出更多的东西,也表达了这个意思。而且重言式的这种性质也是显然的,比如"$p\wedge q\to p$",

它表达的是从 $p \wedge q$ 得出 p，$p \wedge q$ 当然比 p 说得多，因为它不仅说到 p，而且说到 "q" 以及 "p" 和 "q" 的关系。从逻辑常项的角度说，"$p \rightarrow p$"、"$p \vee \neg p$" 和 "$p \wedge q \rightarrow p$" 这几个重言式的特征是由其中的联结词"$\rightarrow$""$\neg$""$\vee$""$\wedge$"显示的，这也是这几个表达式的逻辑特征。它们表示了 p 和 q 等句子之间的关系，仅此而已。所以维特根斯坦说："重言式是一些句子的共同的东西，这些句子没有任何共同的东西。" (5.143) 比如以下三个句子："这个球是白的或不是白的"，"这个人是高个或不是高个"，"这个苹果好吃或不好吃"。它们所说的分别是某球、白色，某人、高个，某苹果、好吃，等等。这些东西是完全不同的，因此这些句子没有任何共同的东西。但是它们都表达了 "$p \vee \neg p$" 这样一个重言式，因而这个重言式是它们共同的东西。也就是说，人们说的总是"这个球是白的或不是白的"，"这个人是高个或不是高个"，"这个苹果好吃或不好吃"等等这样的句子，而不是 "$p \vee \neg p$"。但是在人们这样说的过程中，却会显示出 "$p \vee \neg p$" 这样的东西。这样，我们也就可以理解维特根斯坦前面的说明。重言式或逻辑形式这样的东西是在语言中表达出来的东西，而不是人们通过语言表达出来的东西。它们是在句子中显示出来的东西，是由句子揭示出来的东西。因此它们是可显示的，而不是可说的。

综上所述，逻辑常项或由逻辑常项所显示的逻辑形式是不可说的。这样，我们至少看到两个结论，一个结论是：伦理是不可说的。另一个结论是：逻辑是不可说的。但是，从以上分析其实已经可以看出，虽然它们都是不可说的，却是有根本区别的。伦理是不可说的，这是因为世界上没有像价值这样的东西。逻辑也是不可说的，却是因为它们是显示出来的东西。换句话说，世界上没有价值这样的东西，却不是没有逻辑形式这样的东西。只不过逻辑形式不是说出来的东西，而是显示出来的东西。世界上有这样的东西，只不过它们是显示出来的。我想，大概正是在这种意义上，维特根斯坦才强调，"的确有不可说的东西，它们显示自己，它们是神秘的东西"(6.522)。也就是说，这里所谓神秘的东西绝不是指伦理学这样的东西，而是指逻辑形式。① 维特根斯坦所做的工作则是揭示这神秘的东西。

2. 世界的结构

以上我们只分析了维特根斯坦说的"不可说"这个结论。现在需要考虑的是它对于全书的意义。首先让我们重复维特根斯坦在《逻辑哲学论》中的基本思路：

---

① 关于维特根斯坦所说的"神秘的东西"，人们有许多不同的理解，甚至包括"绝对的善"和"绝对的美"这样的"绝对价值"(比如参见韩林合：《〈逻辑哲学论〉研究》，商务印书馆2000年版)。我的解释只限于《逻辑哲学论》，而且不在这里展开讨论。

世界—事实—思想—句子—真值函项—句子的普遍形式。

可以看到,这条思路反映了维特根斯坦论述问题的过程,也体现了他所探讨和论述的问题。其中最主要的就是"世界—事实—思想—句子"。显然,这条思路并没有"不可说的"这个结论。如果加上这一结论,则可以看出,有关"世界—事实—思想—句子"的这些论述必然与这一结论相关。无论是通过对事实等等的探讨而达到不可说的这样的结论,还是通过对不可说的这样的结论来达到对事实等等的说明,这一结论与书中的核心论述一定有十分重要的关系。前面我们已经说明,维特根斯坦所谓"不可说的"主要指的是逻辑形式。因此,这里的问题也可以具体表达为:逻辑形式与书中核心问题的关系。下面我们就围绕这一关系来探讨维特根斯坦的思想。

为了更清楚地说明维特根斯坦的思想,我们写下书中这前四个主要部分的第一句话:

1. 世界是情况所是的那样。
2. 情况所是那样,即事实,是事物状态的存在。
3. 事实的逻辑图像是思想。
4. 思想是有意义的句子。

这里的思路可以看得十分清楚:从世界出发,过渡到事实,再从事实过渡到思想,最后从思想过渡到句子。这就是为什么我们说维特根斯坦的论述是从世界出发。但是,如果再仔细一些,其实可以看出,1 实际上包含着事实。这在 2 中表现得再明白不过了,因为"情况所是的那样"就是"事实"。即使不考虑 2,书中的第二句话也明确地告诉我们:"世界是事实的总和,不是事物的总和。"(1.1)也就是说,从书中的第二句话开始,事实就作为一个核心概念出现,成为讨论的重点。这说明,维特根斯坦关于世界的论述从一开始就是与事实紧密联系在一起的。在我看来,实际上也可以认为,维特根斯坦从世界出发,但是在关于世界的论述中,他却是从事实开始,或者他是以事实为出发点来论述世界的。

在接下来的两部分中,他论述的是:

5. 句子是基础句的真值函项。/(基础句是其自身的真值函项。)
6. 真值函项的普遍形式是:$[\bar{p}, \bar{\xi}, N(\bar{\xi})]$。/这就是句子的普遍形式。

显然，这两部分是专门的逻辑论述。同时也表明，逻辑的论述是从句子出发的。如果把这两部分与前面四个部分联系起来，则可以看出，从事实出发，过渡到句子，就可以对句子进行逻辑探讨。而涉及逻辑的专门探讨竟然有两部分，足见这些论述的重要。因此我们可以明白，维特根斯坦关于逻辑形式的论述是非常重要的，当然，他关于逻辑形式的"不可说"这一结论是非常重要的。只是在进行这样的论述和得出这样的结论之间，有一个从事实到句子的过渡。看清楚这个过渡，其实也就看清楚了维特根斯坦的思路。说到底，维特根斯坦在逻辑的背景下探讨世界，所选择的出发点正是事实。

事实与思想相关，思想与句子相关，因而事实与句子相关。事实与逻辑是不同的东西。在事实层面上，大概很难进行逻辑探讨。但是在句子的层面进行逻辑的探讨就比较容易，而且可以通过这样的探讨对事实做出一些说明，从而说明世界。实际上，维特根斯坦的这一思想在第一部分就已经出现了。他说："逻辑空间中的事实就是世界。"(1.13)字面上看，事实处于逻辑空间中，这既说明了事实与逻辑的关系，也显示了事实与逻辑的区别。正由于事实与逻辑有这样的关系，逻辑无疑也是世界中的。如果把第一章看作导论，那么这就是导论中涉及逻辑的唯一的一句话，它从事实的角度出发简要说明了逻辑的主要特征以及它与事实之间的关系。现在从前面的分析又已经知道，逻辑关系是显示出来的，却是不可说的。由此则可以看出，世界是事实的总和，因此事实是清楚的，是可说的。由于事实处于逻辑空间之中，它们相互之间一定具有逻辑关系。但是逻辑关系是不可说的，它们只是显示出来的。因此，维特根斯坦对这种不可说的东西的论述实际上是对事实的逻辑空间的论述。明确了这一点，就应该具体地看一看这逻辑空间究竟是怎么一回事。

关于事实所构成的逻辑空间，维特根斯坦在第三章有非常直观的说明。他认为：

一个句子决定一个逻辑空间的位置。这个逻辑位置的存在是仅由组成部分的存在、由有意义的句子的存在保证的；(3.4)

虽然一个句子只能决定逻辑空间上的一个位置，但是这样必然就由这个句子给出整个逻辑空间。/否则，通过否定、逻辑和、逻辑积等等，就总会在坐标上引进新的因素。(3.42)

想到世界是事实的总和，我们的头脑里就会出现一个由事实构成的世界。想到与事实相对应的是句子，事实是由句子表达的，我们就会想到一个与事实构成的世界相对应的由句子构成的集合体。在这种情况下，维特根斯坦的这两段说明没有什么理解的问题。尤其是这里明确提到"否定"、"逻辑和"、"逻辑积"等等，它们指的都是句子联结词。依据这些联结词,句子可以形成各种不同的新的组合。看到这样的组合及其延伸,大致可以想到由句子所构成的整个句子集。联系与此相对应的世界,这里,除了句子所表达的具体的事实以外,显然还有一种句子之间构造起来的空间结构。句子所表达的是事实,但是句子之间的关系,即这些联结词所体现的东西,却不是事实。按照维特根斯坦的说明,这是一个空间结构,句子占据的是逻辑位置,句子的组合构成逻辑空间。因此也可以说,整个逻辑空间是由句子给出的。我想,也许正是在这种意义上,这里所强调的"有意义的句子"值得我们注意。这清楚地说明句子与体现逻辑空间的那些东西的一个重要区别。句子是有意义的,而联结句子而形成逻辑空间的那些东西是没有意义的。由此也可以看出,虽然逻辑空间没有意义,但是构成逻辑空间的句子是有意义的。这样,由句子构成的整个世界也是有意义的。

但是,维特根斯坦在第五章对句子也有比较抽象的说明。比如他认为:

> 句子是基础句的真值函项;(5)
> 所有句子都是对基础句做真值运算的结果;(5.3)
> 否定、逻辑和、逻辑积,等等,都是运算。(5.2341)

这明显区别出两类句子,一类是基础句,另一类是由基础句构成的句子。它们之间的关系也说得十分明确,即真值函项或真值运算。也可以说,句子由基础句的构成方式是运用否定、逻辑和、逻辑积等等联结词进行联结。今天,这些都是一阶逻辑的基本内容,对于我们来说也已经是常识,因而没有什么理解的问题。但是在当初维特根斯坦做出这样论述的时候,它们却不是那样显然。我想,即使在今天,对于不熟悉一阶逻辑的人来说,理解维特根斯坦的这些思想,大概也不是没有困难的。因此,还是可以再说一说的,尤其是把它们与维特根斯坦关于逻辑空间的论述结合起来。

逻辑最主要的特征是由逻辑常项显示的。在句子部分,这就是句子联结词。比如维特根斯坦所说的否定、逻辑和、逻辑积等等这样的运算。因此句子与句子联结词的区别是十分重要的。从逻辑的角度说,一个句子联结词是由句子构成的函数,它的表现形式也是一个句子,即一个由它与它所联结的句子所组合而成的句子。因此就有两种句子,一种是含句子联结词的句子,另一种是不含句子联结词的句子。前者是维特根斯坦所说的句子,后者就是他说的基础句。句子有真值,一个含句子联结词的句子的真值是由其构成部分的句子的真值决定的。所以人们说句子联结词是一种真值函项(或函数),句子逻辑也是一种真值函项逻辑。在这样一种知识背景下,理解维特根斯坦的上述关于句子的论述是没有什么问题的,而且,理解他的许多更详细的论述也不会有什么问题。因此我们还是来考虑他关于逻辑空间的论述。

从逻辑的考虑出发,句子是无穷多的。句子联结词是有限的,但是这些有限的联结词的构成能力是无限的。也就是说,由基础句所构成的句子是无穷多的。当维特根斯坦把句子与事实对应起来而提出对世界的说明的时候,他的这些看法显示无遗。比如他说:

> 最简单的句子,即基础句,断定一个事态的存在;(4.21)
> 基础句的真值可能性即事态存在或不存在的可能性;(4.3)
> 句子是与基础句的真值可能性一致和不一致的表达式;(4.4)
> 句子借助一种逻辑构架来构造一个世界。(4.023)

这些论述清楚地表明,事实是由句子表达的,从真假的角度可以考虑表达事实的句子相互之间的关系,而且句子不仅构成世界,而且这种构成表现为一种逻辑构架。由于句子表达的是事实,因而也就表明,事实构成世界,而且这种构成表现为一种逻辑构架。我认为,这也就是维特根斯坦所说的逻辑空间。

在这里,我认为有必要强调维特根斯坦所得出的句子的普遍形式。对此他有两种说法。一种是比较直观的说法:

> 句子普遍形式是:处于如此这样的情况。(4.5)

还有一种是比较技术性的说法,即前面援引过的一句话,

> "真值函项的普遍形式是:$[\bar{p}, \bar{\xi}, N(\bar{\xi})]$。/这就是句子的普遍形式"。(6)

根据维特根斯坦的解释,后一种说法的意思是"每个句子都是对基础句连续做 $N(\bar{\xi})$ 运算的结果"(6.001)。基础句和运算的区别主要体现在句子联结词上,因此这种所谓句子的普遍形式包含了对句子和句子联结词,以及它们之间的相互关系的说明。相比之下,前一种说法的意思就不是这样清楚,而且似乎有些模糊。但是按照维特根斯坦的说法,"假定给我所有基础句,就可以直截了当地问:我从它们能构成哪些句子? 那就是所有句子,而且这样就给它们划了界限"(4.51)。也就是

说,从基础句可以构成所有句子。这样,"处于如此这样的情况"这种比较模糊的说法实际上是想包含对基础句、由基础所构成的句子以及构成方式的说明。这种说法之所以含糊,大概也恰恰是由于基础句、由基础句构成的句子以及这种构成之间存在着十分重要的区别。含糊归含糊,句子的普遍形式大概总是要得出来的。因为维特根斯坦想得到的是一种具有普遍性的说明,而这种普遍性的说明主要是围绕着句子做出的。正像维特根斯坦所说:"逻辑句子描述世界的构架,或者说得更确切些,是表现它。……如果我们知道了任何一种符号语言的逻辑句法,那么就已经给出了一切逻辑句子。"(6.124)同弗雷格和罗素一样,维特根斯坦知道一种逻辑句法。因此,当他用这样一种逻辑句法来分析世界的时候,别的不说,他至少要揭示句子的普遍形式。换句话说,为了追求普遍性的结论,他必须要为句子提供一种具有普遍意义的解释。

　　世界是不是由事实构成的,是可以置疑的。事实与事实之间是不是形成世界的逻辑空间,也是可以批评的。世界的界限是不是就是我们的语言界线,因而世界的结构是不是就是我们的语言结构或句子的逻辑构架,同样是可以探讨的。但是维特根斯坦的分析和说明绝不是没有道理的。尤其是,他关于句子与句子联结词的区分,以及基于这种区分而对基础句和一般句子的区别,并由此而对事实和逻辑空间的说明,以及由此而提出的对世界的说明,不仅是比较清楚的,而且确实是具有开创性的。由此我们也可以看出,他说的逻辑的"不可说"与其他东西比如伦理的不可说,是有根本区别的。逻辑的不可说,固然因为在世界中没有与它相对应的东西,但是逻辑却是在世界中显示出来的。它显示为事实之间的一种结构、一种构成,因而是属于世界的。看到这一点,也就不难理解,为什么维特根斯坦告诫我们,人们"必须超越这些句子,才能正确地看世界"(6.54)。维特根斯坦相信自己做到了这一点,但是他绝不会相信,当然也不认为别人也做到了这一点。我认为,在这种意义上,他的结论,即"凡是不可说的东西,必须对之沉默",即使在今天也依然意味深长。

3. 事实与句子

　　从以上讨论可以看出,世界是由事实构成的,而语言是由句子构成的。语言与世界相对应,句子与事实相对应,句子之间的关系与事实之间的关系相对应。句子之间有逻辑关系,维特根斯坦揭示了这种关系,同时说明,它们在世界中是可显示的,却不是可说的。由此不仅说明逻辑与事实的不同,而且说明逻辑句子展示出世界的架构。这样,维特根斯坦就对世界提出了一个解释模式,这就是通过对语言的逻辑分析而对世界做出说明。

以上我们的讨论主要集中在"不可说"和世界的结构上,虽然这也可以体现语言层面的东西和世界之中的东西之间的关系,因而体现逻辑和世界的关系,但是毕竟没有直接讨论维特根斯坦关于语言的论述。这主要有两个原因。其一是因为维特根斯坦的许多名言如今已经成为老生常谈,比如"句子的总和就是语言"(4.001),"我的语言的界限意谓我的世界的界限"(5.6),"逻辑充满世界:世界的界限也是它的界限"(5.61),等等。因此我认为,在讨论维特根斯坦思想,尤其是《逻辑哲学论》的过程中,这些论述是自明的。它们可以很自然地成为以上讨论的背景框架。或者,在以上讨论中我们可以很自然地联想起这些论述。其二是因为这些论述是维特根斯坦的一些结论,而不是具体的论证。无论是考虑前面提出的"世界—事实—思想—句子"的思路,还是考虑"凡是不可说的东西,必须对之保持沉默"这个结论,都无法直接理解它们。也就是说,不理解具体的论证过程,这些论述虽然字面上是清楚的,却不是完全可以理解的。因此我更重视得出这些论述的具体过程。在我看来,人们可以赞同这些论述,也可以反对这些论述,但是若想对它们做出恰当的评价,理解具体的论述过程是十分重要的。

在通过语言对世界做出说明的过程中,事实和逻辑空间的区别不仅是重要的,也是维特根斯坦说明中的一个要点。实际上,当他在第一部分引入"逻辑空间中的事实就是世界"这一命题的时候,不仅表达了它们之间的区别,而且已经蕴含了它们的区别。如果说那里的这种表达还仅仅停留在字面上,那么书中的具体论述则具体揭示了其中的区别,而"不可说"显然是一个非常重要的区别。以上讨论表明,这样的区别基于对逻辑的认识,包括对逻辑常项、逻辑形式,甚至更为具体的句子联结词这样的东西的认识。用维特根斯坦的话说,这里有一般句子和基础句之间的区别。而用我们今天的话说,这里涉及复合句和原子句的区别。与维特根斯坦所说的事实相对应的,正是基础句或原子句。因此,通过维特根斯坦的视野和解释模式,我们不仅看到了与世界相对应的语言,而且看到了与事实相对应的基础句,或者像维特根斯坦更经常所说的句子。事实是构成世界的基本要素。同样,句子是构成语言的基本要素。这样,在维特根斯坦对世界的说明中,事实和句子的对应关系就具有至关重要的作用。从维特根斯坦的思路可以看出,事实是说明世界的出发点,在对世界的说明过程中具有核心的作用。在这种意义上,以上讨论对于理解维特根斯坦的思想还不够充分。这是因为,说明句子与句子联结词之间的关系,因而说明事实与逻辑空间之间的关系固然重要,但是这并没有涉及对事实本身的讨论。在我看来,对于事实与句子的关系的论述,不仅在维特根斯坦的思想中至关重要,而且对整个分析哲学产生了非常重要的影响。因此,对这方面的论述是绝对不能忽视的。下面我们就来探讨与事实和句子相关的问题。

维特根斯坦有关事实和句子的探讨贯彻全书,在有限的篇幅内我们的论述不可能面面俱到。我认为,"世界—事实—思想—句子"是维特根斯坦论述的主要思路,而在围绕"事实—句子"的论述中,他有两个比较清楚的角度。一个是句法的角度,另一个是语义的角度。因此我们可以从这两个角度来进行探讨。

维特根斯坦对句子的句法有明确地说明。他说:

> 我把基础句写成具有"fx","φ(x,y)"等等形式的名字的函项。/或者我用字母 p、q、r 来表示它们。(4.24)

由此可见,句子有两种形式。一种是"fx"或"φ(x,y)"这样的形式,另一种是 p、q、r 这样的形式。后一种形式表达的是通过句子联结词构成复合句的句子,用我们今天的话说,就是句子变元。这种形式是把句子表达为一个整体,而没有表达句子的内部结构。前一种形式则不同,它表达了句子的内部结构。维特根斯坦给出的两种形式则表达了一元谓词和二元谓词这两种最基本的形式。站在一阶逻辑的立场上,理解维特根斯坦所说的这两种句子形式没有什么困难。如果由此进行分析,则还可以批评他,即认为他的说明是有问题的。因为后一种形式是完整的句子,而前一种形式并不是完整的句子。也就是说,p、q、r 是句子形式,而"fx"和"φ(x,y)"并不是句子形式,因而,维特根斯坦对句子基本形式的表述是有问题的。这样就应该问:为什么会出现这样的问题呢?

这里的问题涉及"fx"和"φ(x,y)"的含义。以"fx"为例。"f"是一个谓词符号,表达一事物具有的一种性质,"x"则是一个个体变元符号,表达任一事物。正由于这种表达的任意性,它并不确切地指某一个具体的事物或对象。因此也可以说,它只表示一个空位,尽管这只是个体的东西的位置。也正是由于这个空位,我们才说"fx"不是或不表示一个完整的句子。这样,认为它是句子就会有问题。

与 x、y、z 等等这样的个体变元符号相对应的是 a、b、c 等等这样的个体常元符号。它们表示具体的个体对象,比如,"fa"中的 a 一定表示一个有明确指称的具体对象,或者说,它一定是一个特定对象的名字。直观上就可以看出,"fx"不是句子,因为其中有一个 x 指示的空位。而当 a 这个名字占据或填充了 x 所指示的这个空位以后,这相当于把 a 对 x 进行代入,这个空位没有了。因此,"fa"是一个句子。

与 x、y、z 等等这样的个体变元符号相关的是"∀"和"∃"这两个量词符号。有了这样的符号,就表明了个体变元的范围,因而形成句子。比如"∀xfx","∃xfx"。因此,虽然"fx"不是句子,但是含有它的"∀xfx"、"∃xfx"却是句子。

明确了以上区别,也就可以理解,"fx"和"fa",和"∀xfx"与"∃xfx"也是有区别的。如果说句子(基础句),似乎应该说"fa",或者"∀xfx"或"∃xfx",而不应该说"fx",因为"fa"、"∀xfx"和"∃xfx"是句子,而"fx"不是句子。但是,"fa"虽然是句子,却不表示任意的句子,而是表示一个特定对象的情况的句子。这样,它似乎不符合维特根斯坦要达到的关于普遍性的论述。"∀xfx"和"∃xfx"无疑是句子,问题是,它们是不是符合维特根斯坦关于基础句的说明。

维特根斯坦认为:

> 全称性符号的独特之处在于:第一,它指示一种逻辑的元图像,其次,它突显了常项;(5.522)
> 全称性符号是作为自变元出现的。(5.523)

这些看法十分清楚地说明了量词的性质和特征,无疑是正确的。这里的意思是显然的,用不着解释。值得注意的是"元图像"和"常项"这两个说法。说到常项,我们可以立即联想到句子联结词这样的东西。也就是说,量词在某种意义上与它们是相似的东西。在这种情况下,如其所述,量词也是显示出来的,而不是可说的。因此,量词所表达的就不是与基础句相应的东西了。维特根斯坦则明确地说:"一个得到全称概括的句子,如同其他任何一个句子一样,是复合构成的。"(5.5261)就是说,含有量词的表达式不是基础句。因此可以理解,在论述基础句的时候,为什么维特根斯坦不考虑量词表达式。这样,我们还需要考虑的则是维特根斯坦关于"fx"作为基础句的说明。

从维特根斯坦的论述来看,"fx"和"fa"肯定是有区别的,而且他对这种区别的认识也是清楚的。比如,他说,"'fa'这个句子显示,在其意义中有对象 a 出现,'fa'和'ga'这两个句子则显示,在二者中谈论的是同一个对象"(4.1211)。这里,他用 a 表示对象,而不用 x 表示对象。用 a 之所以可以表示同一个对象,是因为 a 是个体常元,指称是确定对象的名字,指称确定的对象。如果这里用"fx"和"gx"来说明,那么字面上虽然都是 x,却无法说明它们是相同的对象。因为 x 是个体变元,而且在这里是自由的,没有任何限定。但是似乎在维特根斯坦看来,用"fx"这种方式也可以表达"fa",比如在他的论述中,fa 与 ∃x(fx∧x=a)的意思是一样的(5.441);aRb 与 ∃x(aRx∧xRb)或 ∃x∃y(aRx∧xRy∧yRb)的意思是一样的(4.1252,4.1273)。这里的区别似乎只在于,fa 这样的表达表现出逻辑常项的消失。如果说这样的论述尚不是十分明确,那么当他说"为了达到通常的表达方式,我们只须在'有一个且只有一个,其……'这个表达式之后说:而且这个 x 是 a"(5.526)的时候,则再也不会有什么疑问。这里所说的这个表达式恰恰是罗素所说的摹状词,它表示唯一性，指称的恰恰是一个具体的个体对象。这里，通常的表达方式是日常表达方式，我理解，这指的是一个与事实相应的句子。它的具体结构应该是"fa"。这里维特根斯坦给出的处理方式表明了对其中的 a 的处理，由此显示出其逻辑形式，也揭示了逻辑形式与一般句子形式的不同。因此维特根斯坦说："通过一些得到全称概括的句子，这就是说，不用从一开始就将一个名字归于某个特定的对象，人们就能够完整地描述世界。"(5.526)

不过，尽管 fx 和 fa 的区别是清楚的，但是在我们所提到的以 fx 说明 fa 的过程中，fx 总是与量词结合在一起使用的。而且，除了在 4.24 这里，维特根斯坦说到 fx 这样的基础句，并说"名字是简单符号，我用单个字母（'x'、'y'、'z'）指它们"外，几乎没有单独说到 fx 或以 fx 来说明 fa 的情况。这说明，在他有关个体对象的论述中，最主要的还是使用 fa 这样的方式或带有量词的方式，如 ∃x(fx∧x＝a)。也许，由于维特根斯坦把含有量词的句子看作复合句，因而他把量词句子中所包含的 fx 看作基础句。而且直观上看，fx 与 fa 似乎也是相应的。所以他用 fx 和 p、q 等等表示基础句。无论维特根斯坦是不是这样想的，因而无论我们这里的解释是不是有道理，把 fx 当作基础句毕竟不是没有任何问题的。

与句法相对应的是语义的考虑。在这方面，维特根斯坦的工作不仅明确，而且细致。其中类似于句子真值表的刻画大概是比较有代表性的成果。根据他的看法：

> 如果基础句是真的，那么事态存在；如果基础句是假的，则事态不存在；(4.25)
> 给出所有真的基础句，就把世界完全地描述了。给出所有基础句，同时再指出其中哪些是真的哪些是假的，世界就被完全地描述了。(4.26)

这些看法表明，一个句子有两个值，一个是真，另一个是假。因而一个句子可以是真的，也可以是假的。从句子的真假可以得到对句子所表达的事实的说明，从而得到对世界的说明。这些思想是清楚的，也是基本的，用不着再做更深入和详细的说明。但是需要注意的是，正是从这种语义的角度来看，以上关于基础句的句法说明是有问题的。p、q、r 等等是句子变元，本身具有真假，因而符合基础句的特征。而 fx 本身是一个函数符号，其中的 x 才是变元。由于 x 是一个自由变元，因而 fx 本身并没有真值。这样似乎就不能说 fx 是基础句。因此理解这里与基础句本身的结构相关的成分，特别是这里的 x，对于理解维特根斯坦的思想是至关重要的。

在我看来，这里有几方面的问题。一个是对逻辑的认识，另一个是从逻辑出发对句子的形式或结构的认识,还有一个是把这样的认识表述出来。维特根斯坦在前两方面大致没有什么问题。他的问题,如果确实是问题的话,大概是出在第三方面。直观上看,这样的表述似乎是一种疏忽。因为这里的个体变元使句子的真假出了问题,它实际上只是表示一个空位,并不表述一个确定的对象。它只是表示这里的位置是属于一个个体对象的。因此,如果 x 没有指称的对象,或者 x 指称的对象不存在,fx 就会没有真假。看到这一点,就可以想到,如果把这里的个体变元 x 改为个体常元 a,即以 fa 表示基础句,维特根斯坦的表述就没有任何问题。同样,如果维特根斯坦在这里用 x 是表示 a 这样的个体常元,应该说,他的表述也会是没有什么问题的。因此,这里的问题并不是微不足道的,而是有重要意义的,因为它涉及逻辑的认识以及从这样的认识来解释世界的问题。

我比较倾向于认为,维特根斯坦在论述基础句这里用 x 表示个体常元。这是因为,如前所述,当他明确说以 fx 表示基础句的时候,他同时也说,"名字是简单记号,我用单个字母('x'、'y'、'z')表示它们"(4.24)。这说明,他是想用个体变元表示个体的名字,也就是说,这些个体变元符号在这里实际上是起个体常元的作用。我之所以强调"在论述基础句这里"是因为,在其他地方,维特根斯坦对个体变元 x 和含个体变元的表达式则有不同的表述。比如他认为,"每一个变元都是一个形式概念的符号"(4.1271);"'x'这个变元名字是对象这个伪似概念的特有符号"(4.1272)。从这些论述显然无法认为 x 是个体常元的表述,尤其是当它与"对象"这个概念联系起来的时候,它指称的不确定性显示无疑。因为这样的对象并不是专名指称的对象,而是如同维特根斯坦所说那样的与"东西""事物"相似的表达物。所以,看到维特根斯坦以"(∃x,y)……"这样的表达式来表达"有两个对象,其……"这样的句子(4.1272),我们觉得是很自然的。在这样的表达中,我们看到的是与量词结合在一起的个体变元,而没有看到脱离量词的个体变元,也没有看到个体常元。当然,我们也不会把这里的 x、y 看作个体常元。又比如,维特根斯坦认为,"基础句确已包含了一切逻辑运算。因为'fa'与'(∃x).fx.x＝a'所说的是相同的"(5.47)。这里则可以清楚地看出,基础句是由"fa"表述的。虽然 fa 与"(∃x).fx.x＝a"表述的相同,但是"fa"是"(∃x).fx.x＝a"所包含的运算,因而"(∃x).fx.x＝a"不是基础句。在后者的表达中,个体变元 x 恰恰是与量词结合在一起使用的,因而形成 fx 与 fa 的区别。此外,从"(x).fx"可以推出"fa"(5.1311),这里涉及全称量词,与前面所说的存在量词不同。但是也可以看出,个体变元 x 也是与量词结合在一起使用的。由此也说明,fx 与 fa 是有区别的。

既然这样,人们可能会问,为什么维特根斯坦不直接用"fa"来做基础句呢?想表达个体事物的名称,即个体常元,却又使用个体变元再加上一些解释,这样做难道不是给自己找麻烦吗？我认为，这大概与维特根斯坦关于句子的普遍形式的论述有关。他说的句子的普遍形式是"$[\bar{p}, \bar{\xi}, N(\bar{\xi})]$"，其中的"$\bar{\xi}$"是一个变元，括号表示它的值域。这样这个普遍形式既可以表达命题表达式的所有形式，也可以表达谓词表达式的所有形式。而表达谓词表达式的形式一定要涉及量词。在这种情况下，使用"fa"这样的常元固然可以在一定程度上表达谓词结构，但是无法真正揭示谓词的性质，也无法表达量词；而使用"fx"这样的函项不仅可以揭示谓词的性质和表达量词，而且也是比较自然的：弗雷格就是这么做的，罗素也是这样做的。维特根斯坦虽然在许多地方对弗雷格和罗素提出批评，而且也看得出，在许多地方他都有自己独特的观点，因而表现出与弗雷格和罗素的不同，但是在表示句子的普遍形式时，尤其是在表示量词这一点上，他也只能学习和接受弗雷格和罗素的成果，否则就无法说明量词的逻辑性质。因此在这样的句子的普遍形式的背景下，维特根斯坦当然不会希望他对基础句的说明会与句子的普遍形式相悖。

但是我这样看，并不排除也有一种可能性，即维特根斯坦忽略了 x 和 a 在这里可能会造成的差别。因为从真值出发，一个句子有真假，是显然的，而一个句子的真假是由句子中所含的专名所指称的对象决定，也是显然的。但是这样的情况并不是绝对的。比如当句子含有一些涉及人称、时间、地点等索引词的时候，句子中的专名或摹状词所指称的对象可能会发生问题，因而造成句子的真值发生问题。这样的问题，不仅弗雷格和罗素考虑过，后来许多逻辑学家和哲学家都考虑过，而且今天许多人依然在考虑。因此，从逻辑的角度看，在揭示句子结构的时候，在涉及对句子的真假解释的时候，个体变元和个体常元的区别不仅很大，而且十分重要。我之所以说有这样的可能性，是因为维特根斯坦的表述中存在问题，因而使我们可以提出这样的疑问。但是究竟维特根斯坦是不是有认识层面的问题，这里我不做深入探讨，而是仅仅假定，他在认识层面上没有什么问题，他的问题只是表述层面上的问题。

从这样一个前提出发，就可以看出，句子中重要的成分是表示个体的要素，即个体符号。个体符号的不同会造成所表达的东西的差异。由此也可以看出，在维特根斯坦关于句子的论述中，个体符号所表达的东西是十分重要的。由于在论述基础句这里，维特根斯坦用个体变元表示名字，因而当个体常元来用，所以，他说的基础句实际上是 fa，而不是他字面上所说的、人们通常所理解的 fx。从句子的角度说，fa 与 fx 的直观区别主要在于 fa 有真假，而 fx 可以没有真假。在这种意义上，维特根斯坦所说的 fx 和 p、q、r 这样的句子一样，是有真假的，因而其中的变元 x 所表达的就不仅仅是一个空位，而必须是有明确指称的东西。否则，fx 就不会有真假。举一个例子。前面曾经说过，维特根斯坦认为，fa 这一句子显示，在其意义中有对象 a 出现，而 fa 和 ga 这两个句子则显示它们谈论的是同一个对象。如果把这里的 fa 换成 fx，他的说明就会有问题，因为 fa 和 ga 这两个句子确实表明它们说的是同一个对象，但是 fx 和 gx 却不会表明它们说的是同一个对象。同样，fa 和 ga 有真假，但是 fx 没有真假。由此可以清楚地看出个体变元和个体常元的区别。

4. 个体对象与事实

从把 x 用作表示个体对象的名字，因而以 fx 表示基础句这样的理解出发，可以看到一个清晰的思想：句子有真假，与句子相应的是事实，因此事实也有真假。看到了句子的结构，实际上也就看到了构成事实的要素，由此也就可以理解，在维特根斯坦所说的事实中，最基本的要素是个体事物。在我看来，这是理解维特根斯坦思想的一个非常重要的视角。

首先，维特根斯坦所说的事实有一个结构，其中最主要的要素就是个体。从这样一种结构来理解，维特根斯坦所说的事实是关于个体事物的表达，而不是关于类的表达。也就是说，"凡人皆有死"这样的句子就不表达事实。因为这里的"人"表达的不是个体事物，而是类。从这样一种看法出发，就不难理解维特根斯坦关于个体对象的那些论述。比如：

> 事态是对象（物、事物）的一种结合；(2.01)
> 能成为事态的构成部分，是事物的本质；(2.011)
> 对象包含着一切事况的可能性；(2.014)
> 对象是简单的；(2.02)
> 对象是固定的东西；(2.0271)
> 对象在事态中相互联系的方式就是事态的结构。(2.032)

在这些论述中，"简单的""固定的"等等这样的性质无不明确表明了个体事物的特征。因此用不着过多的解释。这里我仅以"对象包含着一切事况的可能性"这句话为例，尝试理解维特根斯坦的论述。按照我们的理解，这里的"对象"指的是个体事物。用维特根斯坦给的例子来说，我的眼睛看到一个斑块，这个斑块是一个具体的对象，它是自身独立的东西，它的事况却可能会是多样的。比如，它是红色的，这可以是一种可能性，它有一个巴掌大，这也是一种可能性，它是凹凸不平的，这还是一种可能性，此外，它可能还会有其他一些可能性，如周围是绿色的，或者边缘是不清晰的，等等。因此，这个斑块包含了一切事况的可能性。我们自己再随便举一个例子。姚明也是一个个体事物。他身高 2.24 米，现在在美国 NBA 打球，如此等等，所有这些都是他的事况,因此他包含所有这些可能性。推而广之,一个对象包含着与它相关的一切可能性,所有对象就包含着与所有对象相关的可能性。一个对象的一种可能性是一个事实,所有事实就是世界。这里可以看出,在维特根斯坦的心目中所谓事实指的是什么。因而也就可以理解,为什么他会说,"一个句子只能说一事物是怎样的,而不能说它是什么"(3.221)。这是因为,以上所说的事况,以及由此形成的事态,都表明一事物是怎样的,而这些则是组成世界的事实。但是像"姚明是人"或"姚明是理性动物"这样的句子,也就是说,像哲学中关于"是什么"这样的表述,在维特根斯坦那里似乎与事实是不相关的。

其次,事实有真假。事实是关于世界的。但是这样的事实不是随意的,其最主要的特征就是它们有真假。由于事实有真假,因此事实中最主要的要素——对象——不仅与真假相关,而且在决定真假的过程中起着至关重要的作用。关于这方面,维特根斯坦有许多正面的论述。比如他说:

> 事实的逻辑图像就是思想;(3)
> 真的思想的总和就是一个世界的图像;(3.01)
> 基础句的真之可能性意谓事态存在和不存在的可能性;(4.3)
> 基础句如果是真的,则事态存在;基础句如果是假的,则事态不存在;(4.25)
> 给出所有真的基础句,就把世界完全描述了。(4.26)

这不仅说明事实有真假,而且还在句子与事实的关系的基础上,从句子的真假出发说明事实,从而从句子的真假出发达到对世界的说明。这里虽然没有提到个体对象,因而没有对个体对象的说明,但是提到事实,实际上就已经包含着对个体的论述。而且由于明确提到基础句,因此 fx 这种基础句就会立即出现在我们的面前。也就是说,对事实真假的考虑实际上依赖于对个体事物的考虑。这也就是为什么前面我们特别强调,作为基础句的 fx 中的 x 一定不能是个体变元。

除了正面说明外,维特根斯坦还有反面的论述。比如他认为:

> 对象构成世界的实体;(2.021)
> 如果世界没有实体,那么一个句子有没有意义就要取决于另一个句子是不是真的了;(2.0211)
> 如果这样,要勾画出一副世界的图像(真的或假的)就是不可能的。(2.0212)

所谓一个句子的意义取决于另一个句子的真假,这肯定不是指基础句,因此这一问题留到下面考虑。这里我们只考虑与基础句相关的东西。

"实体"无疑是传统哲学的一个术语。它不仅是一个基础性的概念,也是一个重要概念。维特根斯坦沿用了这个术语,但是没有做出什么解释。因此我们可以认为它的意思是自明的。维特根斯坦把对象看作"世界的实体",不仅说明他对对象的重视和强调,而且也表明他赋予它一种独特的意义。特别是,没有对象,就不能勾画世界图像,因而也就不可能形成事实,因而也就不会有真假。由此可以看出,对象的重要性至少在于保证我们勾画世界的图像,换句话说,就是保证事实有真假。这样的论述可以使我们很自然地想起弗雷格关于句子真值的论述:句子的意谓是由句子部分的意谓决定的,因此,句子的真假是由专名所指称的对象决定的。在对象与真假的关系上,维特根斯坦和弗雷格的看法显然上一样的。

再次,事实之间的结构也有真假。所谓一个句子的意义取决于另一个句子的真假,这不是指基础句,因而没有考虑这一论述。从这一论述至少可以看出,句子之间也是可以有真假的。在这种情况下,一个直观的问题是,这样的真假与事实的真假有什么区别?这样的结构与事实的结构有什么区别?

这里实际上又说到前面已经讨论过的问题,即句子之间形成逻辑关系,由此事实构成世界的逻辑空间。逻辑关系是显示出来的,而不是可说的。我猜想,维特根斯坦的意思是说,我们可以说,比如,"这个斑块是红色的,这个斑块是凹凸不平的",而且,这也是可以看到,可以感觉到的。它们是两个事实,但是它们之间有一个逻辑结构,这就是"并且"。这个逻辑结构不是我们说的,它是显示出来的。因为它就在"这个斑块是红色的"和"这个斑块是凹凸不平的"这两个句子所表达的事实之间。确实,在日常表达中,像"并且"这样的联结词并不是总说出来的。但是,不说出来并不意味着它就不存在。比如"唱歌跳舞做游戏",这表面上是一个句子,实际上却是三个句子,即"唱歌""跳舞""做游戏",与之相应的是三个事实。也可以说,我们可以看到"唱歌",可以看到"跳舞",可以看到"做游戏",但是看不到它们之间的"并且"这样的逻辑结构。因为在世界中没有"并且"这样的东西。但是"唱歌""跳舞""做游戏"这三个事实之间可以显示出这样一种关系。

这里,我们可以重提前面说过的重言式和矛盾式。重言式是永真的句子,矛盾式是永假的句子。它们是由基础句构成的,因此不是基础句。基础句表示事实,因此它们不表示事实。所以维特根斯坦说,"重言式和矛盾式不是实在的图像。它们不表现任何可能的事况。因为前者容许一切可能的事况,后者不容许任何可能的事况"(4.462)。这里的意思是显然的。用我们的例子来说明。"唱歌"可以是一个事实。而"唱歌或不唱歌"则是一个重言式。"唱歌"表达了一种可能的情况。但是,"唱歌或不唱歌"则没有表现任何可能的情况。因为它既表现了"唱歌"的可能性,又表现了"不唱歌"的可能性。所以,它与世界相符合的关系就"互相抵消"(4.462)了。正因为这样,重言式把"全部——无限的——逻辑空间留给实在"(4.463)。同样,"唱歌并且不唱歌"是一个矛盾式。它既排斥了"唱歌"的可能性,也排斥了"不唱歌"的可能性,所以它"占满全部逻辑空间,未给实在留下一点余地"(4.463)。

句子之间形成逻辑关系,因而句子表达的事实构成世界的逻辑空间。这里,一方面说明维特根斯坦所说的事实只是与基础句直接相关,另一方面也说明基础句和复合句之间存在着重大区别。而从后一种区别所得到的结果之一就是对逻辑的认识,即逻辑是显示出来的。以上关于重言式和矛盾式的论述固然是对这样的逻辑关系的说明,而从真假角度的说明也是很有意思的。

维特根斯坦认为,"重言式之真是确定的,句子之真是可能的,矛盾式之真是不可能的"(4.464)。显然,除了重言式和矛盾式以外,还有一类既不是重言式也不是矛盾式的句子,而且这样的句子也是有真假的。当维特根斯坦寻求句子的普遍形式的时候,"句子是基础句的真值函项"也是从真假的角度来说明的。显然,这一说明又涉及句子和基础句之间的关系。

众所周知,维特根斯坦在关于句子的普遍形式的说明中实际上提供了一个真值表。由于真值表如今已是常识,因此相关内容以及维特根斯坦这方面详细的论述我就不多说了。这里我只想说一点。在维特根斯坦看来,关于句子的语义说明与句法说明是等价的。比如,"(真真假真)(p,q)"是一个图示(5.101),它表明了 p 和 q 这两个基础句的一个真值函项。虽然维特根斯坦说它可以"用词来表示:如果 p,那么 q。(p⊃q)"(5.101),但是他也明确地说"它本身就是一个句子符号"(4.442)。也就是说,对于"如果 p,那么 q"这样的句子,我们也可以不这样表述,而说"(真真假真)(p,q)"。我强调这一点,目的主要并不在于说明维特根斯坦本人既有关于句法的论述,也有关于语义的论述,也不在于说明他对这二者之间的关系有比较明确的认识和清楚的论述。我的目的主要是想说明,能够提供语义与句法等价的看法并从语义的角度来说明句子的普遍形式,因而能够以真假来替代句子联结词,固然体现了维特根斯坦对逻辑常项和逻辑形式的深刻认识,但是似乎也可以说明为什么他会认为逻辑形式是显示出来的,而可显示的东西是不可说的。因为对于这样显示出来的东西,相应的句法形式并不是唯一的表述,也就是说,不用它们来表述也是可以的。

最后,量词。从以上论述可以看出,维特根斯坦论述了含个体词的句子,即基础句,也论述了复合句。站在今天的角度,我们自然会问,既然他论述了句子的普遍形式，那么关于量词他是如何论述的呢？前面在论述个体变元和个体常元的区别的时候，我们曾经谈到他认为"fa"与"(∃x).fx. x＝a"所说的是相同的，从"(x).fx"可以推出"fa"，"(∃x,y)……"表达"有两个对象，其……"这样的句子，等等。这说明他对量词不仅有认识，而且也是有论述的。那么在用量词来说明句子的时候，或者说，从量词出发来解释句子的时候，维特根斯坦是如何考虑的呢？

从前面的论述可以看出，虽然维特根斯坦也谈到全称量词，但是他更多谈论的是存在量词。这并不是我们在论述中有所选择，而是他实际上就是这样做的。如上所述，维特根斯坦得到的句子的普遍形式是：$[\bar{p}, \bar{\xi}, N(\bar{\xi})]$，这也是真值函项的普遍形式。他对涉及量词的解释是，"如果 ξ 的值是一个函项 fx 对 x 的所有值而具有的全部的值，那么 $N(\bar{\xi})=\sim(\exists x).fx$"（5.52）。这说明，存在量词是他思考的出发点。而且他还明确地说："我把所有这个概念与真值函项分开。"（5.521）我们知道，量词表达式不是真值函项表达式，因此与真值函项不同。但是，维特根斯坦这里绝不是指这种区别，否则对于存在量词的论述就无法交待了。因此，这只能表明，他把"所有"这种全称量词的表达方式排除在句子的普遍形式之外。在他看来，"如果一些对象被给出了，那么所有的对象从而也就被给出了"（5.524）。因此，通过存在量词是可以说明全称量词的。

一般来说，从表述规律的角度出发，人们似乎更愿意谈论全称量词，比如弗雷格就是这样做的。那么，为什么维特根斯坦主要谈论的却是存在量词呢？尤其是他谈论句子的普遍形式，难道不是在论述规律性的东西吗？

我认为，维特根斯坦的论述是与他的思路相关的。他的出发点是事实，与此相应的则是基础句。而对于这样含有个体词的句子或表达个体事物的事实来说，可能他认为存在量词更适合表述。比如在另一处谈到全称量词的地方他说："如果'$\sim(\exists x). \sim fx$'与'(x).fx'所说相同，或者'$(\exists x).fx. x＝a$'与'fa'所说相同，也会出现伪似的逻辑常项的消逝。"（5.441）这里可以清楚地看到两点。第一，可以用存在量词的方式来表述全称量词。第二，可以用存在量词的方式来表达"fa"。当然，也可以用全称量词的方式来表述存在量词，即"$\sim(x). \sim fx$"，因而用全称量词的方式来表达"fa"，即"$\sim(x). \sim fx. x＝a$"。从逻辑的角度说，这样的思考和表述是等价的，但是从对事实本身的角度出发，尤其是对其中起至关重要作用的个体事物的角度出发，这样的表述和思考就不是那样直观，也不太自然，至少不如以存在量词的方式来表述和思考那样直观和自然。

维特根斯坦的世界是一个由事实组成的世界。事实中最主要的东西是个体事物。一个事实就是一个个体事物是如何的，或者一个个体事物与另一个个体事物是怎样的。一个事实与另一个事实之间具有逻辑关系,事实之间的组合形成了世界的框架。因此,维特根斯坦的世界是一个呈现出个体事物的情况的世界。与传统的看法,即世界是由事物构成的相比,维特根斯坦的这种看法在根本上并没有什么太大的区别。但是他的解释则完全不同,这就是开创性。

许多人赞叹维特根斯坦是个天才。假如不考虑他那些天才的成分,一如前面的分析,我们可以看出,维特根斯坦关于世界的思考离不开他的知识结构。而在他的知识结构中,毫无疑问,逻辑是至关重要的。

第七章

意义理论

意义理论,或者说围绕意义的探讨,是语言哲学的核心,也是现代哲学中最重要的论题之一。有关文献非常多,形成的不同看法也非常多。其中,美国著名哲学家戴维森和英国著名哲学家达米特是比较有代表性的人物,影响也比较大。这里,我想主要围绕他们两个人的一些论述来探讨意义理论。当然,我们的探讨主要并不在于这个理论本身,依然是要围绕着逻辑与哲学的关系。从时间上说,戴维森的成名文章《真与意义》早于达米特的代表作《弗雷格的语言哲学》,而且戴维森的年龄也要大些,人又已经去世,因此似乎应该先讨论才是。但是达米特的思想是紧接着弗雷格的思想展开的,而前面我们也已经谈论了弗雷格的思想,戴维森的思想则主要基于塔尔斯基的思想,而且二人的成名时间差不了多少。因此下面我们先谈达米特,再谈戴维森。

1. 达米特的意义理论

1973 年,达米特发表了其代表作《弗雷格的语言哲学》。在这部著作中他多次谈到弗雷格的意义理论,并提出了一个基本框架。在这以后,他以《什么是意义理论?》为题发表了两篇文章,尤其是在《什么是意义理论?(Ⅱ)》(1976)中,他基于弗雷格的思想,详细阐述了他关于意义理论的看法。此后在一系列文章中,如《当我知道一种语言的时候我知道什么?》《语言与真》《真与意义》《语言与交际》等等,他不断深入探讨这一问题,并试图改进《什么是意义理论?(Ⅱ)》中的一些表述①,当然他在一些著作中也有关于意义理论的进一步探讨,比如《分析哲学的起源》《形而上学的逻辑基础》。在某种程度上甚至可以说,意义理论是达米特所讨论的最核心的论题。下面我们主要讨论他的意义理论框架,并由此探讨逻辑与哲学的关系。

达米特对意义理论在许多著作中有过许多论述,他对自己的看法也提出过一些修正。但是无论在什么地方,不管怎样修正,他关于意义理论的一个基本框架却是不变的。因此,为了理解他的意义理论,理解他的这个框架就是十分重要的。为了简便,我称他的这个意义理论框架为达米特框架。首先我们看他的一段话:

> 一种以真这个概念为其核心概念的意义理论将由两部分构成。这个理论的核心将是一种真之理论,就是说,对语言的句子的真之条件的一种明确的归纳说明。这个核心最好叫作"关于所指的理论",因为如果定理中有一些陈述陈述了在什么条件下一个给定的句子,或某一个特定的人在某一个特定的时间对一个特定的句子的表达是真的,那么支配个别的词的公理就把适当种类的所指指派到这些词。围绕着这个关于所指的理论将有一层外壳,形成关于涵义的理论:它将规定,通过把一个说话者的特殊的实际能力与关于所指的理论的一定命题相互联系起来,能够理解该说话者关于所指理论的任何部分的知识的本质所在。关于所指的理论和关于涵义的理论一起构成意义理论的一部分,而另一个补充部分是关于力量的理论。关于力量的理论将对一个句子的表达可能会有的各类约定俗成的意义,即对可能会受到这样一种表达影响的各种语言行为,比如做出一个断定,发出一个命令,提出一个要求等等,提供一种说明。这样一种说明将把句子的真之条件看作给定的:对于各类语言行为来说,它将提出一种关于一类语言行为的一致的说明,这类语言行为可能会受任意一个假定已知其真之条件的句子的表达的影响。②

---

① 参见 Dummett, M.: *The Seas of Language*, Clarendon Press, Oxford 1993, Preface。
② Dummett, M: What is a theory of meaning? (Ⅱ), in *Truth and Meaning*, ed. By G. Evans and J. McDowell, Oxford University Press 1976, p.74。

这里，达米特框架表述得十分清楚。一个意义理论主要由两部分构成，一部分是关于所指和涵义的理论，另一部分是关于力量的理论。前一个部分是意义理论的主体部分，后一个部分是它的补充部分。因此相对来说，前一个部分是意义理论最重要的部分。而这一部分又分为两部分，一部分是关于所指的理论，另一部分是关于涵义的理论，其中关于所指的理论则是基础性的。

达米特框架的理论来源是弗雷格的思想。达米特认为弗雷格的语言分析包括一种对语言的运作的分析，而"一种关于语言运作的说明乃是一种意义理论(theory of meaning)，因为知道被看作该语言部分的一个表达式如何起作用，就是知道它的意义"①。他认为，在他所说的意义(meaning)下，弗雷格区别出三种成分：涵义(sense)、调(tone)和力量(force)。涵义是句子中与真假有关的东西，调是句子中与真假无关的东西，力量是句子之外的东西，它可能与真假相关，也可能与真假无关。在这三种成分中，涵义是最为重要的。此外，在弗雷格的意义理论中还有一个重要的区别，这就是涵义(sence)和所指(reference)的区别。达米特认为，涵义是意义的一部分，而所指不是意义的一部分。"对于弗雷格来说，所指是意义理论——对语言如何起作用的说明——中所要求的一个概念，一如真这个概念是被这样要求的。但是，正像一个句子的真值一般不被理解为该句子的意义的一部分一样，一个词的所指一般也不被理解为这个词的意义的一部分。"②后来，达米特基于对弗雷格的意义理论的解释，进一步阐述了自己对意义理论的看法，形成了达米特框架。由于我们前面讨论过弗雷格的语言哲学，因此可以对照着来进行一些思考。在进行这样的思考之前，先做两点简要的史学意义上的说明。

一点是关于"Bedeutung"(意谓)的翻译。弗雷格关于涵义和意谓的区别在他的思想中是非常重要的。这个词的英译文一般是"reference"(所指)，它与弗雷格的原意是有很大差距的。关于这个英译术语，我曾经做过非常详细的讨论③，这里不再重复。以下在讨论达米特的意义理论的时候，关于弗雷格的所指理论可以联系前面关于弗雷格对意谓的论述来考虑。

另一点是关于"调"和"力量"的讨论。前面我们只讨论了弗雷格关于涵义和意谓的论述，没有提到他关于"调"和"力量"的讨论。达米特在论述弗雷格的意义理论的时候提到"调"和"力量"，但是后来专门探讨意义理论的时候却只讨论了"力量"，而很少讨论"调"。尤其是在达米特框架中，我们清楚地看到"力量"的位置，却

---

① Dummett, M: *Frege: Philosophy of Language*, p.83.
② 同上，p.84。
③ 参见王路：《弗雷格思想研究》，第 228-230 页。

看不到关于"调"的论述。我认为,弗雷格虽然谈到"调"和"力量",但是对它们的讨论并不多。涉及"调"的会是句子中的一些小品词,或一些表示倾向性的形容词,它们与句子的真假没有关系。比如在弗雷格看来,"这只野狗叫了一夜"与"这只狗叫了一夜"在真假的意义上是一样的,只不过前一句话中的"野"字表示了一种贬义。而涉及"力量"的会是句子之外的一些东西,比如雄辩、身份等等。在弗雷格看来,这样的东西与句子的真假一般也没有关系。因此弗雷格对它们讨论得非常少。达米特在论述弗雷格思想的过程中有自己的一些认识和考虑,因而强调弗雷格关于力量的论述。因此这里至少有两个问题。一个是关于弗雷格思想的解释的问题,即达米特的解释是不是符合弗雷格的思想。另一个是关于力量本身的问题,即达米特的论述本身是不是有道理。前一个显然具有史学意义。

从达米特框架来看,显然他基于弗雷格的有关思想。他把关于所指和涵义的理论看作是意义理论的主体,这一部分恰恰是弗雷格语言哲学中最主要的内容。而他把这两部分中关于所指的理论看作是核心,与弗雷格的论述也是完全一致的。前面我们说过,弗雷格的主要论述集中在句子的意谓上,围绕这一点他得出许多十分重要的结论。达米特的意思无异于说,弗雷格关于意谓(所指)的所有论述形成了意义理论最核心的东西,因此意义理论应该继承弗雷格关于所指的所有成果,并且以这些成果作为自己论述和发展的基础。在这种意义上说,意义理论最核心的东西显然与真相关。因为弗雷格关于所指的理论的核心概念是真。

值得注意的是,达米特在论述意义理论的过程中,也非常强调关于涵义的理论。在所指与涵义的区分中,涵义当然占有一席之地,而在涵义与力量的区分中,涵义也是至关重要的。比如达米特认为,"如果我们不熟悉弗雷格所引入对涵义和力量的区分,我们就根本无法想象怎样构造这样一个意义理论";而"如果我们把弗雷格对涵义/力量的分析运用于句子,我们会认为句子分为两个部分,一部分传达句子的涵义(思想),另一部分暗示着赋予这个句子的力量,如断定、质问、祈求等等"。① 在达米特看来,涵义和力量的区分主要在于使人们看到,一个句子有涵义,而说出一个句子有各种各样的语气,这样的语气表达了不同的言语行为,影响到句子的涵义,从而涉及与句子的真的不同关系。因此,意义理论"必须包含对各种语气的意义的明确说明","必须根据一个句子的语气来解释句子的真之条件与表达它的行为之间的不同的关系"。② 我们举一个例子。对于

---

① Dummett, M: What is a theory of meaning? (Ⅱ), in *Truth and Meaning*, p. 38, 47.
② 同上文, p. 39。

"雪是白的"

"雪是白的。"

"雪是白的?"

"他知道雪是白的。"

这几句话,我们的理解是不同的。之所以不同,是因为它们的表达方式不同。这里的核心句子"雪是白的"是一样的,但是由于表达方式不同,因此意思也不同。"雪是白的。"表达的是一种断定,或陈述了一个事实,这从其中的句号可以看出来。"雪是白的?"表达了一种疑问,这从其中的问号可以看出来。而"他知道雪是白的。"陈述了某个有所指的个体对"雪是白的"的一种态度。相比之下,"雪是白的"显然没有什么语气上的不同。它充其量只表示了一种状态。就是说,它既没有表示断定,也没有表示疑问,更没有表示涉及某个人对它的态度。在这种情况下,从真假的角度来考虑"雪是白的",就会发现,"雪是白的。"是真的,它含有对"雪是白的"的断定,正是这种断定力使这个句子成为真的。而"雪是白的?"没有真假,它只是包含着对"雪是白的"的一种疑问,要求对"雪是白的"做出肯定或否定的回答。"他知道雪是白的。"虽然也包含一种断定,但是这个句子的真假除了依赖于其中的"雪是白的"的涵义以外,还依赖于其中"知道"这个内涵词的涵义,而且也要依赖于其中的人称代词"他"。因而涉及通常所说的命题态度的问题。我们举的这个例子非常简单,但是足以说明,强调涵义和力量的区别,实际上是从对最简单的句子本身的思考扩展到对句子复杂结构的相互关联的思考,甚至扩展到对人们使用句子的行为能力的思考。

通过以上这个例子,我们可以清楚地看出达米特框架的这三部分内容是什么。关于所指的理论是它的基础,这就是弗雷格所提供的语义学。这种语义学主要是关于真的说明,即关于句子的真之条件的一种说明,比如句子的真是由句子部分的真值决定的。因此,这样的说明提供了对句子结构的分析,提供了对句子结构的相互关系的分析。这部分内容在弗雷格那里是论述得最详细的,在达米特这里,虽然他以弗雷格的思想为基础,因此把弗雷格这部分论述的内容看作是自明的东西,但是他也有非常详细的论述,比如关于量词的论述,关于语义值的论述,等等。

关于涵义的理论是达米特框架的主要部分。关于这一部分,弗雷格也有不少讨论,其中最主要的就是:句子的涵义是思想,而思想是我们借以把握真的东西。达米特则进一步讨论,一个说话者知道一个句子的真之条件,才会理解自己所说或别人所说的这个句子的意义。但是他的这方面知识大部分是隐含的。涵义理论不仅要阐明说话者知道什么,而且要阐明他的知识是怎样表现出来的。因此达米特的讨论超越了弗雷格那种关于思想的纯客观对象的讨论,涉及说话者对语言的理解,对语言知识的把握,或者更一般地说,涉及说话者的认识等等。

关于力量的理论是达米特框架的扩展部分。关于这部分,弗雷格说得非常少,但是达米特却给予了详细的讨论。所指与涵义的理论,基本上是围绕真而进行的。也可以说,主要是围绕着外延的解释。而在力量理论这部分,达米特突破了外延的考虑,他要说明,由于说话者具备非常复杂的语言知识,因此说话者说一句话,有些时候是依赖于它的真之条件,有些时候则是依赖于他相信它为真的理由,这样,作为句子的真之条件,不仅包括一些公认的条件,而且会包括一些其他条件,比如说话者的意向、说话者所处的具体情况(时间、地点)等等。

从达米特的论述我们可以看出,所谓意义理论,实际上是围绕真这个概念形成的理论。也就是说,这个理论虽然考虑涵义和力量,却不是任意地进行这样的思考,而是围绕着真来考虑涵义和力量。涵义是句子中与真有关的东西,显然关于涵义的理论是直接与真有关的理论。因此意义理论中最主要的部分是与真有关的东西。关于力量的理论似乎不是与真直接联系在一起的,它涉及有关断定、疑问、命令、请求等等这样的表达方式的思考,还涉及对知道、相信等等这样的命题态度的思考,因此超出了对一般所说的句子涵义的思考,即超出了一般在真这种意义上的外延思考。但是尽管如此,这个理论也是与真联系在一起的。这一点从上面达米特的论述来看是显然的。

从达米特框架可以看出,意义理论最核心的东西是真这个概念。围绕它,关于所指的理论,关于涵义的理论和关于力量的理论建立起联系。我们知道,达米特是一个出名的反实在论者,而他的反实在论观点主要就在于,他反对实在论者根据真假二值原则来解释世界,因为这样的解释在一些情况下,尤其是在涉及无穷问题的时候,会遇到很大的麻烦。因此他认为没有理由一定要认为真是构造意义理论的核心概念,而且他还以直觉主义解释为例说明可以提供一种不以真假为核心概念的意义理论。在这种情况下,一个自然的问题是:为什么达米特还要阐述他那个意义理论框架呢?为什么他还要在那个框架下来讨论意义理论的问题呢?

我认为,这里大概至少有三个原因。一个原因与真这个概念本身有关。达米特认为,在讨论意义理论的过程中,虽然可以选择一种直觉主义的意义理论,从而不以真假概念为核心概念,但是"这并不意味着真在这种意义理论中将不再起作用,或者只起一种微不足道的作用。相反,它仍将继续起着重要的作用,因为只有根据它我们才能对演绎推理做出说明;认识到一个推理是有效的就是认识到它是真的"①。这说明，真这个概念与逻辑密切相关，对于逻辑来说是一个至关重要的概念。这里的潜台词大概是，逻辑与意义理论关系密切，对于意义理论十分重要。由于逻辑与哲学的这种关系，因此即使真这个概念本身不是意义理论的核心概念，它对于意义理论也是十分重要的。

逻辑是研究推理有效性的。一个推理可以表达为从前提到结论的推论。在这种意义上，所谓一个推理是有效的，不过是说，如果前提是真的，那么结论一定是真的；或者简单地说，它保证从真的前提得出真的结论。这是一种对逻辑的语义说明，其中真这个概念的重要性是显然的。一个推理也可以表达为一个刻画了前提和结论的推理关系的句子表达式。在这种意义上，所谓一个推理是有效的，不过是说它是真的，或永真的，或者说它是一个重言式。所谓永真或所谓重言式，不过是说它的真是可满足的。这也是一种对逻辑的语义说明，其中真这个概念的重要性也是显然的。达米特的说明是后一种意义上的，意思是一样的。这样的说明应该说是比较直观的，也比较清楚，不会有什么理解的问题。但是涉及逻辑的问题却不会是这么简单，往往非常复杂。下面我们举一个例子来说明达米特这一说明的意义。

"凡人皆有死"这个句子是人们常说的一个例子。以真为核心的意义理论当然会说，这个句子的涵义就在于它的真之条件。而反实在论者会说，这个句子的涵义就在于它被证实。这两种说明都是明确的，无论是依赖于真这个概念还是抛弃了真这个概念。从逻辑的角度出发，对这个句子可以有两种解释。一种是通过对句子结构分析而做出的解释，即这个句子是真的，当且仅当所有个体都满足"如果 x 是人，那么 x 是有死的"这样的性质。另一种是通过证明而做出的解释，即这个句子是从其他前提推出的结论，而这个推理过程符合逻辑，也就是说，这些前提要么是（或相当于）公理，要么是（或相当于）从公理出发运用推理规则得出来的，因为这样才能保证如果前提是真的，这个句子就一定是真的。从这样的逻辑说明可以看出，首先，对于涉及全称量词这样的句子，仅靠直观的理解和说明是不够的。比如第一种说明虽然从句子的结构出发提供了对于这个句子的真之条件的说明，但是它同时也表明，人们实际上是无法实现这样一个证实过程的，因为它涉及无穷多个体。而第二种说明虽然从推理的角度提供了对这个句子的真之条件的说明，但是它只是保证了如果前提是真的，这个结论就是真的，而它并没有保证前提一定是真的，由此也就说明人们并没有得到对这个句子的直接证实。正像达米特深刻指称的那样："任何适当的意义理论不仅必须说明，我们的许多断定都基于缺乏结论性

---

① Dummett, M: What is a theory of meaning? (Ⅱ), in *Truth and Meaning*, p.75.

的证据,而且还要说明,存在着一些最终确立陈述之真的方法,它们并不是沿着直接的路线进行的,也就是说,这些方法并不是由陈述的涵义所决定的。当我们得出结论说,一个陈述作为一个演绎论证的结果是真的,这时就是这种情况。为了说明可以最终但却是间接地证实一个陈述,至关重要的是诉诸关于陈述的某种真之概念,它显然不可能完全等同于这个陈述被直接证实。"① 在我看来,如果用最简单的方式来表达达米特关于意义理论的看法,那就是:如果依据二值原则来解释世界,真这个概念无疑是一个核心概念。如果抛弃二值原则,就可以不以真为核心概念。但是即使抛弃二值原则,也不能抛弃逻辑,尤其是不能离开现有的逻辑理论为我们提供的那些方法和由此提供的结果,因此我们不可能离开推理和论证。而只要我们从逻辑来考虑,真就是一个必不可少的概念。

另一个原因与达米特讨论意义理论的方式有关。讨论意义理论一般有两种方式,一种是把真这个概念当作核心概念,另一种是不把真这个概念作为核心概念。在分析前一个原因的时候其实也谈到这一点。但是我们只谈了真这个概念与逻辑的关系,而这里所要谈的则是逻辑与哲学的关系。从前面的讨论其实可以看出,认为一个句子的涵义就在于它是真的,这样的讨论要直接地以真这个概念为核心,而认为一个句子的涵义就在于它被证实,这样的讨论不直接以真这个概念为核心,但是真这个概念仍然十分重要。这说明,人们并不是一般地考虑意义,而是联系真来考虑意义。由此也说明,在这样的意义理论研究中,逻辑起着十分重要的作用,区别不过在于,在围绕真这个问题上,逻辑的说明体现得直接一些或间接一些而已。达米特反对实在论者依据二值原则对世界做出解释,但他并不反对人们依据逻辑对世界做出解释,相反,他坚持必须依据逻辑的理论和方法来解释世界。而他在有些地方坚持的所谓直觉主义看法实际上也是基于他的直觉主义逻辑,而这种逻辑除了不承认排中律这一点之外,与经典逻辑也没有什么本质的不同。从逻辑出发来论述意义理论,把关于所指的理论放在核心地位就是非常自然的。而且,这样做有非常便利之处,因为弗雷格已经为人们提供了许多重要的洞见和成果,这些东西自然成为人们使用的思想资源。因此坚持从逻辑出发,坚持逻辑的核心地位和作用,是达米特的一个基本立场。即使在意义理论中不会以十分技术的方式讨论具体的逻辑问题,但是赋予逻辑一个明确的地位却是必不可少的。这样既表明意义理论的一个至关重要的基础,即使不是唯一重要的基础,也表明了它的一个十分重要的方法论来源。

还有一个原因就是真与涵义的关系。围绕逻辑来思考,真这个概念无疑十分

---

① Dummett, M: What is a theory of meaning? (Ⅱ), in *Truth and Meaning*, p.75.

重要。但是意义理论并不是逻辑,而是哲学。也就是说,同样是考虑真,从逻辑的角度与从哲学的角度是不一样的,而且差别非常大。因此,当以逻辑为基础来研究意义理论的时候,虽然真是需要考虑的一个核心概念,但是必须跳出逻辑的范围。在某种意义上说,就需要考虑一个与真相应的概念,或者说围绕真来考虑相关的问题,这样,涵义就成为一个很好的候选概念。这不仅是因为它在很大程度上是一个与真相联系的概念,而且还因为弗雷格有关于涵义和意谓的明确的区别,而这种区别说到底就是句子的思想与句子的真值的区别,简单地说,即是涵义与真的区别。接受弗雷格的思想成果,沿着弗雷格的思想途径继续前进,对于一个像达米特这样的研究弗雷格的专家来说,似乎是再自然不过的事情了。但是在我看来,这里似乎还有更深一层的原因。

涵义这一概念无疑来自弗雷格,因此达米特在使用它的时候可以把它看作自明的。弗雷格有关于涵义的明确说明,也有许多没有说明的地方,因此这些明确的说明固然为达米特提供了理论基础,而更多那些没有说明的地方则给达米特提供了可以发展的空间。尤其是,在达米特看来,"涵义这个概念从一开始就与认识这个概念联系在一起"①,这无疑可以扩展人们讨论的范围。而从认识的意义上说,这样的扩展是有意义的,因为它"使我们可以从知道语言中句子的意义转向理解讲这种语言的具体实践"②,这样就为从探讨有关涵义的理论到思考有关力量的理论提供了一种自然的说明,从而为以关于所指和涵义的理论为主,而以关于力量的理论为辅这样一种意义理论的内在联系提供了一种说明。比如,在关于力量的理论中,一种主要的区别是关于断定这样的言语行为和其他所谓命题态度这样的言语行为的区别。而这种区别的基础直接地与涵义相关,直接或间接地则与真相关。

除此之外,我认为还可以有进一步的考虑。"sense"这个概念是传统哲学中一个基本而重要的概念。在传统的认识论讨论中,它的意思是"感觉"。而在语言哲学讨论中,它的意思是"涵义"。同一个词的这两种不同意思之间的区别是很大的。脱离开语言的考虑,可以把"sense"看作人与外界在认识论意义上联系的桥梁。而从语言出发来考虑,可以把"sense"看作是句子的思想、意义、命题或诸如此类的东西,尽管这些东西都是关于世界的表达,或者是我们关于世界的看法的表达。值得注意的是,在意义理论中,涵义是与真直接相关的东西,因此这样的讨论直接与真联系在一起,而且这样的联系是明确的。而在传统哲学讨论中,感觉虽然也会有真假,因而与真也会有联系,但是感觉与真的联系却不是明确的。在西方语言哲学家

---

① Dummett, M: What is a theory of meaning? (Ⅱ), in *Truth and Meaning*, p. 86.
② 同上。

的讨论中，他们也许只是在"涵义"的意义上使用"sense"这个词，而不是在"感觉"的意义上使用"sense"这个词，但是对于我们中国人来说，这里有没有一种哲学史意义上的联系，仍然是值得思考的。特别是当他们在做一些哲学史意义上的考察时，比如，当他们对照胡塞尔和弗雷格关于"sense"的论述，特别是当他们这样的讨论还要牵涉到波尔扎诺、布伦塔诺等等一些传统哲学家的时候①，尤其值得我们注意。这里，"sense"与真的联系在哲学史的过程中大概始终存在，尽管时隐时现，而通过意义理论的讨论却在语言的层面上明白无误地凸现出来。

2. 戴维森的真之理论

1967年，戴维森发表了论文《真与意义》，这不仅是他的代表作，也是他的成名作。在这篇文章中，他关于意义理论提出了一个纲领性的看法。自那以后，他反复不断地探讨这同一个题目，使自己的真之理论逐渐深化和完善。

戴维森的意义理论也叫真之理论。概括地说，这一理论的核心就是如下一个句子：

（T）　s 是真的当且仅当 p。

这可以说就是所谓戴维森纲领。这个句子也被称为"T 语句"。T 语句的直接来源是塔尔斯基的真之语义学，它的原初表达是：

（Tr）　x 是真的当且仅当 p。

Tr 的有效性依赖于塔尔斯基提出的"T 约定"。根据 T 约定，p 是一个句子，x 是这个句子的名字。因此，x 和 p 虽然都是元语言层面的东西，却有根本性的区别。自然语言掩盖了这种区别，使我们在使用真这一概念的时候产生矛盾。塔尔斯基指出了这里的问题，揭示了"真"这一谓词的性质。② 戴维森利用塔尔斯基的这一成果，把真这一概念作为自明的初始概念，围绕这一概念提出对意义的解释。他明确地说：

---

① 参见达米特：《分析哲学的起源》，王路译，上海译文出版社 2005 年版。
② 关于塔尔斯基的 T 公式和 T 约定，参见 Tarski, A.：The Concept of Truth in Formalized Languages, in *Logic, Semantics, Metamathematics*, Oxford at The Clarendon Press 1956；我曾经讨论过这个问题，参见王路：《走进分析哲学》，第 146-164 页。

所谓真之理论，我的意思是指一种满足像塔尔斯基的约定 T 那样的理论：它是这样一种理论，通过递归地说明真这个谓词的特征（比如说"是在 L 中真的"），它为 L 的每一个句子 s 隐含着一个从"s 是在 L 中真的当且仅当 p"这种形式以下述方式得到的元语言句子，即由对 L 的一个句子的规范描述替代"s"，并由一个给出了所描述的句子的真之条件的元语言的句子替代"p"。①

显然，戴维森提出的 T 语句与塔尔斯基的 T 约定关系密切。理解和解释他的 T 语句以及他的相关论述，绝不能忽视 T 约定。

直观上看，戴维森的 T 语句是一个等值式，核心概念是等值符号左边的"真"。通过真这个概念，等值符号左边的 s 与右边的 p 联系起来，表现出一种关系。因此可以明白，为什么戴维森的意义理论也叫真之理论。但是除此之外，其他东西就看不出来了。对照塔尔斯基的(Tr)，T 语句也只是以"s"替换了"x"。在塔尔斯基思想的背景下，我们可以理解，"s"和"p"是元语言层面上的表达。但是仅此而已。要理解戴维森的 T 语句，就还需要明白其中所说的"s"和"p"是什么，它们之间是什么关系。戴维森认为：

我们对于一种语言 L 的意义理论所提出的要求是，在不求助于任何（进一步的）语义概念的情况下，这种意义理论对谓词'是真的'赋予足够的限制，以便可以当"s"为 L 中一个语句的一个结构描述语所替代，"p"为该语句所替代时从 T 图式中衍推出所有的语句来。②

这显然是对 T 语句的几点明确说明。第一，由于不求助进一步的语义概念，因此"真"就是初始概念。第二，"s"是一个句子的一个结构描述语，而"p"是一个句子，而且与"s"所涉及的句子是同一个句子。第三，根据 T 语句，可以得到一种语言中的每一个句子。前两点是对 T 语句的字面解释，最后一点则是对它的作用的说明。这些意思应该是清楚的。但是，即使理解了"s"、"p"和"真"的意思，我们仍然看不到"意义"在哪里，因为它根本就没有提到意义。由于它明确提到真，人们当然可以理解为什么它可以说是一种真之理论。但是，恰恰因为它没有提到意义，人们

---

① 戴维森：《无指称的实在》，载《真理、意义、行动与事件》，牟博译，商务印书馆 1993 年版，第 151-152 页；译文有修改，参见 Davidson, D.: Reality Without Reference, in *Inquiries into Truth and Interpretation*, Oxford, 1991, p. 215。

② 戴维森：《真理与意义》，载《真理、意义、行动与事件》，第 9 页；参见 Davidson, D.: Truth and Meaning, in *Inquiriesinto Truth and Interpretation*, p. 23。

大概也就还不十分清楚为什么这会是一种意义理论。

在我看来,这个问题与戴维森形成 T 语句的另一个来源有关。这个来源不是塔尔斯基的真之语义学,而是戴维森的问题意识。为了更好地理解 T 语句,我们简要地说一下这个问题。

自弗雷格著作被翻译为英文并成为分析哲学研讨的基本文献以后,意义理论逐渐成为核心话题。在有关意义理论的讨论中,弗雷格的许多思想和方法,包括意义和所指,以及组合原则和语境原则等等,成为最基本的内容。根据组合原则,一个句子的真值是由句子部分的真值决定的。这本是一条外延原则,但是人们也依据它来谈论意义,并形成一个基本的认识:一个句子的意义是由其构成部分的意义决定的。在这种背景下,就产生两个问题。一个问题是,如果一个句子的意义是它所指的东西,那么所有真句子就都指真,因而是同义的,而所有假句子就都指假,因而也是同义的。戴维森认为"这是一个无法容忍的结论"[①]。另一个问题是,一个专名的所指是它所指称的对象,这个对象不仅会决定含有它的句子的真值,而且会影响到对含有它的句子的意义的解释。这里涉及专名的所指和意义的转换的问题。由于区别专名的意义和所指是不容易的,因此戴维森认为,这样的转换无助于解释句子的意义如何依赖于句子构成部分的意义[②],这样提供的一些解释的"贫乏性是一目了然的"[③]。也就是说,戴维森认为现存的讨论意义理论的方式不能令人满意,必须另辟新径。

戴维森的设想是,过去的讨论主要集中在所指上,而一种新的意义理论应该与它不同,即不是考虑所指,而是考虑意义。这种新的意义理论的结果是所讨论的句子都应该具有如下形式:

s 意谓 m。

其中的 s 表示可被一个句子的一种结构描述所替代,而 m 表示可被一个指称这个句子的单称词所替代。这种理论还应该提供一种有效的方法,使人们能够获得任何一个有结构描述的句子的意义。这种想法是比较直观而自然的。说它直观是因为,如果把 s 看作是一个句子的结构描述,那么 m 就是它的意义。这一关系由其间的"意谓"表示出来。说它自然则在于,"s 意谓 m"所体现的恰恰是解释一个句子

[①] 戴维森:《真理与意义》,载《真理、意义、行动与事件》,第 4 页;参见 Davidson, D.: Truth and Meaning, in Inquiries into Truth and Interpretation, p.19。

[②] 参见同上。

[③] 同上文,第 5 页;p.20。

的意思的最基本的方式。但是这里却有一个严重的问题。"意谓"是一个内涵词,也就是说,对它是不能以真假来考虑的。由于 m 是一个指称句子的单称词,因此也可以用一个句子来表达,比如 p,可是这样的处理却是外延的。这样就存在着内涵表述和外延处理的矛盾。要克服这种矛盾,直观上可以有两种方法。一种方法是消除其中的外延表达,以纯内涵的方式取而代之。另一种方法是消除其中的内涵表达,代之以外延的表达。从逻辑出发,后一种方法是比较自然的。这就是说,应该从外延的角度来考虑问题,即使涉及内涵方面的问题,也要从外延的角度来处理。戴维森的办法恰恰是这样。他取消了"意谓",使用了"是真的"这一表述,并形成了 T 语句,为替代 p 的说明提供一种协调一致的外延解释。看到"是真的"是对"意谓"的替代,也就可以明白,T 语句实际上是通过真这个概念而与所谓意义的东西对应起来,并且试图通过对真的考虑和处理来达到对意义的理解。因此,在这样一种意义理论中,对真的理解就是至关重要的。

以上论述了戴维森的 T 语句的两个主要来源。由此可以看出 T 语句的基本思想以及它如何与意义相关。在戴维森看到的问题中,其实还有一个问题,这就是关于人称代词、时间、地点这样的索引词给句子的真所带来的问题。当一个句子含有"我""你""他"这样的人称代词,以及"今天""昨天""明天"和"这里""那里"等等一些表示时间和地点的副词和代词的时候,它的真不仅依赖于这个句子本身,而且依赖于这些词自身的使用。比如"我病了"这句话,张三说它可能就是真的,李四说它可能就是假的。张三今天说它可能就是真的,两个月前说它可能就是假的。而所有这些情况,都是由于其中的"我"这个第一人称代词造成的。人们称这样的词为索引词。也就是说,这样的句子的真是和其中的索引词有关的。与此相关的还有内涵语境的问题,比如句子含有"相信""认为""知道"等等这样的语词。不少人认识到,一个含有这样一些词的句子的真与说出这个句子的人、说出它的时间以及说出它的场合有关。前面说过,弗雷格就讨论过这样的句子,并试图说明它们与自己所说明的组合原则的关系。这是自弗雷格以来哲学家一直在讨论的问题。这些问题也始终属于戴维森思考和讨论的范围,他在讨论 T 语句的过程中不断地思考这些问题,提出解决办法和改进措施。

戴维森离开弗雷格的思路,转而借用塔尔斯基的语义学,大概首先就是为了突破组合原则所造成的限制。他认为:

> 我们能够把真看作一种特性,这种特性不是语句的特性,而是表达的特性,或言语行为的特性,或关于语句、时间和人的有序三元组的特性;而恰恰

把真看作语句、人与时间之间的关系,这是最简单不过的了。①

以真为核心概念,同时揭示说话者、说出的话以及说话的时间、场合等等之间的关系,从而通过真而得到对意义的解释。即使戴维森不是为了突破组合原则的限制,他关于真的考虑实际上还是突破了这一原则的限制。就是说,根据他的真之理论的设想,对应用组合原则所无法解释的一些句子,也是可以解释的。比如,根据 T 语句,"'雪是白的'是真的当且仅当雪是白的"直观上当然是可以理解的。如果加上索引词和内涵词,在戴维森看来也是可以理解的。因为可以在以 T 语句为核心的真之理论中得到如下句子:

(潜在地)由 p 在 t 所说的"我累了"是真的当且仅当 p 在 t 累了。
(潜在地)由 p 在 t 所说的"那本书被偷走了"是真的当且仅当由 p 在 t 所指的那本书在 t 之前被偷走了。②

这样,围绕 T 语句的形式,不仅可以处理一般的句子的意义,也可以处理含索引词的句子的意义。同样,如果对一种语言中的每一个句子都可以提出一个 T 语句式的解释,不是就可以得到对该语言的所有句子的解释,从而得到对该语言的解释吗?

戴维森的想法是出色的。一种出色的想法当然是值得尝试的。但是,这里也不是没有任何问题的。比如,戴维森这样一种对句子的外延处理确实在字面上就给出了句子的真之条件,但是它是不是表达了句子的内涵?它能不能表达句子的内涵?实际上,正如戴维森本人明确指出的那样,"一个 T 语句并没有给出它所论及的那个句子的意义"③。因此,一个意义理论仅仅给出一个句子的真之条件,还不能说对这个句子的意义做出了解释。只有说明 T 语句陈述的真之条件就是给出了相关句子的意义,才能说这样的意义理论对句子的意义做出解释。④ 确实,"当且仅当"是一个等值符号,它表明它左右两边的东西是等价的。这是显然的。而同样显然的是,仅仅把这理解为对句子的意义的解释实在又是太过简单了。所

---

① 戴维森:《真理与意义》,载《真理、意义、行动与事件》,第 23 页;译文有修改,参见 Davidson, D.: Truth and Meaning, in Inquiriesinto Truth and Interpretation, p.34。
② 同上文,第 22 页;p.34。
③ 戴维森:《彻底的解释》,载《真理、意义、行动与事件》,第 78 页;参见 Davidson, D.: Radical Interpretation, in Inquiriesinto Truth and Interpretation, p.138。
④ 参见戴维森:《信念与意义的基础》,载《真理、意义、行动与事件》,第 93 页;参见 Davidson, D.: Belief and the Basis of Meaning, in Inquiriesinto Truth and Interpretation, p.150。

以我们说,戴维森的 T 语句只是他的真之理论的一个纲领性的表述,围绕这一纲领他还有十分丰富的思想内容。理解他的真之理论固然要牢牢把握他的 T 语句,但是仅有对 T 语句的字面理解是远远不够的。下面,围绕 T 语句,我们对戴维森的真之理论择要做两点说明。

一点是语言层面的说明。可以从几个方面来说明这一点。一个方面是区别对象语言与元语言。从 T 语句出发,这一点是必须的,因为这是塔尔斯基语义学的一个最基本的要求。这样,一种语言可以成为我们所探讨的对象语言,我们进行的探讨则形成元语言。对于对象语言中的每一个句子 s,都可以在元语言层面上得到一个具有 T 语句形式的解释。因此,T 语句中的 s 和 p 虽然是对一种对象语言中一个句子 s 的说明,却都是元语言层面的东西。区别了这样两个不同层面,就可以看出,这里有对象语言 s 与元语言 s 之间的句子转换,而这样一种转换有一种结构的区别。同样,在 p 的表述中也有一种句子转换,因而也会有相应的结构的区别。

不同句子的转换和不同句子结构的表达不是随意的,这是因为 T 语句必须满足 T 约定。这种限制当然主要是对谓词"是真的"的限制,但是正因为有这样的限制,因此在考虑 T 语句并由此来进行解释的时候,会有一些围绕真的考虑。比如,从"杰克和吉尔上山了"这个句子可以得到如下一个 T 语句:

"杰克和吉尔上山了"是真的当且仅当杰克上山了并且吉尔上山了。

这个句子与"'雪是白的'是真的当且仅当雪是白的"的字面形式是不同的。"雪是白的"与"'雪是白的'"的区别仅仅在于一个有引号,一个没有引号。但是"杰克上山了并且吉尔上山了"与"'杰克和吉尔上山了'"的区别就不是仅仅限于有引号和没有引号。它们字面上也有区别。又比如,从"煤不是白的"这个句子可以得到如下一个 T 语句:

"煤不是白的"是真的当且仅当"煤是白的"不是真的。

这个句子与"'雪是白的'是真的当且仅当雪是白的"这个语句的字面区别就更大了。这样的例子还只是涉及句子联结词。如果涉及量词,则情况还要复杂得多。比如,从一个德语句子"Das ist weiss"可以得到一个 T 语句。这个句子有如下形式:

对于所有讲德语的人 x 和所有时间 t,x 在 t 说出的"Das ist weiss"这句话是真的,当且仅当 x 在 t 所指示的那个对象是白的。

又比如,从"杰克摔破了头之前跌倒了"这个句子可以得到如下一个 T 语句:

"杰克摔破了头之前跌倒了"是真的,当且仅当有一个时间 t,有一个时间 t',杰克在 t 跌倒了,并且杰克在 t' 摔破了头,并且 t 在 t' 之前。

如果不对这两个例子进行分析,那么从字面上可以看出,"当且仅当"这个等值号两边的两句话字面上是不一样的,而且区别很大。但是如果我们分析一下,那么就可以看出,这里的区别不仅是字面上的,而且是结构上的。别的不说,仅前一个句子中的"对于所有讲德语的人 x 和所有时间 t"和后一个句子中的"有一个时间 t,有一个时间 t'",就会使人产生疑问。不是说不可以进行这样的分析,问题是,根据 T 语句似乎并无法得出这样的分析。因此人们可以问:这样的分析是怎么得出来的?这实际上是在问:这样的句子是如何根据 T 语句而得到的?

以上几个 T 语句都是戴维森本人直接给出的,而不是我编造的。我不厌其烦把它们一一举出,是为了说明,T 语句"s 是真的当且仅当 p"即使仅仅在语言层面上也不是那样简单的,而是可以揭示非常复杂的句子结构,从而解释非常丰富的思想的。这样的解释的合理性不仅在于 T 语句本身的表述,而且在于 T 约定的限制,还在于围绕"是真的"这一语义说明而可以使用的一系列方法。这样的方法是逻辑分析的方法。正是运用不同的逻辑理论,可以使我们依据 T 语句对不同句子做出不同的解释,而且这些解释虽然体现出不同的句子结构,却符合 T 语句中最核心的那个概念——"是真的"。戴维森的 T 语句包含这些内容,他本人对这些内容也有深刻认识和阐述。虽然有一些人,比如像奎因[①],把 T 语句简单地称为"去括号",因而与戴维森的解释有所不同,但是他们对于这些内容也是有深刻认识的,而且在"是真的"这方面是一致的。因此,在我们理解戴维森的 T 语句以及他的真之理论的时候,绝不能只停留在字面上,误以为 T 语句不过是意谓着句子所表达的东西与事实的符合。

另一点是本体论层面的说明。从逻辑的角度出发,人们一般认为量词涉及本体论的表述。戴维森也认为,在一些情况下,真之理论可以揭示量化结构,这时,它

---

① 参见奎因:《真之追求》,王路译,生活·读书·新知三联书店1998年版。

使表达式与对象联系起来，从而提出有关本体论方面的解释。[①] 在这方面，他有许多阐述和解释，我觉得他关于事件的说明比较有特色。下面我就以他这方面的两个例子来说明他的思想。

一个例子是前面提到的"杰克摔破了头之前跌倒了"这句话。其中"杰克摔破了头"和"杰克跌倒了"是两个事件，"在……之前"表达了这两个事件之间的一种关系。"在……之前"这种关系不同于"并且"，因此这两个事件不是两个并列的东西。如果用"并且"来表述，就会出问题，比如"杰克摔破了头并且跌倒了"，结果好像摔破头不是由跌倒造成的。而在以如上 T 语句解释这个句子的时候，一方面揭示了它的量化结构，同时也表明，对这个句子的真的解释涉及对时间的本体论承诺。这一点从其中的"t 在 t' 之前"可以看得非常清楚。

另一个例子是"琼斯星期六在浴室刮破他的脸"。从这个句子可以得到如下 T 语句：

"琼斯星期六在浴室刮破他的脸"是真的，当且仅当有一个事件，这个事件是琼斯刮破他的脸，并且这个事件发生在浴室里，并且它发生在星期六。

这个例子明显涉及时间和地点。与上一个例子表示对时间的本体论承诺不同，这个例子表达了对"琼斯刮破他的脸"这一事件的承诺，并且通过这一承诺对句子中所包含的时间和地点做出了规定说明。换句话说，对一个涉及时间和地点的句子的真的解释涉及对所含事件的本体论承诺。

语言方面和本体论方面的说明是重要的，它是戴维森以及戴维森这样的哲学家的一个基本信念的基础。这个信念是：我们共有一种语言，我们共有一幅关于世界的图景。这幅图景大部分特征一定是真的。我们在显示我们的语言的大部分特征的时候，也就显示了实在的大部分特征。所以，研究形而上学的一种方式就是研究我们的语言的一般结构。[②] 我们看到，弗雷格是这样做的，维特根斯坦是这样做的，戴维森也是这样做的。

3. 真与意义

以上我们简要论述了达米特的意义理论和戴维森的真之理论。这两个理论是有明显区别的，比如达米特的理论是从弗雷格的思想出发，而戴维森的理论是基于

---

① 参见戴维森：《形而上学的真之方法》，载《真理、意义、行动与事件》，第 144 页；Davidson, D.: The Method of Truth in Metaphysics, in *Inquiriesinto Truth and Interpretation*, p. 210。

② 参见戴维森：《形而上学的真之方法》，载《真理、意义、行动与事件》，第 130 页；Davidson, D.: The Method of Truth in Metaphysics, in *Inquiriesinto Truth and Interpretation*, p. 199。

塔尔斯基的语义学。但是它们之间也有许多相似之处。比如,尽管戴维森直接以真作为核心概念,由此来说明意义,而达米特围绕意义区分出涵义、调和力量,因而形成关于所指的理论、关于涵义的理论和关于力量的理论,由此构造起一个探讨意义理论的框架,但是他们都是围绕着真这一概念来探讨意义理论,就是说,他们的理论的核心概念都是真。这样,直观上就会有一个问题,探讨意义理论为什么要以真为核心概念?或者宽泛一些,为什么要围绕着真来探讨意义呢?

如果我们不停留在表面,而是深入到他们的理论内部,我们还会发现,他们的讨论都是围绕着句子来进行的。比如,戴维森对真之理论有一段非常明确的说明:

> 真之理论首先与句子表达有关,就是说,无论表面的语法形式是什么,表达必须被看作是句子的表达。这个理论正是为特殊的说话者在特殊的场合所表达的句子提供真之条件,而且真也正是谓述这样的句子,这个事实说明了句子或句子表达的首要性。除非考虑用词的精妙,否则我们就没有理由在使一个句子是真的的条件下不把这个句子的表达称为一个真表达。
>
> 一个真之理论绝不仅仅限于描述一个说话者的言语行为的一个方面,因为它不仅给出说话者的实际表达的真之条件,而且还明确说明在什么条件下一个句子在表达出来时会是真的。这不仅适用于实际表达出来的句子,因为它告诉我们如果这些句子在其他时间或在其他环境表达出来情况会怎么样,而且这也适用于从不表达出来的句子。因此,这个理论描述了一种相当复杂的能力。①

由此可以非常清楚地看出,戴维森的真之理论是围绕着句子进行的。又比如,达米特所说的涵义指的显然是句子的涵义,即句子中与真假相关的要素,而所谓力量指的虽然是包含诸如命题态度一类的言语行为,实际上仍然是一些所谓内涵语句的东西。因此他的讨论可以说也是围绕着句子进行的。这样就值得思考,为什么意义理论要围绕着句子进行呢?

从以上两个问题大概很容易产生第三个问题,意义理论一方面是围绕着真这个概念,另一方面是围绕着句子,因而可以认为在真与意义之间一定有一种关系。那么这种关系是什么呢?

以上三个问题无疑是存在的。但是我们也可以把它们看作是意义理论的主要现象和特征。这样,意义理论的主要现象和特征就是围绕着真和句子来讨论,由此

---

① 戴维森:《真之结构和内容》,王路译,《哲学译丛》1996 年第 5-6 期,第 114 页。

表现出真与句子的一种关系。导致这种情况的原因也许是多元的。但是我认为这里有一个非常重要的原因，这就是运用逻辑的理论和方法来探讨意义理论。以上我们说过，达米特的理论是从弗雷格思想出发，而戴维森的理论是从塔尔斯基的语义学出发。但是这只是一种最直观的表面现象，即这仅仅是从达米特框架和戴维森纲领来看的。实际上，他们都是从逻辑出发，运用逻辑的理论来讨论问题，而在这样的讨论中，弗雷格和塔尔斯基的理论无疑是基础。下面仅以戴维森为例来说明这个问题。

我们说戴维森从塔尔斯基的理论出发，并不是说戴维森的理论与弗雷格的理论没有任何关系。实际上，戴维森不仅也运用弗雷格所提供的思想方法，而且对它给予很高的评价。前面我们说过，戴维森对已有的那些基于弗雷格思想的讨论意义的方式不满意，认为要寻找新的讨论方式。但是他并不否定关于个体词和谓词之间的区别的认识。我们知道，建立逻辑理论，运用逻辑理论来区别语言和语言所表达的东西，从句法的角度提供对句子及其结构的分析，通过这样的分析提供有关句子的语义说明，从而达到有关句子表达的东西的说明，比如，语言层面上有专名与谓词的区别，相应地，在语言所表达的东西的层面上则有对象与概念的区别。这是弗雷格对意义理论的主要贡献。有了弗雷格提供的理论和方法，我们可以区别对象和概念，可以探讨句子的真与句子构成部分的意谓之间的关系，比如探讨句子的真与句子中专名所指称的对象之间的关系。这样的理论可以有助于我们进行本体论方面的探讨。戴维森认为，弗雷格提出的这一思想方式"具有鲜明的简易性"，而且"由于有了弗雷格，大家才清楚地知道这条探询的途径"。这显然给予弗雷格极高的评价。又比如，弗雷格提供的组合原则可以有助于我们围绕句子进行语义探讨，这也是直到今天人们仍然一直使用的基本方法。戴维森认为，弗雷格对这一点的意识要比他之前的任何人都清楚得多，比他之后的大多数人也更清楚。如果说这些论述仅仅是外在的或表面的，那么戴维森在阐述真之理论过程中则具体地运用了弗雷格的理论，比如他关于句子量化的处理，而量词理论无疑直接来自弗雷格。由此也就说明，戴维森纲领是从塔尔斯基理论出发，但是在他论述真之理论的过程中，始终没有脱离弗雷格思想，尤其是没有脱离弗雷格所提供的逻辑。以戴维森为例则可以说明，弗雷格思想的核心是逻辑，而以弗雷格思想为基础实际上也是以逻辑为基础，当然这在不同人那里体现的程度会有所不同。明确了这一点，我们的问题就可以转变为，以逻辑为基础，为什么要讨论真？为什么要围绕着句子来讨论真？

简单地说，这是由逻辑的性质决定的。弗雷格说，"真"为逻辑指引方向。我们一般则说，逻辑是研究有效推理的，而所谓推理的有效性是指从真的前提一定得出真的结论。因此,探讨真,对于逻辑来说,是自然而然的事情。而且,对于推理的有效性的说明虽然是一种语义说明,因而突出了真这个概念,但是也可以看出推理有一种句法结构,这就是从前提到结论,还可以看出,真是与前提和结论结合在一起的。而构成推理的前提和结论的,正是句子。因此可以说,句子是构成推理的基本单位。因此,逻辑的研究实际上是从两方面进行的。一个方面是从语义的方面,另一个方面是从句法的方面。在这两个方面,逻辑都得出十分重要的成果。这样,当人们从逻辑出发来探讨意义理论的时候,体现出语义方面的真与句法方面的句子之间十分密切的联系,即不仅突出真这一概念,并且围绕句子来进行讨论,则是很自然的事情。

当然,实际情况绝不是这样简单。比如同样是逻辑研究,句子与句子之间有各种各样的结构,形成各种各样的关系,这样的结构和关系既可以得到句法方面的说明,也可以得到语义方面的说明;而句子内部也有一些不同的结构,也形成一些不同的关系,这样的结构和关系也可以分别得到句法和语义方面的说明。但是这样的说明却是有重大区别的。从逻辑的角度说,它们在句法方面的区别可以简单地称为命题联结词和量词之间的区别,而在语义方面的区别就有些复杂。命题联结词的语义表现为一种真值函数,因此命题逻辑可以说是一种真值函数逻辑,以真假二值可以得到说明。量词的语义则不是真值函数,因而与命题逻辑的语义区别极大,比如一个量词表达式虽然也有真之条件,但是它的真却需要通过可满足这个概念来说明。逻辑研究为我们提供了对这样不同的句子结构和句子之间的关系的认识,也提供了对它们的不同语义的认识。所以这些认识成为我们探讨这些问题及其相关问题的基础或背景框架。

逻辑不是意义理论,因此与意义理论不同。同样是围绕着真这一概念,讨论的也不同。比如达米特就认为,逻辑要求的是在某种解释之下的真,而意义理论所探讨的是绝对的真;逻辑探讨句子的真值条件,是什么决定了一个句子是真的,而意义理论却要问什么是真。[①] 又比如,逻辑探讨句子之间的真假关系,却不讨论什么是真之载体。而在意义理论中,这样的问题却是不可避免的。因此,在人们探讨意义理论的时候,一定会超出逻辑的范围,一定会讨论许多逻辑所不考虑的问题,因而也一定会讨论许多逻辑所无法解决的问题。但是由于是从逻辑出发来探讨意义理论,或者说,只要从逻辑出发来探讨意义理论,就一定会突出逻辑的性质和特征,即使是所讨论的范围已经远远出超了逻辑的范围。比如真之载体究竟是句子、思

---

① 参见达米特:《形而上学的逻辑基础》,任晓明译,中国人民大学出版社 2004 年,第 19-20 页;Dummett, M.: *The Logical Basis of Metaphysics*.

想、命题、陈述,还是判断?这样的探讨无疑超出逻辑的范围,而我们之所以说真与句子紧密地联系在一起,这是因为,即使思想、命题、陈述、判断等等不是句子,与句子有非常大的区别,至少我们可以说它们的表达形式是句子。在这种意义上,真与句子相联系这一说法可以说基本上涵盖了真与思想、命题、陈述、判断等相联系。又比如,塔尔斯基的语义学是关于"是真的"这个谓词的说明,戴维森把这一结果作为自己的意义理论的出发点,当然是可以的,但是如果把塔尔斯基的有关思想看作是关于真这个概念本身的定义,就是有问题的。也就是说,即使人们接受塔尔斯基的语义学,人们仍然要问:它是不是涵盖了"真"这一概念的全部含义?它是不是对"真"这一概念本身的定义?这些问题其实在关于达米特框架和戴维森纲领的批评和讨论中表现得非常充分。

除了观念上的差异,在逻辑方法的具体应用中,也会反映出逻辑与意义理论的区别。这里我们仅举两个例子来说明。比如,在弗雷格的意义理论中,关于涵义和意谓的区别是清楚的。一个句子的意谓是由句子部分的意谓决定的,因而可以说,一个句子的真是由句子中专名所表示的对象决定的。因此,弗雷格从句法和语义两个方面为语言的逻辑分析提供了一种说明。特别是,他的说明是围绕真和句子来进行的。虽然涉及专名,但是他关于专名的考虑也是仅仅围绕着真和句子来进行的。罗素则认为弗雷格关于专名的论述有问题,因为它没有区别专名和摹状词,所以罗素以自己的摹状词理论从句法方面进行了更为深入细致的分析。特别是,他把一个摹状词的含义解释为由两个句子来表达的东西,因而把一个含摹状词的句子的含义解释为由三个句子所表达的东西。在这样的讨论中,弗雷格和罗素使用的逻辑手段是不同的,他们的解释却都是围绕着句子的真假进行的。

再比如,应用弗雷格的逻辑来分析句子的时候,若是遇到人称、时间、地点等索引词,组合原则就会出问题。因此弗雷格讨论了"我病了"这样的句子,施特劳森讨论了"当今法国国王是秃子"这样的句子并批评了罗素的摹状词理论,而戴维森则试图对含索引词的句子提出彻底的解决。在这样的讨论中,可以涉及句子的内涵语境和外延语境的区别,也可以涉及句子的使用和提及的区分,还可以涉及句子的使用者、句子本身和说出句子的时间或地点之间的关系。但是所有这些都没有离开对句子的真或与句子的真相关的考虑。

从对以上两个例子的说明可以看出,在意义理论的讨论中,正是由于从逻辑出发,因而逻辑的性质和特征非常突出。所谓围绕着真与句子,这不仅是逻辑的性质和特征在意义理论中的直观体现,而且也是细节上的具体体现。

但是从达米特和戴维森的意义理论来看,除了围绕真与句子这一特征之外,似乎还有一个特征值得注意,这就是意义概念本身。尽管这在二人那里还是有一些区别的,因为达米特把意义区分为涵义、调和力量,而在实际的论述中则重点区别涵义和力量,而戴维森则不做这样的区分而直接讨论意义,但是毕竟意义本身与真和句子还是有区别的。如果我们不考虑这里的区别,则可以认为,他们都把句子的意义看作是句子的真之条件。这样,句子的意义与句子的真之条件直接联系起来,因而与句子的真联系起来。在这种意义上说,真这一概念是意义理论的核心概念,意义理论是围绕着真这一概念而展开的。因此,真与意义也就有一种关系。问题是,这是一种什么关系?

按照我的理解,真乃是探讨意义的途径和方式。分析哲学或语言哲学的基本信念是对语言进行逻辑分析。分析哲学家们相信,我们的语言表达了世界,也表达了我们对世界的看法,因此可以通过分析我们的语言而达到对世界的认识。分析语言可以有多种方式。语言学家有自己的方式,比如语音的分析、语法的分析、语词意义的分析等等。其他人也可能有其他的方式的分析。但是分析哲学家的分析是逻辑分析,而逻辑分析的最主要特征就是从逻辑出发,运用逻辑的理论和方法来进行分析。意义理论是语言哲学的核心内容,因而可以说是这样的逻辑分析的集中体现。

从逻辑出发来分析语言,可以从句法的角度,也可以从语义的角度,还可以结合句法和语义一起来进行分析。从语义的角度出发,真就是一个核心概念。因此,当我们说分析语言的意义的时候,比如分析一个句子的意义,分析一个词的意义,我们都是围绕着真来思考的。语言的意义各种各样,比如"苏格拉底是白净的","苏格拉底是哲学家","苏格拉底是柏拉图的老师"这几个句子的意义是不同的,其中除了"苏格拉底"是相同的之外,"白净的""哲学家""柏拉图的老师"等等都是不同的。意义理论不是考虑这样的句子的意义分别是什么,而是从真的角度来考虑这样的句子。以戴维森纲领的方式可以说,比如"'苏格拉底是白净的'是真的,当且仅当苏格拉底是白净的";而以达米特框架的方式则可以说,要依据关于所指的理论来考虑"苏格拉底是白净的"这个句子的涵义,这样,这个句子的真是由其中的专名"苏格拉底"所指的对象决定的,就是说,有一个个体满足"白净的"这种性质,并且它等同于苏格拉底。因此,从意义理论来看,真为探讨意义提供了一个基础或出发点。这样,人们不是随意地探讨意义,而是依循真来探讨意义。在意义理论最核心的部分显然是这样,比如戴维森纲领给我们的启示是以真为自明的初始概念,而达米特框架的核心部分即关于所指的理论则是一种围绕着真而建立的语义学。不仅如此,在意义理论希望和想到扩展的部分,同样也是这样。比如戴维森希望能够建立一种意义理论,对语言的句子,包括含人称、时间、地点等索引词的句子,提供一种彻底的解释,而达米特则想通过真在涵义和使用之间建立一种联系,从而把弗雷格关于所指和涵义的理论扩展到包含命题态度这样的语用范围,最终使自己的意义理论可以涵盖语言和语言使用者之间的关系。

应该指出,分析哲学家们高度评价弗雷格和塔尔斯基的工作,大体上说,是因为他们的工作为意义理论奠定了基础,而具体地说,则是因为他们的工作为分析语言提供了途径和方法。但是人们对他们的工作也有一些不满意的地方,并试图不断改进。一般来说,人们不满意的和试图改进的地方,恰恰是涉及真而出了问题的地方。如果我们仔细阅读相关的文献,其实不难看出,那些批评和改进,或者那些得到人们普遍赞同的批评和改进,基本上都是围绕着真这一概念进行的。① 因此,弗雷格和塔尔斯基的工作无疑是逻辑工作,以他们的工作为基础而形成的意义理论是基于逻辑的思考,而后来的批评和改进也是以逻辑的思想和方法为基础的。在这方面,分析哲学家们的工作是慎重的,甚至是非常谨慎的。

从逻辑出发,把真放在一个核心的地位,确实是非常自然的。但是这里似乎也还有另一方面的原因。在人们的信念和交流中,真乃是一个基础性的概念。"这是真的吗?""这是不是真的?""这是真的","这不是真的"等等这样的疑问和陈述,即使是对于不懂逻辑的人,哪怕是没有什么文化的人,也不会有什么理解的问题,而且是他们随意使用的。因此可以说,真这个概念本身就是日常表达和交流中常用的一个基本概念。当戴维森说,"我们共有了一种语言,也就共有了一幅关于世界的图景,而这幅图景就其大部分特征而言必须是真的"②;"成功的交流证明存在着一种关于世界的共有看法,它在很大程度上是真的"③;甚至当他说"真必然以某种方式与理性动物的态度有关"④的时候,这不仅是从意义理论的角度对真这个概念本身的说明,而且也是对它的日常作用和地位的一种说明。因此,在哲学中考虑真似乎用不着从逻辑出发,因为既然人们日常频繁地使用真这个概念,以致它甚至可以说是人们表达基本认识、判断和信念的一个基本概念,那么思考有关世界和认识的问题时,似乎凭直觉就应该把它放在一个核心的地位。当然,人们也可以认为在日常表达中可以用正确或错误、对或不对这样的概念来替代它,但是这并不意味着人们会放弃"是真的"这一表达方式,因而以此并不能降低真这一概念的使用频率,不能削弱它在语言中的重要地位。在这种意义上说,在哲学中考虑真乃是自然的,

---

① 关于真和涉及真的探讨,在过去的几十年中形成了语言哲学的主要部分,例如参见 Schantz, R.: *What is truth?* Berlin: de Gruyter 2002; Lynch, M. P.: *The nature of truth*, Cambridge, MA: MIT Press 2001; Kuenne, W.: *Conceptions of Truth*, Clarendon Press, Oxford 2003。

② 戴维森:《形而上学中的真之方法》,载《真理、意义、行动与事件》,第 130 页;Davidson, D.: The Method of Truth in Metaphysics, in *Inquiries into Truth and Interpretation*, p. 199。

③ 同上文,第 130、132 页;p. 199、201。

④ 戴维森:《真之结构和内容》,《哲学译丛》1996 年第 5-6 期,第 122 页。

即使不从逻辑出发,考虑真也是自然的。

在我看来,以上的看法是不是有道理,乃是可以讨论的。频繁地使用"是真的"或"真"这一概念,明确地或不明确地把真与意义联系在一起,可以说是人们表达中的一种自然的甚至是习惯的做法。因此说哲学家们凭直觉就可以认为或相信真与意义相联系,大概也不能说一点道理都没有。问题是仅凭这样的思考和讨论能够把这个问题说清楚到什么程度。而从逻辑出发来讨论这一问题,也许不能解决所有问题,也许总有许多问题不能解决,当然也总会有一些解释不尽如人意,但是由此毕竟得到一条思考问题的思路。比如,按照意义理论的提示,人们可以从句法和语义的角度来考虑真与意义的问题,因而可以在把真作为核心概念的同时,确定与它相对应的语言成分,至于说与真相应的究竟是句子,还是思想、命题、陈述等等,则是细节的问题。人们也可以围绕它对相应的语言结构进行更为详细的考虑,比如含有专名的句子或不含专名的句子,含有摹状词的句子或不含摹状词的句子,含有索引词的句子或不含索引词的句子,等等,含有模态词的句子或不含模态词的句子,以及含有从句的句子,含有表达命题态度的语言要素的句子,等等。这样的考虑不是随意的,但也不是狭窄的,因为虽然仅仅是围绕着真这一概念,讨论的范围却涉及世界中的事物、事物的性质、事物之间的关系,也涉及事实、事态,还涉及人以及人的看法和认识等等。实际上,逻辑的考虑并没有限制人们的思考,而是以它独特的方式帮助人们深化了认识。因此,我们确实不能说离开逻辑就不会考虑真,也无法考虑真。但是从意义理论可以看出,从逻辑出发人们确实对真有了更为深刻的认识。这种认识并非仅仅是对真的认识,更为主要的还是对世界的认识,是有关人们对世界的认识的认识。

第八章

柏拉图类乎逻辑的思考

论述了从亚里士多德的形而上学到达米特和戴维森的意义理论之后,再来论述柏拉图,体例上似乎有些问题。因为前面是按照历史发展的顺序来论述的,而按照这种顺序,我们本该最先论述柏拉图。之所以现在才来论述柏拉图的思想,主要有以下三点考虑。

首先,本书的核心是探讨逻辑与哲学的关系,而且这里所说的逻辑主要是作为一门学科的东西。在这种意义上,亚里士多德的著作无疑可以为我们的分析提供清楚的文本。因为他是逻辑的创始人,在他的手中,逻辑成为一门科学。我们从他的著作可以具体地看到,逻辑作为一门科学或学科,是如何与哲学结合在一起,如何为哲学分析提供帮助和支持的。而在亚里士多德以后,逻辑在哲学中一直起着这样的作用,需要的只是从哲学家的著作中发掘这样的联系。

其次,虽然亚里士多德是逻辑的创始人,他的著作也为我们提供了逻辑与哲学密切结合的范本,但是一个明显的问题是:在他之前就没有类似逻辑分析的努力吗?换言之,逻辑的考虑是在亚里士多德那里一下子就有的吗？我想，人们一般不会同意这样的看法。我也认为，尽管亚里士多德的逻辑包含着他创造性的工作，但是无疑也基于前人的工作和努力。因此前面的问题就可以转化为如下问题：在逻辑作为一门科学出现之前，哲学家们是如何向着这个方向努力的？也就是说，在这样的研究中，类乎逻辑的思考与哲学探讨是如何联系的？类乎逻辑的思考是如何为哲学研究提供帮助的？我含糊地说"类乎逻辑的思考"，而不是简单地说"逻辑"，乃是因为逻辑这时还未成为一门科学。这样的思考不同于有了逻辑之后的思考，但是也不同于一般的哲学思考。不太严格地说，它有一些专门的关于推理和论证的思考，但是还未形成理论体系。在我看来，从古希腊文献中探讨这部分内容是非常有意义的。这可以有助于我们看到逻辑的起源、形成和发展，因而有助于我们更好地理解逻辑分析的精神是如何深深地蕴涵在希腊思想中的。

最后，探讨逻辑的起源是一个专门的课题。限于篇幅和本书的目的，我只是指出这一点，而不想展开论述。因此我不详细探讨从古希腊思想到亚里士多德逻辑的发展。

基于以上三点考虑，我把关于柏拉图思想的考虑放在这里，首先强调的是一种现象：在没有逻辑的时候，人们也有一些为了逻辑而努力的考虑。但是，正是由于柏拉图思想本身的历史作用，这样的现象考虑也可以具有历史意义。这就是，在逻辑尚未形成和出现的时候，人们是如何向着我们后来称之为逻辑的方向努力的。这样，本章可以作为一种现象而考虑：没有逻辑的时候，人们也是可以向着逻辑的方向努力的。

1. 柏拉图的《智者篇》

人们一般认为，在柏拉图众多对话中，《泰阿泰德篇》《智者篇》《美诺篇》《巴门尼德篇》《政治家篇》等著作中涉及逻辑的讨论，其中又以《智者篇》的相关讨论最多。有人甚至认为"《智者篇》的主要兴趣是逻辑的"[①]。以下我们主要探讨《智者篇》中的思想。

《智者篇》主要围绕着什么是智者这一主题展开探讨。关于智者，对话中提出了几种定义，运用了划分的方法，涉及智者、政治家和哲学家的区别。柏拉图关于智者的定义首先借助钓鱼人这一形象的说明或比喻。钓鱼人是有技艺的，从技艺出发，将技艺划分为获取的和创造的，再把获取的技艺划分为靠交换而获取的和用强力而获取的，再对前者进行划分，直到最后得出钓鱼人的性质。然后，柏拉图利

[①] 泰勒：《柏拉图——生平及其著作》，谢随知等译，山东人民出版社1991年版，第532页。

用这个例子,以它作模式,按照相似的划分来说明什么是智者。柏拉图关于钓鱼人的划分的讨论非常长,也非常出名,几乎稍微比较详细论述柏拉图思想的著作都会给出它的划分图示①,因此我把它看作常识,不作详细介绍。这里我只想指出,直观上看,柏拉图这样的讨论冗长,甚至有些乏味,而最终的结果似乎又有些不确定。有人认为,论述之所以冗长,是因为存在着逻辑分析的困难。② 不能说这样的看法没有道理,但是依据我的标准,由于柏拉图时代还没有逻辑,因此就有如何看待逻辑分析的问题。我的看法是,冗长的分析不仅是《智者篇》中的方式,而且是柏拉图对话中一种常见的方式。这样的分析或者通过举例,或者通过划分,或者通过类比或比喻,或者通过提出与已有结论相反的情况,如此等等,在柏拉图许多对话中以不同的方式出现。但是我认为,柏拉图这种冗长的分析并不是为了故弄玄虚,从他的对话来看,尽管讨论的结论往往有些不确定,但是每一次分析都将讨论一步步引向深入。即使讨论的结果只是推翻了原来的看法,而没有形成新的看法,这在认识上也是一种进步,因为它认识到了原来所没有认识到的东西。在我看来,柏拉图冗长的论述是一种论证方式,他实际上是在努力通过这样的论证方式来追求一种确定性。定义和划分都是传统逻辑中的内容,而从今天的观点来看,它们无疑属于方法论的内容。所以我们可以清楚地看到,柏拉图的论证具有方法论的意义。不清楚的则是他的论证是不是有关的逻辑的考虑,或者说在什么程度上他考虑了逻辑。我认为,认识到这一点,对于理解柏拉图的对话是非常重要的。不过,我不考虑以上内容。我所要讨论的思想将从下面一段话开始:

【引文 1】

  客人 我的朋友,事情的真相是我们碰到了一个极端困难的问题。"显得像是",或者说"好像是"但并非真"是",或者谈论不是真的的东西,所有这些表达无论过去还是现在,总是令人深深地陷入困惑。泰阿泰德,要找到一个正确的术语来言说或思考假东西之是,同时又不会落入一张口便自相矛盾的境地,是极其困难的。

  泰阿泰德 为什么?

  客人 这个论断的大胆在于它蕴涵着不是者有是的意思,否则假没有别的方法可以成为是。但是,我的年轻的朋友,当我们像你这个年纪的时候,伟大的巴门尼德始终反对这种观点。他不断地告诉我们"不是乃是,这一点决不

---

① 泰勒:《柏拉图——生平及其著作》,第 538-539 页;涅尔:《逻辑学的发展》,第 14 页。
② 参见泰勒:《柏拉图——生平及其著作》,第 536 页。

可能被证明,但是你们在研究中要使自己的思想远离这一途径",并且把这些话也写入了他的诗歌。

所以,我们有这位伟大人物的证言,而认信它的最佳方式可能是对这个论断本身进行适度的考问。如果你对此没有异议,让我们开始对这个论断本身的是非曲直进行研究。①

人们一般认为,从这段话(以及它前面的几句话)开始,柏拉图关于智者的划分讨论突然中断了,直到《智者篇》快结束的时候才接续上前面的讨论,而且这一部分讨论与前面讨论智者的定义完全不同,同时也是《智者篇》的主要内容;所谓《智者篇》中关于逻辑的探讨也是指这一部分。因此我们的讨论主要集中在这部分内容,在我看来,为了理解这部分内容,首先就要理解这段话。

表面上看,引文 1 主要有两个意思,一个意思是指出一个困难:如何区别看上去是与实际上是,并且正确而恰当地表达出这种认识。另一个意思是,前一个困难蕴涵了巴门尼德反对的一个观点:不是乃是。换言之,巴门尼德认为,不能说不是乃是。应该说,这两个意思字面上是清楚的。但是,如果仔细分析一下,其实还可以看出,柏拉图还谈到真和假,比如"并非真'是'","谈论不是真的的东西","言说或思考假东西之是","假没有别的方法可以成为是"等等。虽然从柏拉图的论述我们还看不出真假与是和不是之间的清晰区别,但是它们的联系却是显然的,因为这些关于"真"和"假"的论述总是与"是"相联系的。由此也可以看出,巴门尼德的论断可以简单地表达为"不能证明'不是乃是'",而柏拉图要从这个论断出发来讨论。按照我的理解,柏拉图的讨论至少有三个方面的内容。其一,从不是出发,探讨是与不是;其二,围绕运动和静止来探讨是;其三,探讨真与假。下面我们就分别从这三个方面来论述柏拉图的思想。

需要说明的是,对柏拉图关于"是"的论述,人们是有不同看法的。在英译本中,一般都采用了"是"(being)这个词,但是有些地方使用了"存在"(existence)这个词,而在德译本中,一般采用"是"(Sein)这个词。有人认为,柏拉图所说的乃是"存在",因为他所说的"是"这个词不能在系词的意义上来理解。也有人认为,柏拉图所说的主要是系词意义上的"是",而且即使是"A 是"这种用法,也是一种省略的

---

① 柏拉图:《柏拉图全集》第三卷,王晓朝译,人民出版社 2004 年版,第 31 页;译文有修改,参见 Page, T. E.: *Plato*, Ⅱ, Greek-English text, trans. By Fowler, H. N., Harvard University Press, 1952; Cornford, F. M.: *Plato's Theory of Knowledge*, Routledge & Kegan Paul LTD, London, 1957; Apelt, O.: *Platons Dialog: Sophistes*, Verlag von Felix Meiner, Leipzig, 1914。以下引文只注明柏拉图文本标准页码,所引方式有的与以上相同,有的则是本书作者的翻译。

用法,因而应该在系词的意义上来理解。① 我在《"是"与"真"——形而上学的基石》一书中没有探讨柏拉图的思想,因此关于他所说的究竟是"是",还是"存在",没有进行讨论。依据本书的体例,这里讨论这个问题也不是特别合适,因为本书主要讨论逻辑与哲学的关系,而在涉及是与真的问题的时候,我们基于那本书已有的文本分析。为了使讨论有文本依据,也为了兼顾本书的体例,我先介绍柏拉图的思想,然后进行讨论。但是在介绍柏拉图思想的过程中,我采取以下方式:第一,分步骤介绍,这样在讨论中可以利用步骤序号。第二,以楷体表达柏拉图的思想,其中又分直接引语和间接引语两种。这样可以使我们的介绍既简要又不遗漏重点,同时又尽可能的准确。第三,我依据"是"来理解和翻译柏拉图的有关论述。在我看来,即使没有专门的文本讨论,根据希腊文"einai"的主要用法,把柏拉图对话中相关的词翻译为"是"并进行讨论也是便利的,因为这正好相当于希腊文中这唯一的"einai"一词,同时也不妨碍我们可以根据自己的理解而解释柏拉图的思想,比如人们也可以认为柏拉图在此语境中谈论系词意义上的是,而在彼语境中谈论存在意义上的是。

2. "是"与"不是"

柏拉图称巴门尼德为"伟大人物",由此可以看出,巴门尼德的影响应该是很大的。从巴门尼德遗留的著作残篇来看,探讨"是"乃是其最核心的内容,而且这条路被他称为真之路。在这一探讨过程中,他谈到"不是",并且论述了是与不是的区别。② 即使不考虑巴门尼德本人的著作,仅从柏拉图这里的论述也可以看出,从不是出发进行探讨,直观上是自然的,因为这是巴门尼德观点中所涉及的主要内容。柏拉图的论述一开始可分为如下几步。

第一步,柏拉图首先确定,我们是要"表达绝对的不是"的(237b9),然后他问,"'不是'这个表达方式应用于什么"?(237c3)虽然他认为这是一个难以回

---

① 关于这些观点的讨论很多,例如参见 Cornford, F. M.:*Plato's Theory of Knowledge*;Frede,M.:*Praedication und Existenzaussage*, Vandenhoeck & Ruprecht in Goettingen, 1967; Ackrill,J. L.:Plato and the Copula:Sophist 251-259, in *Plato: A Collection of Critical Essays*, ed. by Vlastos, G., University of Notre Dame Press, 1978; Owen, G. E. L.:Plato on Not-Being, in *Plato: A Collection of Critical Essays*, ed. by Vlastos, G.; Wiggins, D.:Sentence Meaning, Negation, and Plato's Problem of Non-Being, in *Plato: A Collection of Critical Essays*, ed. by Vlastos, G.; Vlasto, G.: The Third Man Argument in Plato's Parmennides, in *Plato: Critical Assessments*, vol. Ⅳ, ed. by Smith, N. D., Routledge, London and New York, 1998.

② 我曾专门详细探讨巴门尼德的思想,参见王路:《"是"与"真"——形而上学的基石》,第三章。

答的问题,但是他明确地说,"'不是'这个术语反正不能用于是"(237c7-8)。

第二步,柏拉图认为,"如果不是不能用于是,它也就不能恰当地用于某物"(237c10-11)。他的解释是:"某物"这个词总表示某种是,"因为谈论实际上抽象的、赤裸裸的并且与所有是者没有联系的某物乃是不可能的"(237d3-4)。此外,说某物一定是说某一事物,而且"某物"或"某(些)""单称时表示一个,双称时表示两个,复数时表示多个"(237d9-10)。因此,一个人若是"没有说某物,就一定什么也没有说,乃是完全必然的"(237e1-2);甚至可以认为,"一个说不是的人根本就什么也没有说"(237e6-7)。

第三步,对是者可以增加或赋予其他某个是者,但是对不是者就不能赋予任何是者(238a6-11)。

第四步,假定是的事物中都有数,但是"不能把数的单称或复数形式赋予不是"(238b2-3)。"一些不是的事物"这一说法把复数赋予事物,而"一个不是的事物"把单数赋予事物。但是,由于已经断定不能把是赋予不是,因此"不可能正确地说出、谈论或思考没有任何属性的不是","它是一种不可想象的、不可表达的、不可说的非理性的东西"(238c4-10)。

第五步,由此得出了矛盾:"当我把是这个动词加到不是上,我就与我前面说的形成矛盾"(238e10-239)。这里的证明是:第一,前面说过不是与单数或复数无关,但是这里仍然在以单数说它,因为仍然在说"不是者"。而且说它是不可表达的、不可说的非理性,也是以单数的形式说的;第二,前面说过,不是乃是不可表达的,不可说的,非理性的,如果这样就不能把是加到不是上,可是现在把是加到不是了。由这两点可以看出,产生了矛盾。

第一步紧接着引文1,应该没有什么理解的问题。它至少说明了两点。一点是人们肯定要表达"不是",另一点是,无论把"不是"用于什么,至少不能把它用于"是"。如果说这里有什么问题的话,则可以问:"不是"究竟是语言层面的,还是语言所表达的事物的层面的?如果是语言层面的,似乎就一点问题也没有了。但是如果是事物层面的,则可能依然会有问题。因为尽管在语言层面上,"不是"与"是"乃是清楚的,但是在事物层面上,什么是"不是",什么是"是",似乎却不是那样清楚。在古希腊,语言和语言所表达的事物并没有得到十分清楚的区别,因此我们这里也暂不确定,柏拉图这里所说的究竟是语言层面的东西还是事物层面的东西。我们只是指出,他谈论"不是",并且区别了"不是"与"是"。(这里,如果人们一定以为柏拉图讨论的乃是事物层面,因而说他谈论"不是"并且区别"不是"与"是"乃是不清楚的,则也可以认为他谈论的乃是"不是者",并且区别出"不是者"与"是者"。①)

第二步主要说明的是某物,由于某物与是相联系,而且某物总是有单数复数的区别,因此这里实际上论述的乃是是。当然,提供这样关于是的论述最终也就说明,不是与是乃是不同的,说是实际上乃是说些什么,而说不是则等于什么也没有说。

第三步进一步说明不是与是的区别。

第四步有些费解。这里提到两个要求,一个要求是:不能把数的单称或复数形式赋予不是。根据这个要求,似乎就不能说"一些不是的事物"或"一个不是的事物",因为这样的说法有了单数复数对不是的应用。另一个要求是:不能说出、谈论或思考没有任何属性的不是。这个要求是根据第一步的要求得来的,即不能把是赋予不是。而这两个要求可以归结为一点,这就是不能把不是用于是,或者不能把是用于不是。

第五步指出,把是用到不是上,就会产生矛盾。只是要注意,柏拉图这里所说的矛盾,并不是我们通常所说的违反了矛盾律那样的矛盾,而是与前面的说法形成矛盾。比如,第二步说过不是与单数复数无关,而这里仍然在以单数的形式说不是者,第四步说过不是乃是一种不可想象的、不可表达的、不可说的非理性的东西,对这样的东西乃是不能加是的,现在加了是,因此是矛盾的。

从以上五步可以看出,柏拉图从关于不是的应用对象出发,得出一个结论,不能把不是用于是,因而得出,不能把是用于不是,否则就产生矛盾。应该说,柏拉图的论述虽然有个别地方不是特别清楚,但是整个思路和基本观点是清楚的。

但是,由于牵涉到智者,问题就没有那么简单。柏拉图指出,由于"语言的贫乏",智者很容易反驳我们,并且"曲解我们的话得出对立的意义"(239d2-3)。因此智者乃是印象(看上去是)的制造者。这样就会有如下情况,某种东西看上去是,而实际上不是,而某种东西尽管不是,实际上又是。因此,"根据某种方式,不是乃是,而另一方面,在某种意义上,是乃不是"(241d9-10)。这样就牵涉到要检验巴门尼德的理论。因为他说不能证明"不是乃是"。

通过以上分析可以看出,一方面,如果把不是用于是,或者把是用于不是,就会产生矛盾,另一方面,在智者的实践中,是与不是似乎又总是交织在一起,因此这里

---

① 比如,康福德认为,柏拉图这部分是关于实在和现象的世界的讨论。他采用的英文表达是"what is not"和"being"。参见 Cornford, F. M.: *Plato's Theory of Knowledge*, Routledge & Kegan Paul LTD, London,1957,pp. 199-204。

显然是有问题的。柏拉图认为,过去对于使用"不是"一词的人完全可以理解,而这个表达"现在使我们感到困惑"(243b9-10);"也许我们的心灵关于是也处于同样的情况;我们可能认为它是明白无误的,而且当使用这个词的时候,我们理解它,尽管我们对于不是有困难,而实际上我们对这两个词同样不太理解"(243c2-6);因此现在"要先研究是这个词,看一看那些使用它的人认为它表示什么"(243d3-5),因为这是所要考虑的诸多问题中"最大的和最主要的"的问题(243d)。这样一来,柏拉图就从关于不是的探讨转到了关于是的探讨。换句话说,在柏拉图看来,解决不是的问题,仅仅依靠关于不是的探讨是不行的,最终或者最主要的还是要依赖于关于是的探讨。如果我们仔细分析一下,其实可以看出,在前面五步论述中,已经有关于是的论述了,比如第二步关于某物的论述,只是在这里,柏拉图更加明确了他所探讨的问题,因而把是提到了突出的位置。

3. 运动、静止与是

柏拉图在探讨是的过程中,利用了运动和静止这一对概念。在我看来,他关于运动和静止的讨论可以分为两部分。一部分是总结前人的讨论,另一部分是他自己的讨论。下面我们就分这两部分来探讨他的思想。具体做法是,简单介绍第一部分,重点讨论第二部分。

第六步,柏拉图指出,一些人说宇宙是一,我们需要从这些人获知的是,"当他们说是的时候,他们是什么意思?"(244b7)他们会说,只是一。这样,他们就把是这个名字给了某种东西(244b13)。这样一来,就"用两个名字表示同一个东西"(244c)。但是这样就有问题了。因为一方面,"当断定只是有一个东西的时候却承认有两个名字,这是相当荒唐的"(244c9-10)。另一方面,"接受是乃适用于任何一个名字,同样是荒唐的"(244c12-244d)。这是因为,"一个人断定名字乃是与事物不同的,说的是有两个事物"(244d3-4);而且,"如果他断定名字乃是与事物相同的,他就不得不说,它不是任何事物的名字,或者如果他说这是某物的名字,那么最终表明这个名字只是一个名字的名字,而不是其他任何事物的名字"(244d6-9)。因此"一(个东西)可以是一个东西的名字并且也可以是这个名字的一(个东西)"(244d11-12)。

第七步,整体与是一乃是相同的(244d14-244e)。在这种情况下,如果整体如同巴门尼德所说是像一个滚圆的球体,有中心和外展,那么是乃如同巴门尼德描述的那样,"具有一个中心和一些端点,而且由于有这些,(它)就一定有部分"(244e7-8)。问题是,一事物若有一些部分,则可以"在其各个部分拥有统一性这种性质"(245a),而且"处于这种条件的东西本身是一个绝对的整体"也不是没有可能的(245a5-6)。因此,"是乃是一和一个整体,因为它有一这种性质"(245b4-5)。但是接受这一点也是很难的。因为"是由于有以某种方式是一这种性质,因而是与一显然不是相同的"(245b8-9);此外,"是由于有是一这种性质,因而它不是一个整体,如果这样并且又有整体,那么就得出是缺少某种是的东西"(245b11-245c)。"因此根据这种推理,既然是缺失了是,那么它就是(那)不是。"(245c4-5)

我认为,这里值得注意的有两点。一点是柏拉图的询问:"当他们说是的时候,他们是什么意思?"这无疑把对是的发问,因而把是的问题突出出来。另一点是他关于是乃是名字的说法。在他看来,在"宇宙是一"中,被表达的东西是宇宙,而"是"和"一"乃是用来表达它的两个名字。因此是与一乃是不同的。由此也就有了第七步的论证,是与整体也是不同的。

在柏拉图看来,以上两步所论述的乃是比较严格的关于是的论述。接下来他讨论了一些不太严格的学说,他认为,从下面这些学说的内容可以知道,"定义是的实质并不比定义不是的实质更容易"(245e10-246a)。这些学说又包含着两种观点,一种观点是强调感知与物理世界的关系,另一种观点则是主张观念世界。

第八步,强调感知与物理世界的人认为所有事物都是可看见的或可触摸的等等。他们会同意存在着有死的动物这样的东西,而且这样一个东西是一个带有灵魂的肉体。这样,灵魂在是者中就有了位置。在这种情况下,他们会说,"一个灵魂是公正的,而另一个灵魂是不公正的,一个灵魂是聪明的,而另一个灵魂是愚蠢的"(247a2-4)。他们会赞同,"每一个灵魂由于拥有公正和表现出公正而成为公正的,并由于拥有对立的情况和表现出对立的情况而变得对立的"(247a6-8);他们肯定会说,有"那种能够变得出现或不出现的东西乃是实在的"(247a10-11)。但是,虽然这样的东西是实在的,比如公正、智慧、美德,但是他们会说,"它们都不是可看得见的"(247b6)。此外,灵魂有物体,但是公正和其他一些这样的性质却没有物体。这样他们就有了问题。因为他们必须说明,"无形的东西和有形的东西同样所固有的那种东西,以及当他们说它们是的时候他们所想到的那种东西,(究竟)是什么"(247d2-4)。这样,他们就必须接受如下对是的定义:"它不过是一种力量。"(247e3-4)

第九步,在论述主张观念的人的学说的时候,柏拉图谈论了"分享"这一概念。在物体方面,借助感知,我们分享生成,而在灵魂方面,借助思想,我们分享是。"是乃总是不变的和相同的,而生成在不同时候乃是不同的。"(248a12-13)这里,柏拉图引入了"主动条件"和"被动条件"之说(248b6),确定"作用或被作用这种力量的出现"作为一种令人满意的关于是的定义(248c5-6)。然后他又讨论到强调感知与物理世界的人的看法,他们会认为"灵魂认识和是乃是被认识的"(248d2-3);认识或被认识乃是主动或被动的条件,认识是主动的,而被认识是被动的。因此他们会认为它们互不分享,否则就会相互矛盾(248d4-10)。所以,根据这些人的这种看法,鉴于是乃是被认识的,因此它乃是被理性所认识的,既然如此,是乃是被推动的,因为它是被作用的,而对于处在静止状态的东西,我们就不能这样说(248e3-7)。

第十步,必须退让承认有被推动的东西和运动本身(249b2),因此如果没有运动,也就不会有任何人想到任何地方的任何事物(249b4-5)。但是,如果我们承认所有事物都是流动的和运动的,有一些东西我们就不会考虑或认识,因为"没有静止状态,就不可能会有质量、实质或关系的相同性"(249b12-249c)。但是,"去除认识、理性、思考,然后对任何事物作出任何武断的断定"(249c7-8)绝对是不行的。因此,注重这些东西的哲学家一定会拒绝接受主张"宇宙是静止的"的人的理论,也不会听信主张"宇宙是运动的"的人的观点(249c10-249d2)。哲学家必然会引用童谣,"所有事物动又不动",他们一定会说,"是和宇宙就在于二者"(既在于运动,又不在于运动)(249d3-4)。这样,我们似乎终于得到关于是的一个相当好的定义(249d6-7),但是我们将会发现关于探究是的困难(249d9-10)。

第十一步,人们说,"运动和静止几乎是直接相互对立的"(250a9-10)。人们还对二者同样说是(250a12)。但是这并不是说"它们都是运动的"(250b3),也不是说"它们是静止的"(250b5-6)。因此这里考虑的乃是运动和静止"这两者之外的第三种东西",而且由于认为"运动和静止被是所包含",因此"对它们说是"(250b8-12)。因此,"是乃不是运动和静止的组合,而是其他某种与它们不同的东西"(250c4-5)。因此,"根据其自身的实质,是乃既不是静止的,也不是运动的"(250c 7-8)。而且再也没有其他情况,"因为如果一事物不是运动的,它必然肯定是静止的;而凡不是静止的东西必然肯定是运动的。但是我们现在发现,是出现在这两类情况之外"(250c14-250d3)。"再也不可能有比这更不可能的了。"(250d5)

第十二步,"当人们问我们不是这个名称应该应用于什么的时候,我们处于最大的困惑之中"(250d8-9),但是"现在我们关于是处于同样的困惑之中"(250d12-13),"甚至更大"的困惑之中(250e2-3)。"既然是与不是同样分享这种困境,那么最终就有希望认为,它们一方比较含糊或比较清楚地出现,那么另一方也会同样出现。然而,如果它们哪一方我们也不能看到,那么我们无论如何也不能在它们二者之间尽可能令人信服地推进我们的讨论。"(250e5-251a3)

从第八步到第十二步,可以清楚看出这样几点。其一,柏拉图区别了感知的世界和观念的世界。感知与物体世界相关,观念与思想相关,二者是有区别。其二,借助"分享",我们既可以论述物体世界,也可以论述观念世界。其三,运动和静止是不同的,甚至是对立的。其四,有人认为宇宙是静止的,而有人认为宇宙是运动的。其五,是乃是与运动和静止不同的东西,是运动和静止之外的东西。其六,由于有了这些结果,因此最初所说的关于不是的困惑也同样适用于是。

在我看来,在柏拉图的论述中,有两点特别值得注意。一点是他所举的例子。从前面第一到第五步的论述可以看出,他的论述是完全抽象的,没有使用任何例子。而从八到十二步有了一些例子。使用例子无疑是为了更好地说明自己想要说明的问题,因此例子有助于我们对柏拉图思想的理解。如果我们仔细分析一下,则可以看出,"灵魂是公正的"与"灵魂是不公正的","灵魂是聪明的"与"灵魂是愚蠢的"分别是对立的表述。而"宇宙是运动的"和"宇宙是静止的"实际上也是对立的表述。也就是说,虽然它们的表述形式都是"S 是 P",但是它们表达的具体意思却是对立的。这样似乎就会有这样的看法或说法:宇宙既是运动的,又是静止的。由于是与不是的对立,这里实际上是说:宇宙既是运动的又不是运动的。所以,柏拉图所给出的例子可以帮助我们更好地理解他所说的关于是与不是的困惑。后面我们还会看到柏拉图所使用的例子。那时我们还会再次论述到这一点。

另一点值得注意的是,这些论述基本上是对前人思想的概括。因此他的论述比较简单,许多地方只是点到为止。这些论述为我们理解柏拉图之前关于宇宙的讨论,关于是与不是的讨论,是有帮助的。而且这里也看出柏拉图自己的一些看法。但是在这些论述中,柏拉图最主要的还是指出前人论述中的问题,特别是说明,所谓关于不是的问题,其实最主要的还是关于是的问题,这样就为他自己的论述奠定了基础。也就是说,他的论述并不是凭空产生的,而是建立在前人的基础之上。我们也确实看到,柏拉图自己的论述同样是从关于宇宙的论述出发,同样是从运动和静止出发,因此我们从柏拉图的论述中可以体会到哲学思想的发展,从而体会到哲学本身的发展。

4. 相同与相异

在上述关于运动和静止的讨论之后,柏拉图有一段概括说明。这段说明大致分如下几步:

第十三步,假定任何事物没有任何力量与其他任何事物相联系,那么"运动和静止将不会分享是"(251e10-11);如果它们各自不分享是,它们各自也不是(252a1-3)。因此,前面那些关于运动和静止的主张都被推翻了,"因为所有这些都用是作一种性质。一派说宇宙是运动的,而另一派说它是静止的"(252a10-11)。其他一些说法也是没有意义的,比如,一些事物此时是组合的,而彼时是分离的,或者,无穷多要素组合为一体,并从统一体中导出,等等(252b1-7)。

第十四步,假定所有事物都有相互分享的力量,那么,如果运动和静止能够相互分享,则运动就会是静止的,反过来静止也会是运动的,而这是根本不可能的(252d1-11)。

第十五步,"要么所有事物相互混合,要么任何事物也不相互混合,要么一些事物相互混合,而另一些事物不相互混合",而且这三种情况一定有一个是真的(252e1-3)。由于已知前两种情况是不可能的,因此要采纳后一种情况(252e5-8)。

十三和十四两步显然是总结,它们说明,一方面,既不能说运动是静止的,也不能说静止是运动的,另一方面,运动和静止都分享是。而且这两步的目的似乎是为了第十五步的说明,即一些事物相互混合,而另一些事物不相互混合。这些论述比较清楚,应该没有什么理解的问题。但是我认为有三点是值得注意的。第一,第十三步说到"用是作一种性质",而所谓用是作一种性质,不过是说"宇宙是运动的","宇宙是静止的"等等。这样的说法与前面提到的是乃是一个名字似乎有相似之处,比如"宇宙是一"。它们似乎表明,在"是"的使用中,它是有意义的;区别似乎只在于它后面是跟名词,还是跟形容词。由于柏拉图在这一点上没有展开,因此我们的理解暂时也只能到此为止。第二,说明中使用了"分享"这一概念。本着以比较明白而确切的概念来说明不太明白而确切的概念这一原则,"分享"这一概念应该是比运动和静止更明白和确切的概念。运动与静止的区别恰恰是通过"分享"而得到的,因为它们不能相互分享。第三,第十五步是一种非常抽象的说明。和十二步以前的讨论对照一下就可以看出,把关于宇宙的探讨概括为关于运动和静止的讨论无疑是一种抽象,但是第十五步的抽象程度更高。因为在这里,它不再谈论运动和静止,而是脱离了具体的内容,上升到一般性的事物层面。也就是说,柏拉图试图从一般性的事物原理的角度来说明问题。我认为,看到这一点,对于理解柏拉图的思想是非常重要的。接下来,柏拉图有如下一段说明。

第十六步,字母表中的字母组合成词,有些组合是合适的,而有些组合是不合适的,其中也有最主要的,比如元音。如果没有元音,就不能组成一个词。为了这样的组合,就需要有技艺或科学,即语法(253a1-10)。与此相似,类或属也同样相互混合或不混合,因此,要想说明"哪些类与哪些类是一致的,哪些类是相互排斥的","是否有一些要素延伸到所有事物并把它们聚集在一起,因而使它们能够混合",造成分离"是否有其他一些普遍的原因",等等,就"需要有科学,甚至是最伟大的科学"(253b8-253c6)。以类来划分事物,避免相信此一个类是彼一个类,彼一个类是此一个类,这些"属于论辩术科学"。而所谓以类来划分事物,就是清晰地看到,"一种形式或观念完全扩展到许多相互分离的个体,许多形式相互区别但是包含在一个更大的形式之中,而且一种形式由许多整体的联合而发展,而许多形式则是完全分开和分离的。这就是以类来区别个体事物如何能够或不能够相互联系起来的认识和能力"(253d6-253e3)。这种论辩术技艺只能属于"追求哲学的纯粹性和正确性的人"(253e6)。

直观上看,这一步分为两部分。一部分是关于语言的说明。另一部分是用语言来类比,说明自己想要说明的东西。比如,语言中有字母表,而字母表中有元音和辅音,这就是不同的类。元音和辅音之所以能组合成词,是因为有语法,语法规定了哪些元音和辅音能够组合,哪些元音和辅音不能组合,而这种语法就是一种关于语言的技艺或科学。与此相似,柏拉图想说明的东西是普遍的类或属,它们也有能够组合或不能组合的问题,因此它们也需要有一门科学,柏拉图甚至称它为最伟大的科学。这种想法无疑是清楚的。问题是,语法是清楚的,也是成型的,但是柏拉图所说的这种最伟大的科学是不是清楚?在我看来,这一点恰恰是不清楚的。但是尽管如此,我们却可以看出,柏拉图似乎是在努力说明这一点,并且认为这种技艺或科学属于"追求哲学的纯粹性和正确性的人"。我认为,这个问题是重要的,柏拉图关于这个问题的看法也是重要的。后面我还要重新探讨这个问题。但是这里我们看柏拉图接下来的论证。

第十七步，选择一些"被看作是最重要的"形式或观念来进行讨论，这样，"即使我们不能完全清楚地把握是和不是，我们至少应该在目前的研究方法所允许的条件下对它们作出令人满意的说明，这样我们可以看出，是不是可以允许我们断定不是实际上乃是不是，并且没有什么危害"(254c4-254d2)。如上所述，最重要的类乃是：是、静止和运动。而且运动和静止不能相互混合，但是，是，能够与它们混合，因为它们分别都是(254d4-11)。因此就有三种情况，而且"其中各种情况与其他两种情况是相异的，但是与自身是相同的"(254d15-16)。

由于在说明这三种情况的时候使用了"相同"和"相异"这两个词，因此要问，这两个词是什么意思？如果它们是两个新的类，与前面三个类不同，则现在就有五个类。因为有一个问题，这两个类是不是与前三个类相混合？或者，说到"相同"和"相异"的时候，是不是无意识地说到那三个类之一？(254e2-6)

第十八步，"运动和静止肯定既不是相异的，也不是相同的"(255a10-11)。比如，如果运动是相异的，它就会迫使这种相异的东西改变它的实质而变成它的对立的东西，即变成静止，因为这样它也就分享了它的对立的东西(255a11-255b)。静止也会是同样。这样一来，运动和静止就都会"分享相同和相异的东西"(255b3)。所以"我们一定不能说运动是相同的或相异的，同样也不能说静止是相同或相异的"(255b5-6)。

第十九步，"如果是和相同没有意义区别，那么当我们继续说运动和静止是的时候，我们就应该说它们都是相同的，因为它们是"；"但是这肯定是不可能的"；"因此，是和相同不可能是一"；所以"应该把相同看作是加在另外三个类之上的第四个类"(255b11-255c6)。

第二十步，总有一些实体是绝对的，一些实体是相对的。"相异总是相对于其他东西的"(255d)。"如果是和相异不是完全不同的，就不会是这样。如果相异和是一样，也会分享绝对的和相对的是者，那么在是的相异事物中也会有另一个不与任何相异事物相对的相异事物；但是实际上，我们发现，凡是相异的，恰恰是与其他某个相异的东西相对的"(255d3-8)。因此，相异应该是第五个类。

第十七到二十步的论述至少有两点是清楚的。第一，柏拉图按照第十六步说，寻找最重要的类，这样就找到运动、静止和是。由于这三个类恰恰是前面所讨论过的，因此不仅理由非常充分，而且也不会有什么理解的问题。第二，在说明运动、静止和是的第十七步中，用到了"相同"和"相异"这两个概念。由于要用这两个概念来说明前三个概念,因此最重要的类就不是三个,而是五个,即是、运动、静止、相同和相异。这样,柏拉图在其他所讨论的三个类的基础之上又增加了两个类来进行讨论。我们看到,由于有五个类,因此需要逐一论述它们。

第二十一步,运动不是静止;但是,运动是,因为它分享是。运动不是相同,但是我们发现它是相同的,因为所有事物都分享相同性。"因此我们必须承认,运动是相同的又不是相同的,而且我们不必由此受到干扰;因为当我们说它是相同的又不是相同的时候,我们没有在同样的意义上使用这个词"(256a10-13)。称它为相同的,乃是因为"它分享相当于它自身的相同"(256b);而称它为不是相同的,则是因为"它分享相异,由此它与相同分离开来并且变成不是相同的,而只是相异的"(256b2-3)。因此,可以"正确地说"(256b4)运动不是相同,说运动是静止的,也"不会是荒唐的"(256b7)。这就说明有的类是与其他类混合在一起的。

第二十二步,运动不是相异。它"在某种意义上不是相异,又是相异"(256c9-10)。

第二十三步,已经说明,运动不是静止,不是相同,也不是相异。还剩下的问题是,运动是不是是呢?我们几乎可以大胆地说,运动不同于是。"显然,运动既是不是,又是是,因为它分享是"(256d7-8);"因此,与运动相联系,不是乃是必不可少的东西。而且这一点延伸到所有类;因为在所有这些类中,相异的本质所起的作用就是使每一事物不同于是,因而成为不是。所以,从这种观点出发,我们可以对它们所有东西同样说不是;而且,既然它们分享是,它们就是并且拥有是"(256d10-256e4)。因此,"与各个类相联系,是乃是多,不是则是无穷多"(256e6-7)。所以,"是本身也必须被说成是与其他所有事物不同的"(257a)。

第二十四步,结论:"是者在所有是相异的情况下则不是;因为,由于是者不是相异的东西,因此尽管它本身是一事物,但是它与无穷多相异的东西处于不是的关系"(257a4-7)。因此,"我们也不必受这一点的干扰,因为这些类从实质上说是相互分享的"(257a9-10)。

第二十五步,"当我们说不是的时候,我们说的似乎不是某种与是对立的东西,而只是某种不同的东西"(257b3-4)。比如,当说"一事物不是大的"的时候,这里表达的既不是"这是小的",也不是"这是中等的"(257b6-9)。"因此,当我们被告知这个否定的东西表达对立的东西,我们就不应该承认它;我们将只承认,'不'这个前缀表示某种与跟在它后面的词不同的东西,或者确切地说,表示某种与跟在这个否定后面的词所指示的东西不同的东西"(257c10-257c3)。

第二十六步,又比如,"这是漂亮的"。相异的东西有一部分是与漂亮的东西对立的;这有名字。因为"在各种情况下我们称之为不漂亮的东西肯定是与漂亮的东西的实质相异的东西,并且不是与其他任何东西相异的东西"(257d12-14)。由此得出,"不漂亮的乃是某一类是者一个独特的部分,而且同样,也是与某类是者对立的"(257e3-4)。因此,"不漂亮的乃是一种是与是的对照"(257e6-7)。这样,就根本不能说,"漂亮的乃是是的一部分,而不漂亮的不是是的一部分"(257e9-10)。以此也可以类推"不大"和"不公正"等等。

第二十七步,对相异的东西也可以这样说,"因为相异的实质被证明拥有是;而且如果它有是,我们就必须认为它的部分也同样有是"(258a8-11)。"如果将相异的部分的实质与是的实质相对照,那么是本身是,相异的同样也是,如果我们可以这样说的话,因为它并不表示与是对立的东西,而只是表示是的相异,而且仅仅如此"(258b1-5);而且,"显然这恰恰乃是不是,而由于智者的缘故,这正是我们在寻找的东西"(258b8-9)。因此我们可以说,"不是肯定有是并且有自己的实质"(258b11-12);而且,"正像我们发现大的东西是大的,漂亮的东西是漂亮的,不大的东西是不大的,不漂亮的东西是不漂亮的一样",我们同样可以说,"不是过去乃是并且现在乃是不是,因而被看作是的许多类中的一类"(258c1-5)。

第二十八步,由此得出对巴门尼德的不信任。因为他不信任"不是乃是",并告诫我们远离这条路。而"我们不仅已经指出不是者是,而且我们甚至已经表明,不是这种形式或类是什么;因为我们已经指出,相异的实质是什么,并且它细碎地遍布所有是者的相互关系之中,而且我们还冒险地说过,与是相对照的各相异部分实际上恰恰乃是(那)不是"(258d8-258e3)。

简单地说,从第二十一到二十八步可以看出,柏拉图通过讨论运动与静止、相同、相异这几个概念的关系,最后达到关于运动与是的讨论。并且他通过这样的讨论说明,巴门尼德反对不是乃是,这样的观点是有问题的。但是由于这里有一些比较重要的结果,因此值得我们稍微多分析一下。

第一,柏拉图引入了"相同"和"相异"这两个概念。因此他的讨论要依赖于这两个概念。这一点,不仅在关于运动与相同和相异的讨论中是如此,在关于运动与是的讨论中也是如此。比如,在第二十一步,说运动不是相同的,是因为"它分享相异,由此它与相同分离开来并且变成不是相同的,而只是相异的"。这表明,关于不相同的说明依赖于相异。由于柏拉图没有提出"不相同"和"不"作为最重要的类,因此这里关于不相同的说明只能看作是关于相同的说明。又比如在第二十三步，"相异的本质所起的作用就是使每一事物不同于是，因而成为不是"这句话显然是利用"相异"的含义来说明"不是"。同样，我们也只能把它看作关于是的说明。当然，按照柏拉图的想法，似乎说明了不相同，也就可以说明相同，同样，似乎说明了不是，也就可以说明是。实际上是不是这样姑且不论，但是在柏拉图的论述中，相异这个概念的重要性却是毋庸置疑的。

第二，柏拉图讨论的出发点是运动、静止、相同和相异，落脚点却在是，他的最终结果是对巴门尼德的观点提出质疑。当然，他在谈论是的时候，他在质疑巴门尼德的观点的时候，自然也就谈到了不是。由此可以看出，他的讨论，包括他对相同和相异这两个概念的选择，都是有明确目的的，即都是为了说明是，进而说明是与不是的区别。

第三，柏拉图之所以反驳了巴门尼德的观点，是因为他得出了可以说"运动既是不是，又是是"（第二十三步）。与此相似的结论还有，"运动是相同的又不是相同的"（第二十一步），"运动不是相异，又是相异"（第二十二步）。对这些结论，柏拉图也提供了解释。比如对"运动是相同的又不是相同的"，他认为"没有在同样的意义上使用这个词"；而对"运动既是不是，又是是"的解释则依赖于对"相异"这个概念的理解。这里，我暂时不想讨论这些解释是不是有道理，而只想指出，柏拉图显然是为差不多相同的结论提供了不同的解释。

第四，柏拉图在论述过程中举了几个例子。最主要的有两个。一个是"一事物不是大的"，另一个是"这是漂亮的"。值得注意的是，在前一个例子中，柏拉图提供了对"不"这个词的解释。另一个例子虽然没有使用"不"这个词，但是柏拉图在解释的时候却用到它，因为他明确谈到"不漂亮的东西"。由于有了前一个例子关于"不"这个词的讨论，因此这里所说的"不漂亮的东西"中的"不"意思也是明确的。

第五，前面说过，柏拉图在第二十三步利用"相异"来说明不是。从给出的上述两个例子，或者说从第二十五到二十七这几步则可以看出，不是与是乃是有区别的。特别是，是有实质，不是也有实质。柏拉图的表述非常明确："正像我们发现大的东西是大的，漂亮的东西是漂亮的，不大的东西是不大的，不漂亮的东西是不漂亮的一样"，我们同样可以说，"不是过去乃是并且现在乃是不是，因而被看作是的许多类中的一类"。在这里，我们不仅看到明确的结论，而且再次看到柏拉图从具体的例子到抽象的普遍的层面的过渡。换句话说，柏拉图所说的"是"，恰恰是他所说的"大的东西是大的，漂亮的东西是漂亮的，不大的东西是不大的，不漂亮的东西是不漂亮的"这种意义上的"是"，而他所说的"不是"则会是"这东西不是大的，这东西不是漂亮的"等等这种意义上的"不是"。

不是与是无疑是有区别的,但是这样的区别是不是足以证明它们是相互对立的?柏拉图明确给予否定的回答。他说:

【引文2】
　　不要让任何人断定,我们宣布不是乃是与是对立的东西,因而我们非常草率地说不是乃是。因为我们早就放弃谈论任何对是对立的东西,无论它是或不是,无论它能够或完全不能够定义。但是,就我们目前对不是的定义而言,要么人们必须拒绝我们并说明我们是错误的,要么只要人们不能这样做,他们就必须像我们做的那样说,类相互混合,而且是和相异充斥所有事物,包括相互充斥,而既然相异分享是,那么根据这种分享,它就是,然而它不是它所分享的东西,而是相异,而且既然它与是乃是相异的,它就一定不可避免地乃是不是。但是反过来,是分享相异,因此它与其他类乃是相异的,而且,既然它与所有它们都是相异的,它就不是它们各自或其他全体,而只是它自身。因此毫无疑问,有成千上万是的东西不是,因而恰恰也有所有相异的事物,包括个体的和集合的,它们在许多关系中是,并且在许多关系中不是。(258e6-259b7)

　　这一段话很有些结论的味道,它说明柏拉图反对不是与是的对立。这段话表达得也比较明确,因此用不着我们再多做分析,也用不着再多说些什么。但是在我看来,有两点是必须要注意到的。第一,柏拉图反对的无疑是把不是与是对立起来,但是在他的论述中,他似乎明确地用相异替代了不是。比如他说"是和相异充斥所有事物,包括相互充斥";"是分享相异,因此它与其他类乃是相异的";"有成千上万是的东西不是,因而恰恰也有所有相异的事物,包括个体的和集合的,它们在许多关系中是,并且在许多关系中不是"等等。从这样的论述可以清楚地看出,柏拉图想说明"不是",借助的则是"相异"。这样,我们也就可以理解,为什么他在探讨运动的静止的基础上再增加"相同"和"相异"这两个概念。第二,通过对不是的说明,即通过对相异的说明,似乎最终也说明是本身。比如,由于是与所有其他类是相异的,是就不能是其他东西,而只能是它自身。正是由于有这样两点认识,因此柏拉图明确地说:

【引文3】
　　以某种方式说明相同的东西是相异的东西,而相异的东西是相同的东西,大的东西是小的,相似的东西是不相似的,并且总是很高兴这样在论证中提出对立的情况,所有这些都不是真正的反驳,而明显是某种新产生的想法,这种想法刚刚开始接触到实在的问题(259d2-7)。

这里,柏拉图完全用相同和相异表达和总结了自己的思想观点,而且根本没有使用和涉及是和不是。但是有了前面的理解,我们其实也可以看出这里说的是什么意思。所谓相异的东西大致相当于不是的东西,而相同的东西可以相当于是的东西。因此,在柏拉图看来,把是的东西说成不是的东西,把不是的东西说成是的东西,把大的东西说成是不大的东西,把相似的东西说成是不相似的东西,等等,这些并不是真正的反驳。而只是说出一些不同的看法。这样的情况恰恰说明事物的各种性质是相互混合在一起的,用柏拉图的话说,大概就是事物之间、类或观念之间的相互融和。因此柏拉图说:"试图把所有事物与其他所有事物分离开,这不仅不得体,而且表明一个人是完全不开化和没有哲学头脑的"(259d9-259e),这是因为"把各事物与所有事物完全分离乃是最终完全消除所有话语。因为我们的话语能力是从类或观念的相互交织而产生出来的"(259e4-7)。他特别强调,必须承认"一事物与另一事物相混合"(260a3)。

最后还应该说明一点。柏拉图不仅提出了自己的论证,而且对自己的论证似乎非常自信。他明确指出,如果有谁怀疑这些看法,就必须进行研究并提出比他所做出的更好的解释(259b9-11)。因此,我们有必要把他的论述当作论证来看。这也是我把他的论述分成一些步骤来论述的原因之一。前面我确实只做了理解他的论述的工作,后面我将对他的论证做出分析和评价。

5. 真与假

在柏拉图的论述中,与是和不是联系得非常紧密的,除了相同和相异这两个概念之外,还有"真"和"假"这两个概念。如果说相同和相异这两个概念是柏拉图为了讨论和论证而引入的,那么真和假这两个概念则不是。实际上,柏拉图关于它们的论述是非常自然的。下面我们以与前面相同的方式讨论柏拉图关于真和假的论述。

第二十九步,柏拉图认为,一个真印象是这样的,它是"某种与真事物相似的东西",所谓这种与真事物相似的东西"不是一个绝对的真东西,而只是一个与真东西相似的东西"(240b);而"不真的东西是与真东西对立的东西"(240b5-6);因此,"如果你说像是的东西不是真的,你就是说它实际上不是"(240b7-8);因此,像是的东西确实以某种方式是,"但不是真是","只不过它实际上是一种相似性"(240b9-11);因此,"我们称之为一种相似性的东西,尽管实际上不是,实际上确实又是"(240b12-13)。所以,"不是与是确实似乎这样纠缠在一起,而且这是很荒唐的"(240b14-15)。

第三十步,柏拉图指出,智者的技艺误导我们持一个假意见,而假意见是"思考与是的事物相对立的事物"(240d6-7);假意见是"思考不是的事物"(240d9);假意见"一定是认为不是的事物在某种意义上是"(240e3-4);它"也认为肯定是的事物根本就不是"(240e5-6)。"因此,如果一个陈述声称是的事物不是,或者不是的事物是,它就同样会被认为是假的"(240e10-241a)。

这两步是柏拉图在论述智者是印象的制造者时说的,目的是要区别什么是实际上是,什么是看上去是。按照柏拉图论述的顺序,它们在前面第五步和第六步之间。由此也可以看出,在这两步论证之前,柏拉图刚刚做出几点论证:是与不是有明显区别;不能把不是用于是;如果把是用于不是,就产生矛盾。而在这两步论证之后,柏拉图开始讨论当前人"说是的时候,他们是什么意思?"在这样一种背景下考虑这两步显然可以看出,真和假与是与不是乃是有密切联系的。

首先,有两种是,一种乃是实际上是,另一种则是像是。其次,实际上是的东西乃是真是,而像是的东西只是以某种方式是,而不是真是。再次,真印象是与真事物相似的东西,而不是绝对的真东西。最后,假意见是思考不是的事物,假意见是思考与是的事物对立的事物。以上几点在从这两步得到明确的论述,由此在上下文中则可以得出,由于智者是印象制造者,因此他们总是制造一些真印象,或者干脆提出假意见。引人注意的是,柏拉图在这里对真假的论述是比较清楚的,却没有展开。而且在随后的论述中,这样的考虑时隐时现,但是到了第二十八步以后,他开始试图明确地从真假的角度来讨论。

经过以上论述之后,柏拉图得出自己的看法,不能简单地说是者不是或不是者是,因为是与不是相互混合在一起。而根据他的论述,不是也属于是,因为它分享是,因此不是也是一种是。但是他的论证还没有完。接下来,他还有一些论证,这些论证就涉及真假。

第三十一步,"我们的目的是确立话语为关于是的类中的一类。因为如果剥夺我们的话语,就会剥夺我们的哲学,而这会是最严重的后果。此外,眼下我们必须关于话语的实质达成一致看法,而且如果剥夺我们的话语,我们就再也不能有话说了;而如果我们一致认为没有任何事物与任何事物的混合,那么就应该剥夺我们的话语"(260a5-260b2)。

之所以眼下要达成关于话语实质的看法,乃是因为"我们发现,不是乃是是类之一,充斥于所有是者"(260b7-8)。因此"下一件事情是要探讨它是否与意见和言语混合在一起"(260b10-11)。这是因为,"如果它不与它们混合在一起,那么必然的结果是所有事物都是真的,但是如果它与它们混合在一起,那么就会有假意见和假话语。因为在我看来,思考或说不是的东西,这就相当于在心灵或言语中产生假"(260b13-260c4)。

第三十二步,如果有假,就有欺骗(260c6)。而如果有欺骗,所有事物就一定因而充满想象、相似和幻想(260c 8-9)。这里智者会找到避难所,他们绝对否认假之是,"因为他们说,既然不是并不以任何方式分享是,不是就既不能被感到,也不能被说出"(260d2-4)。"但是现在已经发现不是分享是,也许在这一点上他不会再坚持与我们争执了。但是他可能会说,一些观念分享不是,而一些观念不分享不是,而且言语和意见处于那些不分享不是的观念之中。因此他又会坚决主张,既然意见和言语不分享不是,就绝不会有我们指认他的那种制造想象和幻想的技艺,因为除非有这样的分享,否则就不可能会有假。由于这个原因,我们必须首先研究语言、意见和现象的实质,为的是(当说明了它们的时候)以此我们可以感到它们分享不是,因而能够证明是假的,并由此可以抓住智者,如果据此可以抓住他的话,而如果不行,就让他去,我们再到其他类中搜寻他。"(260d6-261a4)这表明,在智者的辩护中,不是乃是智者"首先准备好的一道防线"(261b)。也许还有其他防线,但是"我们必须证明假是与意见和言语相联系的"(261b4)。

因此要考虑言语和意见,"以便最终更清楚地理解不是是否触及它们(言语和意见),或者它们是否都是完全真的,并且都从不是假的"(261c6-10)。

这两步与前面的论述有明显区别,一是明确地论述了话语,二是明确地探讨真假。第三十一步明确是关于话语的论述,因此也是关于语言的论述。由于柏拉图把话语与是联系在一起,因此他此前所有关于是的论述都可以看作与话语相关,因而与语言相关。而且,从这里的论述来看,柏拉图把话语突出出来,甚至把它与能不能讨论哲学联系起来。

就真假的考虑而言,如果我们足够仔细,其实可以看出,这两步主要考虑的并不是真,而是假,包括假意见,假话语。而之所以考虑假,则是因为假与不是相关。正像柏拉图指出的那样,如果假不与意见和言语混合在一起,则必然所有事物都是真的,但是如果假与意见和言语混合在一起,就会有假意见和假话语。由此也可以看出,柏拉图考虑的主要还是在于不是,并且指出,由于假导致欺骗、想象、幻想等等,因此为智者提供避难所,因此,不是乃是智者的防线。通过这样的考虑,柏拉图就把论证转到意见和言语上来。

第三十三步,首先检验名字。一些词相互连接,另一些词不相互连接(261d)。"我们用来表示是的词有两类"(261e5-6),"一类叫作名字,另一类叫作动词"(262a)。"我们以动词指与动作相联系的指示词"(262a3-4);"我们称应用于动作的言辞符号为名字"(262a6-7)。光有名字形不成话语,比如"狮鹿马",光有动词也形不成话语,比如"走跑睡"。"只有在动词与名字混合起来以后,说出的词才指示行为或非行为,或任何是的事物是或不是;这样,言辞才配合起来,而且它们最简单的组合乃是最简单和最短的话语形式的句子"(262c4-7),比如"一个人获知"。当一个人这样说的时候,"他做出一个关于是、已经是或将要是的情况的陈述;他不是仅给出名词,而是通过动词与名词的组合而达到一个结论"(262d2-4)。

第三十四步,如果是一个句子,它就"必须有一个主语;没有主语它是不可能的"(262e5-6)。"而且它必须也有某种性质。"(262e8)柏拉图举了如下两个例子。

例1,"泰阿泰德坐着"。

例2,"泰阿泰德飞翔"。

这是两个非常短的句子。它们都是关于泰阿泰德的,泰阿泰德是它们的主语。

每一个句子都必须有某种性质。例1是真的,而例2是假的。真句子"如同关于泰阿泰德所是的事实那样陈述了事实",而假句子"陈述的是与事实相异的情况",即"谈论不是的事情,就好像它们是"(263a2-b8)。因此,在谈论事物的时候,"相异的事物被说成相同的,不是的事物被说成是的事物,当这样形成名词和动词的一种组合的时候,似乎我们实际上真是有了假论述"(263d1-5)。

第三十五步,"思想和言语是相同的;只不过思想是一种心灵与自身无声的内在对话,被赋予了思想这个特殊的名称"(263e3-6),而"通过嘴以言辞陈述从心灵流出来就有了言语这个名字"(263e8-9)。

在言语中,恰恰有"肯定和否定"(263e13)。当这样一种东西以思想的方式在心灵中无声地产生时,只能说它是意见。而当这样一种条件通过感觉活动出现的时候,只能说它是"似乎是"(264a1-7)。因此,"既然言语如同我们发现的那样是真的或假的,而且我们看到,思想是心灵与自身对话,意见是思想的最终结果,我们说'似乎是'时所意味的东西乃是一种感觉与意见的混合物,那么一定得出,既然这些都与言语同属一类,它们中的一些就一定有时候是假的"(264a9-b3)。因此就有假意见和假论述。

这几步之后,柏拉图又回到关于智者的讨论。因此这几步是《智者篇》中这一大段比较独特的论述的最后几步。

第三十三步谈论的显然是句子形式,或者确切地说,是句子的构成形式。它旨在说明,一个句子不能只有名字,也不能只有动词,而是必须由名字和动词的组合来构成的。这些讲得十分清楚,不存在什么理解上的问题。第三十四步旨在说明,一个句子有某种性质,因而就有真假。从上下文可以想到,泰阿泰德坐在说话者的对面,因此例1"泰阿泰德坐着"显然是真的。但是,例2"泰阿泰德飞翔"显然是假的,因为泰阿泰德既没有在飞翔,也不具备这种能力。第三十五步试图说明思想和言语的关系。需要注意的是这里明确谈到在言语中有肯定和否定。这无疑应该指句子的形式。只是柏拉图指出了这样的形式在言语中和在思想中所表现的不同方式。

从今天的眼光来看,这三步论述的东西是很清楚的。它们分别相应于句子的句法和句子的语义,大致说明了语言有一定的语法规则,这些规则决定了句子有构成部分,并且什么样的句子是合乎语法的,什么样的句子是不合乎语法的;而且句子的表述有肯定和否定的区分;还说明句子有真假,即一些句子是真的,一些句子是假的;而且同样的句子,由于肯定和否定的差异,也会有真和假的区别。既然柏拉图论述了这样的东西,他肯定认识到了这样的东西。区别只在于他论述的程度与我们所认识的程度是不同的。

6. 普遍性与确定性

以上我们分三十五步介绍了柏拉图在《智者篇》中的一大段论述。这些介绍有详有略,但是我认为它们大体上反映了柏拉图所讨论的主要内容和思想。虽然我们在介绍的过程中也做了一些分析和说明,但是这些分析和说明主要是为了理解柏拉图本人的论述,基本上只停留在字面上,既没有展开,也没有深入。不过,有了以上的介绍和分析说明,我们就获得一个讨论柏拉图思想的基础,这个基础不仅以柏拉图著作文本为依据,而且也有以上对这些文本的一些理解做支持。下面,我试图在这个基础上进一步探讨柏拉图的思想。

从前面的论述来看,柏拉图的这一段论述涉及四个部分:是与不是;运动、静止和是;相同、相异和是;真与假。如果把相同和相异与运动和静止看作是同一个部分(因为相同和相异是柏拉图用来说明运动和静止的),那么这一段思想就只有三个部分。这样来看,第一部分有五步,最后一部分有七步,而第二部分有二十三步。也就是说,第二部分柏拉图讨论得最多。若是从量的角度来考虑,则第二部分分量最重。直观上看,这部分主要讨论的是运动、静止、相同、相异。因此这些内容似乎最为重要。我的问题是,应该如何理解和看待柏拉图的这些讨论。

在这第二部分中,我们确实可以看到许多涉及运动和静止的论述,比如,运动和静止是不同的,运动和静止是对立的,宇宙是静止的,宇宙是运动的,等等。但是如果仔细分析一下,则可以看出,柏拉图并没有讨论具体的运动和静止,比如他没有讨论什么是运动,什么是静止。在他的讨论中,运动和静止似乎是两个自明的概念,它们具有对立的含义,而且它们是从前人讨论中概括出来的东西。因此我们可以问:关于运动和静止,柏拉图在讨论些什么?

前面我们说过,运动和静止是关于宇宙的讨论。比如这里再次提到的"宇宙是静止的","宇宙是运动的"等等。因此似乎可以认为,柏拉图是在谈论宇宙,即通过运动和静止来论述宇宙。但是我们看到,这样的谈论并不多,而且,这样的论述给人的感觉都是作为自明的东西提出来的,也就是说,即使谈到"宇宙是静止的",意思也是明确的,本身并没有什么理解的问题。因此我们仍然可以问:关于运动和静止,柏拉图讨论的究竟是什么?

在我看来,运动和静止确实是柏拉图谈论比较多的东西,但是,我们一定要看到,这充其量只是一种表面现象,因为它们并不是柏拉图所讨论的最主要的东西。和它们在一起讨论的,还有**是**,而这才是柏拉图讨论的主题。换句话说,运动和静止乃是用来讨论**是**的,或者为讨论**是**服务的。这一点,在柏拉图的论述中可以看得很清楚。比如在第六步一开始,也就是在即将进入关于运动和静止的讨论的时候,柏拉图从前人的命题"宇宙是一"出发提问,"当他们说**是**的时候,他们是什么意思?"显然他要考虑**是**。而在随后的讨论中,他把前人的讨论总结为运动和静止,由此得出了**是**、运动和静止这三个最抽象的类,这样,他把讨论集中在这三个类上,他希望借助运动和静止来说明**是**。比如,**是**乃是与运动和静止不同的东西,乃是运动和静止之外的东西。在我看来,通过运动和静止来说明**是**,无论是否可以成功,至少是可以尝试的。但是在这样的说明中,运动和静止无疑应该是自明的,至少应该比**是**这个概念更是自明的。这是因为人们总是要以比较明确和明白的概念来说明不太明确和明白的概念。所以我们可以理解,在柏拉图的论述中,为什么他不讨论运动和静止是什么,而把它们作为自明的概念使用。

前面提到,在关于运动和静止的说明中,柏拉图利用了"分享"这一概念,它被用来帮助说明运动和静止的区别。运动不分享静止,静止不分享运动,但是它们都分享**是**。这里所涉及的思想是,不能说运动是静止,也不能说静止是运动,但是却可以分别说运动**是**或静止**是**。

在关于运动和静止的说明中,柏拉图引入了相同和相异这两个概念,因此对相同和相异也有许多论述。比如,利用相异这个概念可以说明不相同,也可以说明不是。而利用分享这一概念,通过相同和相异则可以进一步说明运动和静止的区别,从而说明是与不是的区别。因此在我看来,柏拉图关于相同和相异的讨论与关于运动和静止的讨论属于一体,前者不过是为了更好地说明后者。因此,这样的讨论说明,归根结底,还是为了说明是。

值得注意的是,在柏拉图关于运动和静止的讨论与关于相同和相异的讨论之间,有如下一段论述:

【引文 4】

当我们说到一个人的时候,我们给他许多附加的名称——我们赋予他颜色、形状、大小、缺点和优点,而且我们以所有这些陈述和无数其他陈述说,他不仅是一个"人",而且也是"好的",并且具有其他任何一些性质。对其他所有事物也是如此。我们把任何给定的事物看作一,但是把它说成多并以许多名称谈论它。(251a8-b5)

这段话插在第十二步与十三步之间。从内容来看,它举例说明如何用许多名字来称谓同一个事物,因此与运动和静止似乎没有什么关系。按照柏拉图的说法,从这个例子可以看出,很容易把握"多不可能是一,一也不可能是多"(251a11),有些人愿意说,"我们不必称一个人为好的,但一定要称好的东西为好的,并要称一个人为人"(251b)。讲了这个例子以后,柏拉图又回到关于是、运动和静止的讨论。表面上看,这个例子与相同和相异似乎也没有什么关系。

但是,既然这段话出现在柏拉图关于运动和静止的讨论与关于相同和相异的讨论之间,就值得我们认真思考。即使它字面上与前后的讨论没有什么关系,我们也不能简单地把它忽略不计。在我看来,越是这样,我们越应该考虑,为什么会在这里加入这样一段话。

直观上看,这段话本身确实没有牵涉到运动和静止,也没有涉及相同和相异。它只是提供了一个例子。因此它的重要性似乎就在这个例子上。联系柏拉图的解释,它说明"多不可能是一,一也不可能是多"。由此则可以看出,关于一多的区分,恰恰是关于是的讨论的一项重要内容,前面提到的"宇宙是一"即是一例。由于"宇宙是一"正是柏拉图开始讨论运动和静止时所提到的命题,因而就不能说这段话与前面的讨论丝毫没有关系。再仔细分析一下,这里所说的"许多附加的名称","颜色、形状、大小、缺点和优点"等等,似乎是想说明,一事物不能简单地表达为相同,而可以表达为相异,因此也就暗含着与后面的讨论的联系,更何况"大小"本身恰恰就是后面提到的例子。

认识到引文4与上下文的联系是有意义的。但是在我看来,这里的意义主要并不在于说明这段话既与运动和静止相关,又与相同和相异有联系。我更倾向于认为,引文4的意义主要就在于这个例子本身。这个例子说明,对于一个人,我们可以说:他是一个人,他是高的,他是矮的,他是漂亮的,他是难看的,他是白的,他是黑的,他是好的,他是坏的,等等。"许多附加的名称"是关于这些表述的解释,"颜色、形状、大小、缺点和优点"也是对这些表述的说明,同样,前面提到的一和多,后面所说的相同和相异,也是关于它们的说明。这些说明尽管明显不同,但是它们所围绕的东西,即这个例子所展示出来的最核心的东西,却是共同的,这就是其中说到的那个"是"。看到这一点,也就可以明白,柏拉图主要探讨和说明的并不是运动和静止,不是相同和相异,而是"是"。因此,这里强调这个是,乃是有道理的。它似乎向我们表明,前面关于运动和静止的讨论,无非是为了说明它,而后面所要提出的关于相同和相异的讨论也是为了它。

由于第二部分所占篇幅很大,因此关于它的理解就需要多说一些。但是一旦明确了它所讨论的内容,再把它放在前后三部分中来考虑,就可以得到关于柏拉图思想的理解。

联系第一部分来考虑,柏拉图的思路无疑是清楚的。第一部分的五步论述都是围绕着是与不是来讨论的。具体地说,柏拉图从不是出发,说明不是与是的区别,并且最终说明要探讨是这个概念。因此可以看出,在是这一点上,第一部分与第二部分的联系是非常紧密的。

第三部分谈论语言,而且具体地谈论句子以及句子的构成形式。同时它还谈论句子的真假。通过这两方面的论述,这部分试图说明句子的表述与真假的关系,从而说明思想和语言里存在的一些问题。值得注意的是,这部分谈到是,但是在具体说明句子真假时所给出的两个例子却与前面的例子不同,因为它们不具备"S是P"这样的句式。我认为,这一点是不应该忽略的。后面我还要专门谈到这个问题。这里我只想指出,虽然例1和例2中没有"是"这个概念,但是在具体说明中,柏拉图仍然谈到是,比如他认为,真句子"如同关于泰阿泰德所是的事实那样陈述了事实",而假句子"陈述的是与事实相异的情况",即"谈论不是的事情,就好像它们是"。这显然涉及是与真假的关系。此外,他还说到,如果相异的事物被说成相同的,不是的事物被说成是的事物,似乎就会有假论述。由于相同和相异都是用来说明是的,而且相异甚至相当于不是,因此这里实际上也隐含着关于是与真假的论述,从而隐含着是与真假的关系。

综上所述，在柏拉图的论述中有一条主线，这就是是。他的所有论述，比如关于不是，关于运动和静止，关于相同和相异，关于真假等等，都是围绕着是展开的。因此，是乃是他论述的核心，因而是他思想中最主要的东西。

有了以上结论之后，人们自然会问：为什么柏拉图要论述是？我赞同这样问。而且我还认为，这个问题是非常重要的。

直观上说，巴门尼德的论题"不能证明不是乃是"非常出名，其中的核心则是"不是乃是"。从引文1可以看出，既然柏拉图的考虑涉及这个论题，自然就会讨论不是，因为至少字面上直接涉及这样一个问题："不是"究竟是什么？或者，究竟什么是"不是"？由于不是本身又牵涉到是，因此讨论不是也要讨论是，这样就涉及是与不是的关系。所以，柏拉图直接进入对不是的讨论应该是不难理解的。当然，深入思考，则还会产生另一个问题：为什么巴门尼德会考虑是与不是？这里，我不想把对柏拉图的讨论转到对巴门尼德的讨论，而只想就柏拉图的论述来探讨他的思想，因此撇开这个问题。

从柏拉图的论述来看，是与不是不仅是人们最基本的表达方式，而且也牵涉到真和假。我们看到，他论述到是或不是的时候，对它们没有过多的解释，这就使我们可以相信，它们的使用本身乃是自然的，也是自明的。因此柏拉图围绕着是来考虑，实在是再自然不过了。但是这样也会产生另一个问题：是和不是乃是基本的表达方式，为什么柏拉图就一定要考虑它们？是与不是涉及真和假，为什么柏拉图就一定要考虑它们？这个问题显示了柏拉图的讨论的意义，因此是我探讨的重点。而且，对这个问题的回答也可以回答上一个问题，即为什么巴门尼德要考虑是与不是。即使不能完全回答它，至少可以在某种意义上回答它。

在我看来，柏拉图之所以讨论是与不是，主要是因为他在追求普遍性与确定性。由于是与不是乃是人们最基本的表达形式，而且直接涉及真假，因此有助于思考普遍性和确定性。下面我们分别来论述这两个问题。

前面我们曾经提到，柏拉图从"宇宙是一"出发，明确提出要知道当人们"说是的时候，他们是什么意思？"这里，他明确提出了对是的发问。"宇宙是一"无疑可以有多种理解，既可以是一个命题、一种信念或一种看法等等，也可以只是一个例子，即一句平常话。但是柏拉图在这里的提问，当人们"说是的时候，他们是什么意思？"却绝不是一个例子，也绝不是仅仅对这个例子的发问。而是通过这个例子对是这种普遍的东西发问。具体地说，这个例子中有"是"这个词或概念，在这个例子中它只是表示宇宙和一之间的一种联系或关系。但是，由于这里是以它为例，因此对其中"是"的发问就不是仅仅对这个例子中的这个"是"的发问，而是对以它为例所说明的所有这样的句式中的"是"的发问。同样，在柏拉图的说明中还用了其他一些例子,比如"一个灵魂是公正的","一个灵魂是不公正的","一个灵魂是聪明的","一个灵魂是愚蠢的"等等。这些例子中也含有"是"。但是柏拉图用它们并不是为了说明这些例子本身,而同样是为了说明它们所体现的语言中的一种普遍情况。这些例子可以抽象地表达为"S 是 P",这就是它们的普遍句式。在这种句式中,"是"这种恒定的要素被揭示出来,被体现出来。对是的发问,实际上是对语言中这样一种恒定要素的发问,是一种具有普遍性的发问。

与此相似,引文 4 也说明了这种特征。它说的是一个具体的例子,即我们对一个人的表述,也给出了一些具体的表述,比如"他是一个人","他是好的"。但是它想说明的却不是这个具体的例子,而是通过这个具体的例子来说明的东西。"颜色、形状、大小、缺点和优点","一"和"多"等等肯定是比这里给出的两个例子更具有普遍性的东西,而且绝不会限于这两个例子。比如"好的"无疑是一种优点,但是还有许多东西可以被称为优点,尽管柏拉图没有说出来,比如"聪明的","公正的","富有同情心的"等等。而且引文 4 想说明的绝不是仅仅关于人的,而是"对其他所有事物也是如此"。因此这里所说的"颜色、形状、大小、缺点和优点","一"和"多"等等,不仅在关于人这个具体的例子上具有一种普遍性,而且还具有超出人的、适用于其他事物的普遍性。

如果说以上解释更多地依赖于我们自己的分析,那么在前面第二十五到二十七这几步则可以看到柏拉图自己的说明。在那里,我们清楚地看到,柏拉图从"大的东西是大的""漂亮的东西是漂亮的""不大的东西是不大的""不漂亮的东西是不漂亮的一样"过渡到说明,"不是过去乃是并且现在乃是不是,因而被看作是的许多类中的一类"。"不大的东西是不大的",这显然是一个具体的例子,而且仅仅是一个具体的例子。"不是乃是不是"虽然也可以用作一个例子,但是它本身又可以不是一个具体的例子,因为它可以作为一种句式,涵盖所有像"不大的东西乃是不大的"那样的具体的例子。所以,柏拉图这里的讨论显然是从具体的例子到抽象的普遍的层面的过渡。这就表明,从具体的例子到普遍的关于是与不是的考虑,确实是柏拉图自己所做的工作。

前面在论述柏拉图关于运动和静止的讨论时提到,把关于宇宙的探讨概括为运动和静止乃是一种抽象,但是柏拉图并没有满足于这一点。他还要上升到一般性的事物层面,即上升到类的层面来探讨。他认为最重要的类有五个:是、静止和运动,加上相同和相异。这样他就在这五个类的层面上探讨问题,而不用陷于具体问题的讨论之中。而且他还特别强调要在科学的意义上来探讨。由此无疑可以看出,柏拉图并不是想要探讨具体的问题,而是在追求一种普遍性层面的东西,一种科学意义上的东西。不仅如此,他还明确地说明什么叫作以类的方式来考虑问题,即"一种形式或观念完全扩展到许多相互分离的个体,许多形式相互区别但是包含在一个更大的形式之中,而且一种形式由许多整体的联合而发展,而许多形式则是完全分开和分离的"。无论这样的说明是不是有道理,它的普遍性倾向却是清楚的。

从前面的讨论可以看出,柏拉图关于运动和静止的讨论,以及关于相同和相异的讨论,其实并不是在讨论运动和静止,以及相同和相异本身,归根结底还是为了讨论是与不是。由于是与不是本身乃是"S 是 P"这种句式中最基本的东西,因此通过对这样的东西的探讨有望达到具有普遍意义的结果。运用运动和静止、相同和相异这样抽象的概念,实际上也是为了对这样的句式所表达的含义进行探讨,以此希望会得到关于是与不是的具有普遍意义的结果。因此,无论柏拉图讨论的结果如何,这种追求普遍性的意图和做法却是清楚的。

"他是一个人"、"他是聪明的"等等这样的例子无疑有具体含义。而在"S 是 P"这种句式的意义上探讨它们,显然抽象掉了它们的具体含义。在柏拉图那里,我们还看到了关于真假的探讨。而真假无疑也是一种抽象,它们是抽象掉句子的具体内容之后所能考虑的东西。因此,在句子意义的层面说,真假无疑是一种具有普遍性的东西。十分明显的是,柏拉图在说明中举了一些例子,但是他从不讨论这些句子的具体含义。相反他对真假进行了专门讨论,并且试图从真假的角度得出对是与不是的说明。这就清楚地表明,柏拉图关于真假的讨论也是一种追求普遍性的说明,他试图以此帮助说明他关于是与不是的考虑。

在第一节我曾说过,冗长的论述方式是柏拉图对话中一种常见的方式,这是柏拉图的一种论证方式。实际上,他是在努力通过这样的论证方式来追求一种确定性。那里虽然指出柏拉图在追求确定性,然而说明却是笼统的。现在,经过对柏拉图思想比较详细的论述,我们可以具体来谈一谈为什么说柏拉图是在追求确定性。

首先,从引文 1 可以看出,柏拉图试图区别"显得像是"、"好像是"与"真是",并且考虑到不要陷入自相矛盾。这里他所针对的肯定是智者,而这种区别的目的,这种考虑的结果,就是要避免这样似是而非的东西。因此,从他的出发点就可以清楚地看出,追求确定性甚至可以说是他的目的。

其次,柏拉图的具体讨论可以分为两个方面。一个方面是关于是与不是的讨论。他通过说明"不是"不能用于是,否则就会产生矛盾。但是他通过具体的论述又说明,在一定情况下,说"不是"的时候又隐含着是,因此不能绝对地接受巴门尼德的观点。而所有这些都是为了说明,是这个词的意思究竟是什么?

在这一说明过程中,柏拉图一开始把讨论集中在运动和静止这两个概念,由此形成了他讨论的主体。通过运动和静止来讨论是,这个想法是很出色的。因为这两个概念不是柏拉图生造的,而是被前人一直使用的。这样,柏拉图的讨论就有了思想来源和基础。此外,从字面上看,运动和静止具有对立的性质,而是与不是字面上也具有对立的性质,因此用这样一对概念来探讨是,本身就隐含着关于不是的考虑。比如,"宇宙是运动的"与"宇宙是静止的"显然意思是不同的,而由于运动和静止有对立的含义,因此"宇宙是静止的"本身也含有"宇宙不是运动的"的意思。因此他才能说运动不分享静止,静止也不分享运动。所以,用运动和静止来讨论是,字面意思里已经隐含了是与不是,因而似乎可以用来讨论是与不是,并最终说明是。

但是柏拉图后来又引申出相同和相异这两个概念,并利用这两个概念来说明运动和静止的同异,以此来说明是。字面上看,相同和相异本身也含有对立的意思,即相同的一定不是相异的。因此用这两个概念来探讨是,本身也隐含着关于不是的考虑。但是把这两个概念与运动和静止这两个概念做一下比较,就可以看出,它们还是有一些差异的。一方面,运动和静止尽管是关于宇宙的讨论的抽象,但是本身依然有确切的含义,而且是对所描述事物的性质的说明,只不过柏拉图把这样的含义看作是自明的。比如说,"一事物是运动的"与"一事物是静止的"这两句话的意思明显不同,这是因为其中运动和静止这两个概念本身的含义根本不同。而相同和相异只表示同异的区别,本身却没有任何具体的含义,比如说一事物是相同的,或一事物是相异的,只是就该事物自身来说,并没有说明该事物究竟是什么性质。因此可以看出,相同和相异这两个概念比运动和静止这两个概念更抽象,因而也更具普遍性。此外,这两个概念也是自然语言中常用的,意思也是自明的。也许正是由于这两种性质,所以柏拉图用它们来进一步说明运动、静止和是。也就是说,也许正是由于相同和相异两个概念的抽象性和自明性,所以柏拉图会认为它们比运动和静止更具有确定性,从而能够更好地被用来说明是与不是。

第三,柏拉图讨论的另一个方面是真假。前面说过,从意义的角度说,对真与假的考虑具有普遍性,因为它抽象掉了具体的意义。但是,关于真与假的考虑还有另一层重要性,这就是关于确定性的考虑。追求真,排斥假,并且试图提供这样的说明和方法,无疑具有确定性的考虑在里面。用柏拉图自己的话说,他是要区别好像是与真是,因为好像是并不是真是。也可以说,好像是乃是似是而非的东西,因此是不确定的,而真是才是确定的。无论柏拉图对此是不是有非常明确的说明,但是关于真假的考虑肯定隐含着对确定性的追求。

特别应该看到的是,柏拉图关于普遍性与确定性的追求不是分离的,而是密切地结合在一起。我认为,柏拉图的这一实践是非常重要的,给我们的启示也是深刻的。这是因为,如果不在抽象的层面上进行思考,就会局限在具体的句子所表达的具体的思想内容。不是说不能这样思考问题,也不能说这样思考问题就没有意义,但是这样的思考充其量只是一个个具体的句子或例子,因而只是经验层面的。这样的考虑即使得到确定性,也只会适用于某个或某些情况,因而不具有普遍性。而不具有普遍性的确定性经不起检验,因此很难得到保证。柏拉图显然不是在追求这样的确定性。他所做的不是考虑具体的个例,而是只考虑人们常说的"是"。他虽然也举了一些例子,但是这些例子都是为说明他所要探讨的那种具有普遍性的东西服务的。他把人们围绕是的所有表述归结为运动和静止,但是他还不满足局限于类似这样的说明,而是又引入相同和相异,形成五个最高的类,以此来讨论说明是与不是,希望最终能够提供对是的确切说明。这也表明,他所追求的关于是的说明,不仅是一种关于确定性的说明,而且也是一种关于普遍性的说明,因此确定性与普遍性是密不可分的。

7. 比较柏拉图与亚里士多德

综上所述,柏拉图的论述显示出他对普遍性和确定性的追求。这种追求是在他关于是与不是的讨论中充分体现出来的。他从询问"不是"开始,进而探讨"是"的含意,他试图追求确定性,并且试图得出具有普遍性的说明。我的问题是,柏拉图达到他所追求的确定性了吗?他的说明具有普遍性吗?

在柏拉图的论述中,我们可以看到一些明显含糊的说法。比如,他开始明确地说不是不能用于是,但是他在讨论中却认为巴门尼德反对不是乃是的观点有问题;而且他的一些结论恰恰与此相反,比如他认为,"当我们说不是的时候,我们说的似乎不是某种与是对立的东西,而只是某种不同的东西","不要让任何人断定,我们宣布不是乃是与是对立的东西"等等。

在《"是"与"真"——形而上学的基石》一书中论述巴门尼德思想一章的结尾处,我曾谈到巴门尼德关于不是的理解:

> 应该承认,我这种理解也存在问题,最明显的问题大概就是对巴门尼德谈到的否定不太容易理解。直观地说,如果巴门尼德在谈论"是"的时候想到的是一种逻辑结构,他认为由此可以达到真,那么他谈论的"不是"就一定是指一种不符合"是"这样的逻辑结构,因此他才会认为这条路不通。但是问题会不会就是这样简单?这里涉及希腊人对肯定和否定的理解,还涉及希腊人关于表达和论证、语言和思维的认识,因此是一个比较复杂的问题。在这个问题上,巴门尼德本人确实没有说清楚,这样就给我们的理解造成了困难,也带来了一些余地。好在西方的思想是有渊源的,也是有继承的,因此我们可以带着

这个问题继续往下走,看一看巴门尼德的这些思想后来是不是还有人论述,如果有,又是如何论述的。

这段话很明确,指出了巴门尼德关于"是"的考虑乃是一种与真相关的句法结构,同时也提到他关于"不是"的考虑所牵涉到的问题。我说了应该带着这个问题继续往下走,看一看后人是如何论述的,但是限于篇幅,我在那里没有论述柏拉图,而是直接过渡到亚里士多德。本书这一章的前几节内容可以看作是对那里所说的"继续往下走"的补充,还需要说明的则是逻辑与哲学的关系。

柏拉图的论述显然是接着巴门尼德的思想说的,其中不仅包含着关于是与不是的考虑,而且牵涉到关于肯定和否定的理解,关于思想和语言、认识与意见等等的说明。因此,不管与巴门尼德有什么样的区别,直观上可以看出,柏拉图的思想与巴门尼德的思想有许多相似之处。在我看来,他们最大的相似之处主要并不在于他们都在考虑是与不是,因而考虑了差不多相同的问题,而是在于那时逻辑还没有形成,因而没有作为一门学科或科学的逻辑。在这一点上,他们与亚里士多德的考虑形成巨大的反差。亚里士多德也考虑和论述了是,并且把是放到最突出的地位,因此可以说与他们所考虑的问题差不多是完全一样的。但是由于亚里士多德开创了逻辑,因而亚里士多德在考虑这个问题的时候可以依靠自己所建立的逻辑。由此而形成的结果是,亚里士多德关于是的讨论与巴门尼德和柏拉图是根本不同的。下面我们比较一下柏拉图和亚里士多德的相关论述,由此可能进一步说明柏拉图的思想。在我看来,若是引申一步,由此也会有助于我们更好地理解巴门尼德的思想。不过,后者就不是本书所要讨论的话题了。

前面在论述亚里士多德的形而上学的时候,我们曾经说过,他在第七卷讨论是本身之前,首先在第四卷探讨矛盾律。所谓矛盾律,指的是:一事物不能既是又不是。亚里士多德经过论证,把这条规律作为论证的出发点,作为不能违反的原则。亚里士多德之所以这样明确,是因为他已经建立起逻辑,并依据逻辑来讨论问题。而他的逻辑最基本的特征就是外延的和二值的,因此必须遵守矛盾律,否则就会出问题。遵守矛盾律,可能会带来其他方面的一些问题,但是却不会出现矛盾。

比较一下,其实很容易看出柏拉图与亚里士多德的相似之处和区别。前面已经说明,柏拉图的整个讨论都是围绕着是与不是进行的。而从引文1来看,他也想避免"自相矛盾的境地"。因此在这两点上,他与亚里士多德是一致的。但是,尽管他想避免矛盾,而且他也是围绕着是来讨论,并且在非常抽象的层面上,为了追求普遍性和确定性做了非常大的努力,但是他讨论的结果却没能做到避免矛盾。在这一点上,他与亚里士多德的区别则是非常大的。比如,引文3告诉我们,"以某种方式说明相同的东西是相异的东西,而相异的东西是相同的东西,大的东西是小的,相似的东西是不相似的,并且总是很高兴这样在论证中提出对立的情况,所有这些都不是真正的反驳"。这里,柏拉图显然想的是陈述与反驳。在这样的表达中,是与不是无疑是最基本的方式。我们曾经说过,柏拉图没有直接论述不是,而是借助相异来说明不是,因此,这里所说的对立的情况,应该指是与不是,或者,至少应该包含是与不是。但是柏拉图似乎还考虑了更多的东西。比如引文2明白无误地说,"有成千上万是的东西不是,因而恰恰也有所有相异的事物,包括个体的和集合的,它们在许多关系中是,并且在许多关系中不是"。这里除了对是与不是的考虑外,显然还考虑了以是来表达的东西,以及所表达的关系。也许我们可以这样说,这些论述表明,柏拉图对是与不是的考虑,虽然抽象,但是还没有抽象到亚里士多德那样的层次,即他还没有从外延和真假的角度来考虑它们。

是与不是乃是一种抽象,是、运动和静止也是一种抽象。前一种抽象需要提供对不是的具体说明,后一种抽象则是通过运动和静止的对立含义来提供对是与不是的区别的说明,从而达到对不是的说明。这里的差异是很大的。是与不是可以说仅仅是一种句法的抽象和考虑,也可以说是对所表达的东西的考虑,还可以说是二者兼而有之的考虑。而运用运动和静止,乃至运用相同和相异来考虑问题,虽然可以说是对所表达的东西的考虑,却不是一种句法的抽象,因而不是对句法的考虑。这样的考虑可以涵盖语义的对立,比如"聪明的"和"愚蠢的",而且以此说明的对立也是可以理解的,比如一个人如果是聪明的,就不能是愚蠢的。因此也可以说,这样的考虑隐含着关于是与不是的考虑。但是问题在于由此得不到关于句法的考虑。而得不到句法的考虑,就不会得到关于确定性和普遍性的最终说明。

刚刚提到了引文2所说的"个体的和集合的"事物,我认为这也是值得注意的东西。这不仅是陈述和反驳所要涉及的,而且说明柏拉图对这样的东西也有考虑。直观上看,个体的和集合的,至少表明了一种分类。比如,"苏格拉底是聪明的"是关于个体的表达,"人是聪明的"则是关于集合的表达。这显然是不同的表达。直观上看,这样的表述在日常生活中司空见惯,而且不存在任何问题。但是在辩论中,在涉及陈述与反驳的时候,就会有问题。比如,"苏格拉底是不聪明的"显然构成了对"苏格拉底是聪明的"的反驳,但是,"人是不聪明的"也构成对"人是聪明的"的反驳吗?这里显然就有问题。同样,"苏格拉底是愚蠢的"构成对"苏格拉底是聪明的"的反驳吗?"人是愚蠢的"构成对"人是聪明的"的反驳吗?这里的问题显然不是直观上看起来那样简单,更不是凭想当然就可以回答的。柏拉图的考虑无疑涵盖了这些情况,他也想能够对它们做出普遍而确定的说明。只是他最终没能成功。

前面说过,柏拉图关于真假的考虑,既是普遍性的追求,也是确定性的追求。他最初提出真这个问题,是为了区别好像是与实际上是,而且后来他特别专门探讨了真假的问题。但是值得注意的是,在他考虑真假的过程中,尤其是他所给出的那两个例子,却不具备"是"与"不是"。从具体的论述来看,考虑例1和例2的真假是非常容易而直观的,因为其中所论述的对象就在说话者的面前,而且其中所表达的性质也是两个自明的性质。这样一来,虽然柏拉图有关于真假的考虑,也说到真句子"如同关于泰阿泰德所是的事实那样陈述了事实",而假句子"陈述的是与事实相异的情况",因而说明了真假与事实是有关系的,但是由于这两个例子本身不包含"是"与"不是",因此他关于真假的论述与他前面关于是与不是的论述并没有直接对应起来,也没有直接联系起来。用今天的话说,就是他的句法和语义考虑没有对应和联系起来。而这样一来,他对确定性的说明最终也就落空了。

应该指出,探讨逻辑,可以有语义方面的考虑,也可以有句法方面的考虑,而最好的方法就是把语义和句法的考虑结合起来。这种结合,是站在今天的角度说的,因为是区分清楚句法和语义之后而说的。而在逻辑发展的初期,句法和语义的考虑往往是不太分的,即使区分,也不是那样清楚,因此可以说是一种混合。但是这两方面的考虑无疑是存在的。我想指出的是,柏拉图在这两个方面无疑有类乎逻辑的思考,他的缺陷是没有把这两方面结合起来。关于这个问题,我们可以利用前面的例子说得更清楚一些。

"苏格拉底是聪明的"与"苏格拉底不是聪明的"构成矛盾。从句法的角度,可以从是与不是来考虑,而从语义的角度,则可以考虑它们的真假。二者相结合,则可以说,前者是真的,那么后者一定是假的,并且反之亦然。因此,结合语义,我们得到关于句法方面的确定性说明。同样,借助句法,我们得到了语义方面的确定性说明。

"人是聪明的"与"人不是聪明的"却构不成矛盾。从句法和语义的角度,固然同样可以从是与不是来考虑,也可以考虑真假。但是从二者相结合,却得不出,如果前者是真的,后者一定是假的。也就是说,结合语义,我们没有得到关于句法方面的确定性说明。借助句法,我们也没有得到关于语义方面的确定性说明。这就说明,这里还有其他一些问题。

深入思考一下,则可以看出,这两个例子在句法方面有相似之处,即其中的"是"与"不是"。但是它们也有不同之处。前一个例子的主语是一个专名,而后一个例子的主语是一个类名。正是由于这种句法方面的区别,导致了前面相同的句法和语义解释出现了问题。当然,这里的进一步说明还要牵涉到量词,因此要得到这样的结果需要做许多工作。比如,亚里士多德认为,一个命题与它相应的矛盾命题,必然一个真,一个假。^① 这样的论述显然包含着句法和语义的说明。其中"相应的"一词则涵盖了上述两个例子以及其他更多句子的句法考虑。但是即使不再深入分析下去,也可以看出,探讨逻辑,句法和语义可以不分,或者区分得不是那么清楚,结合却是必须的。在我看来,柏拉图恰恰是在句法和语义的结合上出了问题。他虽然考虑了真假,并且把真假与句子结合起来考虑,甚至考虑到句子的组成,比如名词和动词,还考虑到肯定和否定,但是他没有把句子的句法清晰地刻画出来。如前所述,虽然他把是突出出来,但是由于缺乏句法方面的确切说明,只是停留在依赖于运动和静止,以及相同和相异本身的含义来考虑。因此,虽然他有关于真假方面的考虑,并且也试图结合句子来考虑真假,但是他的考虑缺乏明确的句法基础,在他那里,还没有形成句法和语义的结合。因此他最终没有形成逻辑的成果,也没有达到确定性和普遍性。

我认为,柏拉图的工作是非常值得重视的。虽然从逻辑的角度来看,他没有成功,但是他的工作无疑是向着逻辑的方向努力的。他反复考虑了后来亚里士多德所考虑的最主要的问题,这就是关于是与不是、真与假的思考。而且,他的工作也是巴门尼德的思想的延续。由此可以确定的是,逻辑并不是在亚里士多德那里一下子就产生了,而是经过许多人,特别是像巴门尼德和柏拉图这些杰出的哲学家的辛勤工作而产生的。而且,在逻辑产生的过程中,虽然逻辑有其自己的独特研究和思考,却是与哲学一直紧密地结合在一起。这样的结合,不仅说明逻辑与哲学的关系,而且也说明逻辑在哲学中的作用。也就是说,逻辑对哲学的重要性,早在逻辑产生之前,人们就已经认识到或感觉到了。正因为这样,才会有对那种后来称之为逻辑的东西的追求,因而才会有从柏拉图这样类乎逻辑的考虑到亚里士多德逻辑的建立。因此我认为,对于逻辑的重要性,柏拉图的著作在某种意义上提供了比逻辑学家自己所能提供的更为出色的说明。

---

① 参见王路:《亚里士多德的逻辑学说》,中国社会科学出版社 2005 年第 2 版,第 77 页。

第九章

逻辑的意义

我在本书开始时指出,所谓逻辑分析,实际上指的是逻辑作为一门科学被应用于哲学之中。通过前面对亚里士多德、康德、黑格尔、弗雷格、维特根斯坦、达米特和戴维森,以及柏拉图等人的思想的分析,具体地说明了本书的这一观点。现在,我们可以在前面探讨和说明的基础上,进一步探讨逻辑与哲学的关系。

1. 对逻辑的追求

从哲学史来看,逻辑是随着哲学的发展而产生的。从本书论述则可以看出,一方面,自亚里士多德建立逻辑以来,逻辑成为哲学家们手中的工具,对哲学的发展产生了重要的作用;而且随着现代逻辑的产生,不仅逻辑有了重大的发展,哲学也发生了很大的变化。另一方面,在亚里士多德建立逻辑之前,就已经有了柏拉图那样类乎逻辑的思考,有了那种对类乎逻辑性质的追求。而且,通过对柏拉图的研究,我们还知道,在他以前就已经有人进行过这样的思考,这就是巴门尼德。这样,我们至少看到三个层次的内容。其一,在逻辑尚未出现的时候,人们在哲学研究中追求后来被称之为逻辑的东西,或类似于那样的东西。其二,在逻辑出现之后,人们在哲学研究中明确地、有意识地运用逻辑的理论和方法。其三,在运用逻辑研究哲学的过程中,人们试图不断地努力发展逻辑。我认为,所有这些可以简单地归结为一点,这就是哲学家们对逻辑的追求。因此直观上我们就会问:为什么要追求逻辑呢?

逻辑是关于推理的科学。亚里士多德说:

> 一个推理是一个论证,在这个论证中,有些东西被规定下来,由此必然地得出一些与此不同的东西。

这是亚里士多德对逻辑的定义,也是最初的逻辑定义。它刻画了从前提到结论的一种性质,这就是"必然地得出"。具体一些说,配备上亚里士多德的三段论,这样一种性质可以保证我们从真的前提一定得到真的结论。[①] 追求逻辑一定会与逻辑的性质有关。既然逻辑具有这样一种十分明确的性质,我们就可以围绕这种性质来探讨为什么哲学家们要追求逻辑。

哲学的一个显著特征是论证。无论是在它孕育着其他学科的古希腊,还是在诸多学科已经从它分离出去的今天,进行论证始终是哲学家们一项非常重要的工作。论证的目的大概有许多,但是在我看来,最主要的有两个,一个是证明自己的观点正确(或反驳别人的观点),另一个是说服别人。这两个目的可能是统一的,也可能不统一。一个人可能会证明自己的观点正确,却不一定说服别人。一个人可能会说服别人,但是他的观点并不一定正确。当然,也有这样一种可能性:一个人证明自己的观点正确,同时也说服了别人。

论证的方式是多种多样的。一般来说,论证总是由前提和结论组成。这些前提和结论与人们的认识有关,牵涉到真假、对错、好坏、有无道理等等判断,因而也直接影响到人们的信念,而且这些前提和结论也形成一定的关系。为了达到论证的目的,人们可能会有许多要求,包括对前提的要求、对结论的要求,以及对前提与结论的关系的要求。这些要求可能会有不同,最主要的要求则是论证的可靠性,因为论证若是不可靠,就无法使人信赖。为了使认识和信念令人信服,人们可能也会有一些标准,最主要的则是真。"是真的"是人们对认识的一种最直观、最朴素的说明。从亚里士多德对逻辑的说明来看,恰恰与这两个方面有关。其一,它提供了一

[①] 由于我在其他地方曾经详细讨论过这个问题,因此这里不再重复(参见王路:《亚里士多德的逻辑学说》《逻辑的观念》)。

种对从前提到结论的说明,这就是"必然地得出"。"必然地"就一定不是任意的,因此可以满足可靠性的要求。其二,它保证人们从真的前提一定得出真的结论,这样就使逻辑的方法与人们的认识与信念直接联系起来。因此,自亚里士多德以后,人们明确了逻辑的性质,懂得了逻辑的作用,所以自觉地运用逻辑来从事哲学研究。

柏拉图的手中没有逻辑,因此我们不能根据亚里士多德这种明确的逻辑观念来理解他的著作。但是从前面的分析可以看出,柏拉图一直在进行论证,并且在论证中追求确定性。他不满意智者派的做法,他要区别"好像真"与"实际真",并且试图在科学的意义上提供一种具有普遍性的说明。确定性与"必然地得出"当然是不同的。但是从常识的角度说,确定的东西肯定比不确定的东西是更可靠的。因此追求确定性在某种意义上也是追求可靠性,因而直观上似乎可以认为,确定性也是一种可靠性,或者至少是一种与可靠性相似的性质。尤其是,柏拉图所追求的确定性与论证相关,与追求提供普遍性的说明相关,而且也与真假相关,因此,虽然他没有亚里士多德那样的明确说明,也没有得出亚里士多德逻辑那样的成果,但是他的努力反映出与亚里士多德相似的东西。

自亚里士多德以后,逻辑成为一门科学。它为人们明确了一种关于推理的认识,也提供了一种关于推理的方法,并使这样一种认识和方法成为具体的、可以传承的东西。因此,人们对逻辑的追求不再完全是摸索的、探讨性的,而在某种程度上表现为对科学的追求。如前所述,康德认为逻辑是成熟的学科,因而他从逻辑的框架出发构造自己的范畴框架,运用逻辑方法进行论证,所以,他是从逻辑的角度出发论证形而上学是不是可能与如何可能。黑格尔认为逻辑是纯科学,因而从逻辑中寻找出发点,并以此建立自己的哲学体系。无论康德和黑格尔对亚里士多德所说的"必然地得出"这样的性质是否有明确的认识,不管他们追求的先验逻辑或思辨逻辑是不是对逻辑的发展,他们的做法说明,他们把逻辑看作科学,看作是哲学研究的可靠基础。因此,从逻辑出发,使用逻辑的理论与方法,在他们看来,都是有可靠性的。

按照现代逻辑的看法,逻辑研究有效性推理或推理的有效性,而所谓推理的有效性指的是从真的前提一定得出真的结论。这种看法与亚里士多德的说法差不多是一样的,只不过是以有效性及其说明替代了"必然地得出"。但是,现代逻辑与亚里士多德逻辑有一个明显区别,这就是使用形式化的语言和建立演算。这样就产生一个重要的结果:逻辑成为一门独立的学科,并且从哲学独立出来。不过这个结果并未妨碍逻辑依然是哲学的工具,依然为哲学家所用。实际上,恰恰是由于使用现代逻辑,才产生了20世纪哲学领域中的语言转向,才形成了今天的分析哲学和语言哲学。

从柏拉图对确定性的追求到亚里士多德对"必然地得出"的说明,从亚里士多德逻辑的建立到现代逻辑的产生和发展,我们可以看到西方哲学的一个显著现象,这就是哲学家们对逻辑的追求。换句话说,我们看到了逻辑作为一门学科如何产生,并且如何在哲学中起作用。这就是为什么我要强调要在学科的意义上理解逻辑。

但是,本书的研究也表明,柏拉图本人并没有形成逻辑,黑格尔也没有发展逻辑,也就是说,对确定性的追求并不一定导致建立逻辑;把逻辑看作是一门科学并且努力想发展逻辑,最终并不一定就会发展逻辑。柏拉图所讨论的许多东西与亚里士多德是一样的,比如关于是与不是,比如关于真假,甚至关于人这样的具体例子。但是柏拉图没有建立起逻辑,而亚里士多德却建立起逻辑。这说明逻辑有一些专门属于自己的东西,逻辑的建立需要人们发现、把握这种独特的东西,并且把它挖掘出来。我曾把这种东西称为逻辑的内在机制,并且明确地说过,"逻辑的内在机制就是指决定逻辑这门学科得以产生和发展的东西,而且这种东西在逻辑的产生和发展过程中必然是贯彻始终的;去掉这种东西,逻辑就会名存实亡"。[①] 设想一下,如果亚里士多德没有把握住"必然地得出",他又如何建立起逻辑来呢?所以,建立逻辑,一定要把握住逻辑的内在机制。同样,如果弗雷格不是因循了"必然地得出",他又怎么能够建立现代逻辑,从而使逻辑真正发展起来呢?因此,发展逻辑也要因循逻辑的内在机制。黑格尔违背了逻辑的内在机制,虽然他想发展逻辑,甚至试图从逻辑出发寻找初始概念并且建立演绎,但是他却无法发展逻辑。这也是我为什么强调要在学科的意义上理解逻辑的另一个原因。

我之所以强调要在学科的意义上理解逻辑,还有一个重要的原因是:"逻辑"这个词使用得太过宽泛,因而人们对它的理解也十分宽泛,以致"逻辑"这个词在实际使用中往往失去它学科上的含义。但是在我看来,一旦失去学科的意义,"逻辑"也就不成其为逻辑了。比如,在许多人的心中,逻辑就是语言分析。不能说这样的认识没有道理。在柏拉图的论证中,有许多明确的关于语言的分析说明,在亚里士多德的著作中也有不少这样的分析。熟悉传统逻辑的人都知道,它的体系是:概念、判断、推理。而所谓"概念"部分就是论述概念的内涵和外延、划分和定义等等。这样的内容确实与语言分析非常相似。现代逻辑产生以后,虽然这样的内容在逻辑中没有了,但是哲学领域中发生的"语言转向",以及分析哲学的响亮口号——"哲学的根本任务就是对语言进行逻辑分析",都使人们把目光集中到语言上来。而且,众所周知,语言转向和分析哲学的产生与现代逻辑具有十分密切的联系,因

[①] 王路:《逻辑的观念》,第 2 页。

此即使从字面上人们似乎也可以理所当然地认为，所谓逻辑分析就是语言分析。但是我认为，逻辑分析与语言分析是有根本区别的。举一个例子。有人认为，"要重视德育教育"这句话有逻辑错误。因为"德"指"思想品德"，"育"指"教育"，因此这句话的意思是"要重视思想品德教育教育"，这里，"教育"一词的重复表明了违反逻辑。① 这样的分析也许有一些道理，但是这却不是逻辑分析，而是语言分析，因为它与推理无关，也不牵涉到真假，而只涉及语言习惯和语词的具体含义。进行这样的分析，语言学家的能力肯定比逻辑学家强。也就是说，不学逻辑，不懂逻辑，也是可以做出这样的分析的。因此，根据这样的分析来认识或理解逻辑，依据这样的分析来说明逻辑，是对逻辑这门学科的性质的极大误解，也是对逻辑这门学科的作用的极大贬低。

对照这个例子，我们可以联想一下前面说过的摹状词理论。根据罗素这一理论，一个摹状词是一个由定冠词加形容词词组或名词词组组成的短语。这样一个定冠词的含义可以表达为两个句子，而一个含有一个定冠词的句子的含义则可以表达为三个句子。比如"《红楼梦》的作者是曹雪芹"，其中的"《红楼梦》的作者"是一个摹状词（中文表达可以没有定冠词），它的意思是：至少有一个人写了《红楼梦》，并且至多有一个人写了《红楼梦》。因此表达这个句子的意思就要在这两个句子上再加一个句子：谁写了《红楼梦》，谁就是曹雪芹。字面上理解，这似乎是对一种叫"摹状词"的词组进行分析而形成的理论，因此似乎可以认为它也是一种语言分析。比如关于摹状词的语言形式的描述，关于摹状词含义的分析等等，似乎确实都是语言分析。但是如果仔细阅读罗素的著作，尤其是通过我们前面所进行的分析，其实可以发现，罗素确实是把一个摹状词组所表达的意思分析为由两个句子来表达的，从而把一个含有摹状词的句子的含义分析为由三个句子所表达，但是这样分析的基础和方法正是一阶逻辑。也就是说，如果不懂一阶逻辑，不仅无法做出这样的分析，即使理解它的意义也是有困难的。更为重要的是，罗素的这种方法是为了使我们可以把含有摹状词的句子转变为不含摹状词的句子，从而消除由于使用摹状词而给句子的真假带来的问题。

举以上这两个例子是想说明，把逻辑仅仅理解为语言分析是不对的。这样的理解离开了逻辑这门学科的具体内容，因此是一种曲解，是有很大的问题的。它可能会把不是逻辑分析的东西看作是逻辑分析，而把真正的逻辑分析看作是非逻辑分析。口头上说一说逻辑分析容易，而真正在哲学研究中运用逻辑分析，理解逻辑分析，则需要依据逻辑这门学科本身。一旦从逻辑这门学科出发，我们就会看到，

---

① 这不是我编造的例子，而是在一次全国语言逻辑讨论会上一位代表发言中论证的。

亚里士多德说的"必然地得出",或者今天逻辑所说的推理的有效性,就是最核心的东西。正是这样一种东西保证了为我们的哲学研究提供一种可靠的方法,而且这种方法是与哲学的论证,与真假十分紧密地联系在一起的。

2. 逻辑的观念与技术

我强调作为学科的逻辑,这是因为在我看来,对于逻辑分析的理解一定是来自逻辑本身,而不是来自它的字面。如果不懂逻辑,如果不从作为学科的逻辑出发来理解和谈论逻辑,就不会对逻辑分析有正确的看法,这样也就不会对所谓的逻辑分析有正确的看法。我常常举亚里士多德的《前分析篇》和黑格尔的《逻辑学》为例来说明什么是逻辑的问题。亚里士多德的书谈的是分析,它很少使用甚至没有使用"逻辑"这个词,但是人们把它看作是逻辑的奠基之作,并称亚里士多德为逻辑的创始人。黑格尔的书以"逻辑"来命名,但是尽管他的书非常出名,他本人在哲学史上的地位也很高,一般人们却并不认为他是逻辑学家,也不认为他这本书是逻辑著作,甚至还认为它给逻辑的发展造成了严重的阻碍。可见是不是逻辑并不仅仅在于其名称,而在于它的具体内容。同样,理解还是不理解逻辑分析,并不在于能不能这样说,而主要在于是不是真正理解逻辑。因此,谈论逻辑分析,并不在于自称是从逻辑出发,还是从先验逻辑、辩证逻辑或认识论逻辑等等出发,而首先在于要从作为一门学科的逻辑出发。作为学科,我认为至少要有两个条件:其一,它必须具备一门学科所具备的性质;其二,它必须是公认的,或者至少得到比较普遍的承认。在这种意义上说,先验逻辑、辩证逻辑等等都还不具有学科的性质。

对逻辑的理解可以有两个层次。一个层次是逻辑的技术,另一个层次是逻辑的观念。这是两个不同的层次,却是相互联系的。逻辑的观念与技术是相互交织在一起的,不可分离。我认为,逻辑的观念是重要的,它使我们可以区分什么是逻辑,什么不是逻辑。逻辑的技术也是重要的,它支撑着逻辑的观念。没有逻辑的技术,逻辑的观念就无从谈起,因此,我们的逻辑观念往往是通过逻辑的技术来把握的。从逻辑史的角度探讨这两个层面的关系,也许是一个比较有意思的课题,比如,究竟是"必然地得出"导致形成了三段论,还是由于有了三段论,因而确立了"必然地得出"?我在这里不想探讨这个问题,而是仅仅指出,从逻辑这门学科出发来理解哲学中的逻辑分析,也可以有这样两个层次。下面我们分别举例谈一谈这两个层次的问题。

在西方哲学史上,范畴理论是一个非常重要的理论。这一理论的首创者是亚里士多德,直到康德和黑格尔的著作中,它的探讨方式也一直清晰可见。可以说,在现代逻辑产生之前,在很长的历史时期内,范畴甚至是一种主要的讨论哲学的方式。这里我们仅简要看一看亚里士多德的有关论述。

在《范畴篇》中,亚里士多德区别出第一实体和第二实体,并且明确地说,第一实体是个体,第二实体是种和属。而在《形而上学》中,他也说,在实体的意义上"说一事物是"则表示"所是者"和"这东西"。这样的论述显然表现出个体与类在实体上的区别。联系起来看,亚里士多德的范畴理论似乎不仅明确地表达出个体与类的区别,而且也包含对个体和类的论述。基于这样的理解,个体被看作是最根本、最首要和最基础的实体。我们看到,在研究亚里士多德的文献中,关于如何理解亚里士多德的范畴理论,如何理解他的实体概念,尽管争论非常多,差异也非常大,但是长期以来,这样的理解一直是一种支配观点。

近年来,这样的观点有了根本的改变。人们看到,除了《范畴篇》,亚里士多德在《论辩篇》中也有关于范畴的论述,而且是与《范畴篇》不同的论述。在《论辩篇》中,范畴理论就是一种关于谓述的理论。根据这种理论,谓词对主词的表述表达为本质、质、量、关系等等。① 在这样的表述中,由于第一个范畴是本质,而个体是不能定义的,因此这样的范畴所表达的主语(或主体)不能是个体。这说明,亚里士多德的范畴理论是一种关于类的理论。明白这一点应该没有什么问题。但是如果问为什么它会是一种关于类的理论,就需要进行一些分析。这是因为亚里士多德的这种分类基于他的四谓词理论,而这是一种关于类的逻辑理论。举一个最简单的例子。对于一个具有"S是P"这样形式的句子,如果P能够与S互换谓述,并且表示S的本质,P就是定义。这是逻辑的说明。而从哲学的角度说,所谓表达本质,就是说明一事物究竟是什么,或者说,说明它的本质或"所是者"(ti esti)。表达个体的词不能做谓词,从而不能换位,因此从逻辑的角度排除了个体做主词。在这种情况下,从哲学的角度出发来理解本质,同样也只能考虑类,而不能考虑个体。

理解亚里士多德的范畴理论,如果从逻辑出发只能提出关于《论辩篇》中的解释,以及相应的关于类的解释,而不能给出关于个体的解释,则是不能令人满意的。因为亚里士多德在《范畴篇》和《形而上学》中确实有非常明确的关于个体的表述。我认为,从逻辑的角度出发来理解这里的问题,不仅不矛盾,而且可以澄清亚里士多德注释家们一直争论的一些问题。逻辑有理论自身的方面,也有应用的方面。亚里士多德的逻辑理论本身是关于类的,但是这并不意味着亚里士多德本人认为它只能用于类,而不能用于个体。也就是说,在他看来,逻辑是关于类的,但是也可

---

① 关于亚里士多德在《论辩篇》和《范畴篇》关于范畴的论述,尤其是关于第一个范畴的区别,最近几十年有比较多的讨论。过去人们对亚里士多德范畴理论的理解主要基于《范畴篇》。近年来的研究成果则表明,他的《论辩篇》的有关论述更多,而且更重要。我曾经比较详细地讨论二者的区别,这里就不详细讨论了。参见王路:《"是"与"真"——形而上学的基石》,第159-165页。

以把它施用于个体。因此,在逻辑中探讨的是类与类的关系,但是这并不妨碍在应用逻辑的时候,不仅能够以类与类的关系来考虑问题,而且也可以在把逻辑应用到个体的意义上考虑个体与类的关系。比如,对于"S 是 P"这样的类关系的表达,可以认为,如果 P 与 S 可以互换谓述,P 又表达 S 的本质,则 P 是定义;如果 P 与 S 可以互换谓述,但 P 不表达 S 的本质,则 P 是固有属性;如果 P 与 S 不可以互换谓述,但 P 表达 S 的本质,则 P 是属;如果 P 与 S 不可以互换谓述,P 也不表达 S 的本质,则 P 是偶性。而涉及个体的时候,则可以认为,如果个体分享 S,则个体也分享 P。因此,如果 S 适合于个体,则 P 也适合于个体。当然,由于亚里士多德逻辑只提供了关于类与类的关系的说明,而没有提供关于个体与类的关系的说明,因此即使亚里士多德认为甚至相信他的逻辑能够适用于关于个体的说明,但是实际上它是不是适用,能不能适用于对个体的说明,乃是值得考虑的。此外,在进行这样的说明中,有没有什么问题,也是值得考虑的。

在现代逻辑产生之后,人们一般不再以范畴理论的方式来讨论哲学中的谓述问题,也不以第一实体和第二实体的方式来区别个体和类,尤其是不再以范畴理论的方式探讨对象和概念。取而代之的方式很多,其中一种比较主要的方式是基于一阶逻辑理论来考虑。如前所述,由于现代逻辑含有个体词、谓词和量词,因而不仅刻画了类与类之间的关系,而且也刻画了个体与类之间的关系。应用这样一种理论进行哲学分析,则会对个体和类进行比较深入的说明。在一般表述中,关于个体的表达是一类情况。在这类表达中,可以有一个对象处于一个概念之下的情况,比如像"亚里士多德是哲学家"这样的句子,其中的谓词"是哲学家"表达的是一个带有一个自变元的函数"Fx",而这句话正好以"亚里士多德"对它做了补充说明,因此表达为"Fa";也可以有多个对象处于一个概念之下的情况,比如像"亚里士多德是柏拉图的学生"这样的句子,其中的谓词"是……学生"表达的是一个带有两个自变元的函数"Rxy",而这句话正好以"亚里士多德"和"柏拉图"对它做了补充说明,因此表达为"Rab"。关于类的表达是另一类情况,与关于个体的表达不同,比如"哲学家是思想家",它表达的是概念与概念之间的关系。但是按照逻辑的分析,它也表达了一个函数与另一个函数之间的关系,即"$\forall x(Fx \rightarrow Gx)$"或"$\exists x(Fx \wedge Gx)$",意思是说:"对任一事物,如果该事物是哲学家,那么该事物是思想家",或者"有一事物,该事物是哲学家并且该事物是思想家"。如前所述,这样的分析用弗雷格的话则表达为:"逻辑的基本关系是一个对象处于一个概念之下的关系;概念之间的所有关系都可以化归为这种关系。"当然,这里的分析和说明涉及量词这样比较复杂的情况。

以上是从句法的角度进行的说明。我们也可以从语义的角度来说明这个问题。亚里士多德围绕着"S 是 P"这样的句式构造了他的三段论系统。这样的句式从句法上分为四种,即:"所有 S 是 P","所有 S 不是 P","有 S 是 P"和"有 S 不是 P"。对它们的语义解释构成了传统的对当方阵,比如,如果"所有 S 是 P"是真的,那么"所有 S 不是 P"是假的,"有 S 是 P"是真的,"有 S 不是 P"是假的,等等。这样的语义说明是与句法结合在一起的。此外,我们都知道,亚里士多德也有脱离句法的一般性的关于真的说明,比如,说是者是,就是真的,说是者不是,就是假的。在我看来,后一种说明比较直观,似乎要依赖于前一种说明,但是我们看不到这样的联系,而前一种说明则是一种技术性的说明,因为它是建立在对句法和语义的分析的基础之上的。

现代逻辑的语义说明是对句法的解释。比如,"A→B"的意思是:如果"A→B"是真的,就不能 A 真而 B 假,也就是说,或者 A 是假的,或者 B 是真的。这样就从真假的层面上对"A→B"提供了一种说明。又比如,"∀xFx"的意思是:所有个体都满足 F 这种性质,"∀xFx"才会是真的。这样就对具有"∀xFx"这种形式的句子的真之条件提供了说明。这些语义说明都结合了句法和系统,因而是技术性的。此外,从塔尔斯基的真之定义我们也得到了一种关于真的说明,比如前面说到的 T 语句:

(T)　x 是真的当且仅当 p。

T 语句看起来很直观,没有什么理解的问题,实际上却不是这样简单。如前所述,它的有效性依赖于塔尔斯基关于 T 约定的说明,因此依赖于逻辑技术性的方法。正因为有了逻辑的证明,因此我们可以把它看作一个公理模式,由此可以推出无穷多真句子,比如我们通常所说的:

"雪是白的"是真的当且仅当雪是白的。

这样,我们就得到关于真的一种普遍性说明。也正因为这样,戴维斯才能够从 T 语句出发,把真作为一个初始的自明的概念,以此来探讨意义。

以上例子分别说明如何运用逻辑的技术来从事哲学分析。其间可以明显看出,亚里士多德逻辑与现代逻辑是不同的,因此,同样是对日常表达进行分析,运用不同的逻辑,所得出的结果也是不一样的。但是,无论是运用传统逻辑还是现代逻辑,逻辑的技术体现得是比较充分的,因为其中分析论证的方法是具体的,使用的逻辑技术也是具体的。与此相对,运用逻辑的观念似乎是一个比较虚的说法。由于仅仅是一种观念,显然不像逻辑的技术那样具体。这里需要指出的是,逻辑的观念不是来自日常语言中的"逻辑"一词,也不是来自对逻辑的常识理解。我所说的逻辑的观点是指对逻辑这门学科的理解,是指在具备了逻辑的技术以后,以逻辑作为知识结构和背景而产生的看问题的视角和思考方式。下面还是举例来说明这一层面的问题。

以亚里士多德逻辑为基础而形成的传统逻辑体系是"概念、判断、推理"。人们相信,推理是逻辑的核心,但是推理是由判断组成的,而判断是由概念组成的,因此概念是逻辑的最基本的要素,也是最基础的东西。基于这样的逻辑,人们从事哲学研究,也形成了以概念为核心的认识模式。一般的认识是:世界是由个体的事物构成的,这样的事物反映到我们的思想中就是概念;事物是有性质的,这样的性质反映到我们的思想中就是判断。根据这样的看法,人类的认识被看作是一个从概念到判断再到推理这样一个由低级到高级的过程。人们总是先认识个别的东西,由此形成概念。然后人们再认识个别的东西具有什么性质,由此形成判断,最后才会形成推理等等。这样一种认识模式并不依据什么逻辑的技术,但是在传统逻辑的体系和框架下,从传统逻辑的视野出发,却是自然的,因为这样的哲学体系与逻辑体系是一致的。

但是现代逻辑的体系却不是这样。现代逻辑的基础是命题演算和谓词演算。它突出了句子的核心地位,从而更加突出了逻辑研究推理的特征。从现代逻辑的观点出发,人们从事哲学研究,对世界的看法也发生了重要的变化。其中最主要就是对事实的认识。今天许多人认为,世界是由事实构成的。所谓事实不是指一个个具体的事物,而是指事物具有什么样的性质,以及事物之间具有什么样的关系。这样的看法与传统的看法是根本不同的。世界是由个体的事物构成的,比如日、月、水、火等等,相应于这样的事物在我们的头脑中就是名字。而世界是由事实构成的,比如太阳是自身发光的,月亮是反光的,水是流动的,火是灼热的,等等,相应于这样的事实在我们的头脑中就是命题或句子。根据这样的看法,人类的认识也是从事实开始的。即使是小孩子说的单个的词,也是表达事实的省略句。比如当一个小孩说"奶"的时候,他的意思是"我要喝奶",而当他看到一条狗从面前经过而说"狗"的时候,他的意思是"这是一条狗"。这样一种解释与传统的说法是根本不同的。它也没有依据什么现代逻辑的技术。但是,正是由于现代逻辑得到普遍的应用,它已经成为人们知识结构中的一种要素,因此在它的视野下,从句子出发看问题就是非常自然的。

再举一个例子。黑格尔的追随者很多,他们试图在黑格尔逻辑的基础之上建立辩证逻辑。国内也一直有一种观点,认为形式逻辑是低级的,而辩证逻辑是高级的,这方面的争论也很多。① 但是,如果我们认识到逻辑的性质是"必然地得出"或推理的有效性,那么说明逻辑与辩证法的区别是很容易的。下面我以辩证法的三条基本规律为例,谈一谈辩证法的几个特征。

一个特征是使用简单枚举法。比如对于"对立统一规律",列宁在说明它的时候举的例子是数学中的正和负,微分和积分;力学中的作用和反作用;物理学中的阳电和阴电;化学中的原子的化合和分子的分解;社会科学中的阶级斗争,等等。毛泽东在说明它的时候举的例子是战争中的攻守、进退、胜败;人的概念的差异;党内不同思想的对立和斗争;中国和日本;共产党和国民党;无产阶级和资产阶级;农民和地主;顺利情形和困难情形;过去和将来;缺点和成绩;原告和被告;革命的秘密工作和革命的公开工作,等等。② 一些教科书中则除了举以上例子外,还会增加更多的例子,比如,中国古代的阴阳;孙子兵法中的知己知彼,百战不殆,置之死地而后生等;《三国演义》所说的分久必合,合久必分,等等。这些例子来自不同作者不同的知识背景,比如列宁的例子主要来自科学,毛泽东的例子主要来自斗争实践,因此可以很不相同。这些例子几乎都是常识,没有什么理解的问题,因此非常有助于说明什么是对立统一。此外,由于这些例子往往不是一个两个,而是一组,特别是,这样的举例还可以使人联想到更多的例子,因此有助于说明对立统一的规律,而且也使这样的说明显得很有说服力。

另一个特征是使用类比法。比如对于"量变质变规律"人们常举水的变化这个例子来说明。在正常压力下,到了 0℃ 以下,水变成冰;而到了 100℃,水变成蒸汽;在 0℃ 到 100℃ 之间,水则保持液态。这个例子可以说明水变冷或变热,在一定情况下还会发生形态的变化。温度的变化是量变,形态的变化是质变。由量变到质变,非常清楚。由此说明,事物总是发展变化的,这种变化是在时间和空间中进行的,它们积累到一定的程度,会使事物本身产生根本性的变化。作为一种说明,水这个例子与其他例子一起使用,相当于简单枚举法,而就这个例子本身来说,这是一种类比法,是以科学中的一种情况做说明,把它的一些性质类比到科学以外的事物上,由此得出一种普遍的结论。

还有一个特征是使用比喻。比如对于"否定之否定规律",人们常常举如下的例子。比如,一粒麦粒落在土壤里,发芽生长成一株植物。这时,它不再是原来的麦粒,由此形成第一次否定,即植物对麦粒的否定。这株植物开花,结穗,最后长出

---

① "高级""低级"的比喻确实来自恩格斯,但是恩格斯在用这个比喻的时候使用的概念是"辩证法",而不是"辩证逻辑"。这里的区别是很大的。我曾经详细讨论过这个问题,参见王路:《逻辑的观念》,第 173-183 页。

② 参见毛泽东:《矛盾论》,《毛泽东选集》第一卷,人民出版社 1991 年版。

麦粒,麦粒成熟了,麦秸也枯萎了。这时,它不再是原来的植物,由此形成麦粒对植物的否定。最后,人们从最初的一粒麦粒得到了许多麦粒,而这许多麦粒就是对最初那一粒麦粒的否定之否定的结果。又比如,a 是数学中的一个数,从它可以得到$-a$(负 a)。$-a$ 与 a 不同,因而是对 a 的否定。以$-a$ 乘$-a$,就得到$+a^2$。$+a^2$ 与$-a$ 不同,因而是对$-a$ 的否定。这样,人们从 a 得到了$+a^2$,而这一整个过程是一个否定之否定的过程。除此之外,人们还会举动物、地质、历史、哲学等领域的许多例子,由此说明事物的发展要遵循"肯定—否定—否定之否定(新的肯定)"的规律。这样的举例无疑是简单枚举法,而就单个个例子来说,也存在类比的因素。问题是,即使这样,对于否定之否定的说明也不是明确的,因为自然界麦粒的生长过程与数学中从 a 到$+a^2$ 的演变根本就不是一回事。所以,为了说明这样的规律,人们往往还需要进一步的说明,比如说事物符合这条规律的发展,则是"螺旋式上升"、"波浪式前进"或"上台阶"等等。① 而这样的说法则显然是比喻。比喻是形象而生动的,可以帮助人们更好地理解这条规律。

  从以上三个主要特征可以看出,辩证法的说明非常直观,也容易理解和接受。但是从逻辑的角度看,这三个特征有一种共同性,这就是没有有效性。仅以水这个例子为例。这是根据科学理论而解释的一个例子。由于科学是量化的,而在科学中对量也有明确的说明,因此 0℃、1℃、……100℃是清楚的。同样,在科学中,对事物的形态也有明确的说明,因此固态、液态、气态也是清楚的。这样,结合量与形态而说明的度也是清楚的。因此水这个例子是非常清楚的。根据这个例子来理解,或者,根据类似的科学中的例子来理解,量变质变规律也是清楚的,没有什么问题。问题是,当人们以类比的方式把由此得到的这条规律推广到科学之外,从而把它看作是一条普遍规律,它还是不是有效?在科学之中可以有量化,但是在科学以外还可以有这样的量化吗?实际上,在非科学领域中,这样的量化往往是很困难的,甚至是根本不可能的。这样,量就不是很清楚的。由于量不清楚,那么由量决定的度或所谓积累到一定程度的这个"度"也就不是那样清楚。比如,一个人掉头发,每天掉几根,越掉越多,掉的时间久了,成为秃顶。每天掉头发是量变,因为头发毕竟还是可以计数的,而成为秃顶则是质变。但是从什么时候可以看作发生质变,这一点就不是特别清楚。也许,从医学的角度可以对秃顶给出一个定义,但是从操作的角度上,确定什么时候成为秃顶可能还是有困难的。其实,古希腊就有谷堆悖论。它说明了大致相似的问题。同样,a 与$+a^2$ 是数学中的例子,数学中对数

---

  ① 有人则认为,这条规律是"最难理解的""最有味道的"(方军主编:《哲学基础》,群众出版社 1999 年版,第 154 页)。

和运算规则都有明确的说明,因此说明从 a 与从 a 得出的 $+a^2$ 不是一回事乃是可以理解的。但是当把这作为对"否定之否定规律"的一种说明,并且推广到数学以外的领域,数学中那些清楚的说明就不再是清楚的了。而且,对 a 与 $+a^2$ 的说明与对麦粒的说明本就不同,因为领域不同,道理也不相同,因此举的例子再多,当超出这些例子本身而达到一种普遍的说明的时候,所说明的那条规律就不是那样清楚了。当一条规律本身就是不清楚的时候,通过一些比喻,确实可以增加人们对这条规律的理解。但是由于比喻既有字面的意思,又有字面背后和引申的意思,因而比喻本身就有不清楚的一面,所以这样对规律的说明实际上不是非常清楚的。由此可见,通过举例、类比、比喻等等这样的方式来进行说明和论证,无论看上去多么有道理,从逻辑的角度看,缺乏有效性则是显而易见的。而且,看到这一点,只要有逻辑的观念就够了,并不需要使用什么具体的逻辑技术。

以上我们分别从技术和观念这两个层面论述了使用不同逻辑进行哲学分析所形成的差异。从技术的层面看,一方面,有逻辑的方法无疑比没有逻辑的方法要强。运用逻辑的方法,就是从逻辑这门学科出发,从而使我们对哲学的思考超越常识而具有科学性。另一方面,运用现代逻辑肯定比运用亚里士多德逻辑或传统逻辑要强得多,因为现代逻辑的技术手段远远超过了传统逻辑,它使我们可以区别出语言中一些不同的要素,以及语言中一些不同的层次,从而使我们能够摆脱自然语言语法的束缚,分析许多非常复杂的问题。从观念的层面看,虽然我们并不能说"世界是由事实构成的"这种看法就一定比"世界是由事物构成的"这种看法更好或更有道理,也用不着详细分析由此发展出来哪些新的理论和观点,但是我们至少可以看到,这是一种与过去完全不同的看法。从事哲学研究,多一种逻辑的视野,因而多获得一种解释方式,多产生一种哲学观点,对于哲学的发展总是好的。

同样,从技术的层面说,逻辑为我们提供了一种能行的可操作的方法,它使我们可以实现莱布尼茨的理想,消除语言的歧义,并把推理转变成演算,从而达到对思维中推理活动的精确刻画和认识。而从观念的层面说,逻辑使我们知道,在众多的思维方式中,有一种方式是独特的,它的主要特征是有效性,它可以保证我们从真的前提一定得到真的结论,从而在这种意义上可以使我们达到思维活动的确定性。从事哲学研究,我们可以采用各种各样的思维方式,但是我们应该知道,什么样的思维方式可以使我们达到确定性。如果说确定性也是有程度区别的,那么我们应该知道,什么样的思维方式使我们达到的确定性是最可靠的。作为一种求真的学问,确定性是不是一定就比不确定性更好,乃是可以讨论的,但是在我看来,对于哲学研究来说,有效性以及对有效性的认识不仅是重要的,而且是必不可少的。

3. 分析的传统与发展

由于现代逻辑的运用，20世纪在哲学领域形成了语言转向，分析哲学成为哲学的主流。对于这样一种哲学，在我国学界常常听到如下一些评价：第一，分析哲学已经"终结了"，或者说"过时了"、"衰落了"，甚至"走向它的反面"；[①]第二，分析哲学的方式是零敲碎打，分析得越来越烦琐，只是在一些枝微末节的小问题上花功夫，缺乏对对象的整体说明，缺乏对哲学大问题的思考；[②]第三，分析哲学运用逻辑分析的方法，努力把问题说清楚。这些评价可以简单地分为两类，一类是对分析哲学的批评，一类是对分析哲学的赞扬。

在我看来，国内学界对分析哲学的批评主要不是针对分析哲学的具体内容，而是针对分析哲学的方式和方法。应该说，这样的批评并不是一点道理都没有。在分析哲学中，尤其是在自然语言学派中，确实有一些人是在对语词进行分析，而且分析得确实有些烦琐。但是这些人并不是分析哲学的主体，并不代表分析哲学的主流。[③] 在我看来，从整体上说，或者从分析哲学的主流来说，这种批评实际上是对分析哲学的一种误解，特别是对分析哲学的方法的一种误解。正如本书论述的那样，分析哲学所讨论的问题，绝不是小问题，而且他们分析的方式也不是零敲碎打的，而是有理论体系的。比如，弗雷格从句法和语义的角度提供了一种哲学研究的方式，从而使我们能够从语言出发来探讨语言所表达的东西，并且使我们的探讨能够从思想进到真。维特根斯坦从事实出发提供了对世界的描述，他把事实与句子相对应，从而把世界与语言相对应，通过对语言的分析，得出对事实的说明，从而说明世界是由事实构成的，事实之间具有逻辑关系，这样的关系构成了世界的框架。达米特和戴维森围绕着真与句子探讨了意义理论，从而把意义问题归结到真上，运用逻辑成果，围绕着真提供了关于意义的不同解释。所有这些讨论不仅是系统的，也是在哲学的主线上，而且无论是关于世界的构造，还是就真与意义来说，绝不是什么小问题。

我同意人们赞同分析哲学的观点，即它运用逻辑分析的方法，努力把问题说清楚。但是我认为，在一些人那里，这并不是一种客观评价，而是以此来批评传统哲学，说它含糊，缺乏分析或逻辑分析等等。也有人以分析与综合相对，由此而形成

[①] 叶秀山、王树人：《西方哲学史》第一卷，凤凰出版社、江苏人民出版社2005年版，第278页。

[②] 参见涂纪亮：《现代西方语言哲学比较研究》，第36-38页；奥康诺主编：《批评的西方哲学史》，洪汉鼎等译，东方出版社2005年版，第1008页。

[③] 我曾比较详细地探讨过这个问题。在我看来，一些语言分析属于"泛语言哲学"，与真正分析哲学的核心的语言哲学是有区别的。参见王路《走进分析哲学》，第8-10页。

对分析哲学和传统哲学(或其他哲学)的褒贬。比如赞扬分析哲学的分析,批评它缺乏综合,而批评传统哲学缺乏分析,但是赞扬它的综合,等等。这样一来,好像分析哲学只有分析没有综合,而传统哲学只有综合没有分析。正如有人指出的那样,不能简单地认为分析哲学家重视分析,而其他哲学家不重视分析,实际上分析和综合始终结合在一起,在哲学史上,有些人着重于使用综合的方法,有些人着重于使用分析的方法。① 这无疑暗含着对上述后一种看法的批评,我认为这种观点是非常正确的。② 但是在我看来,前一种看法也是有问题的。

运用逻辑分析的方法,努力把问题说清楚,这肯定是分析哲学的一个主要优点或主要特征。以此为鉴,可以针对前面的看法提出两个问题。一个问题是,传统哲学含糊是绝对的,还是相对的?传统哲学是不是不运用逻辑分析的方法,因而是不是不想或不能把问题说清楚?

在我看来,哲学是智慧之学,是对世界和与人相关的问题的思考,在这一点上,传统哲学与分析哲学没有什么区别,同样想把问题说清楚。这一点,从前面诸章可以看得非常清楚。在柏拉图时代,逻辑还没有成为一门科学,因此我们无法说柏拉图有意识地运用了逻辑分析的方法。但是,柏拉图从前人的讨论提出"是"、"运动"和"静止"这样三个类,并在说明中加上"相同"和"相异"这两个类,由此展开对"是"与"不是"的说明,恰恰是想把问题说清楚,而且也是在努力地把问题说清楚。在他的说明中,不仅有推理和论证,而且有对推理和论证的分析,不仅有语言层面的思考,而且也有语言层面的分析,他所缺乏的只是逻辑分析,因为他没有一个逻辑理论可以依循,因而没有明确的逻辑方法,因此他的类乎逻辑的考虑往往是经验层面上的。当然,他可能运用了其他方面的知识,比如语言学方面的,但是他肯定没有办法运用逻辑方面的。到了亚里士多德那里,逻辑成为一门学科,无疑就有了逻辑分析。比如亚里士多德关于矛盾律的讨论,关于实体的讨论,等等。这样的分析当然是想把问题说清楚了,而且也确实使一些问题得到说明,比如关于范畴的说明。尽管人们认为本质或实体的意思是不清楚的,但是,"是"可以表达为本质或实体,也可以表达为质、量、关系等等,难道不是清楚的吗?虽然在亚里士多德的说明中仍然有一些没有说清楚的东西,但是这并不意味着他没有努力把问题说清楚,也不意味着他没有把任何问题说清楚。再举一个例子。黑格尔大概可以算是哲学史上思想含糊和论述不清的著名代表。但是通过前面对他的《逻辑学》的分析和论述可以清楚地看到,他试图从逻辑中寻找出发点和初始概念,由此建立自己的哲学体

---

① 参见张庆雄主编:《二十世纪英美哲学》,人民出版社2005年版,第4页。
② 我曾经讨论过分析与思辨的方法问题,参加王路:《走进分析哲学》,第300-303页。

系。无论他的结果怎样,他至少是努力从逻辑出发,利用逻辑的成果,建立起逻辑的演绎,这至少说明他希望把问题说清楚,而且他想使自己的哲学体系具有科学性,从而具有可靠性。由此我们看出,传统哲学绝不是不想把问题说清楚,也绝不是不运用逻辑分析的方法。事实上,传统哲学确实说清楚了不少问题。比如,亚里士多德认为认识有不同的层次,最高的层次是说明一事物是什么;我们可以认识一事物有什么样的质,有什么样的量,一事物与其他事物有什么样的关系,一事物处于什么样的状态,但是只有当我们认识了一事物是什么,我们才真正认识了这个事物。这所谓的是什么,就是事物的本质。当然,后来关于本质人们又有了不同的看法,罗素就认为本质是哲学史上最含糊的概念之一。但是含糊归含糊,有了亚里士多德的说明,我们对认识的看法难道不比没有这种说明的时候更清楚了吗?

我认为,在西方哲学中,对逻辑的追求是一贯的,逻辑分析也是贯彻始终的,尤其是在逻辑产生之后。含糊只是相对的。关键在于,当现代逻辑产生之后,哲学中所产生的结果较之传统有了根本性的变化。这是因为现代逻辑与传统逻辑有了根本的不同,因此同样是逻辑分析,所得的结果是完全不同的。应用现代逻辑的方法,人们看到了运用传统逻辑所不能解决的许多问题,因此看到了传统哲学中的许多含糊之处。但是,这并不是说,经过现代逻辑的分析之后,所有哲学问题都是清楚的,再也没有含糊之处,当然更不能说所有问题都解决了。比如,维特根斯坦提出世界是由事实构成的这一著名主张。在他的论述中使用了"图像说",与此相应,人们可以联想到"镜像说""反映论"。维特根斯坦试图以此说明事实与思想的关系,因而说明事实与句子的关系,从而可以通过对句子的分析来说明什么是事实,什么是事实所显示出来的逻辑结构。那么他的"图像说"完全清楚吗?或者,他的"图像说"就没有含糊之处吗?又比如,塔尔斯基的真之语义学为我们探讨真这个概念提供了基础,也成为戴维森意义理论的依据,由此还形成了一些新的理论,如紧缩论、极小论、去引号论等等。有些人认为它们与传统的符合论不同,也有人认为它们在不同程度上是符合论的翻版或变形。这些理论和探讨无疑极大地深化了人们对真这个概念的认识,但是能够说关于真这个概念的认识完全清楚了吗?能够说围绕它的认识丝毫也没有含糊之处了吗?[①]

从哲学史出发,关于逻辑分析至少有两个问题是值得重视的。第一,我们应该看到,运用现代逻辑的方法,我们在一些重大的哲学问题上取得了进步。因此我们

---

① 本书在"意义理论"那章只论述了达米特和戴维森的主要思想,在下一章,也将只简要谈到几种流行的真之理论。对于这里所谈到的几种真之理论,比如紧缩论、极小论、去引号论等,以及对于这里所没有提到的一些问题等,包括真之载体的问题,本书没有进行讨论。应该指出,这些内容是当前意义理论讨论的热点,也是本书作者将另外研究的课题(参见 Lynch, M. P.: *The nature of truth*; Schantz, R.: *What is truth*?)。

应该认识到,在这些问题上,我们的认识发展到了什么程度。换句话说,我们应该知道,现有的哲学为我们提供了哪些成果,我们在哪些问题上比以前更清楚了,为什么更清楚了。第二,在一些主要问题上,为什么传统哲学讨论得不是那样清楚,而分析哲学讨论得比较清楚。这两个问题或多或少会牵涉到传统哲学与分析哲学的比较,因而牵涉到传统逻辑与现代逻辑的比较。因此在这种意义上,认识到现代逻辑与传统逻辑的区别,尤其是认识到现代逻辑的性质和意义,不仅对于理解什么是逻辑分析乃是至关重要的,不仅对于理解分析哲学的方法及其主要特征是有意义的,而且对于理解整个西方哲学,包括传统哲学和现代哲学,也是至关重要的。理解了这一点,才会明白逻辑对于哲学的重要性,才会明白逻辑在哲学的发展和进步中所起的作用。只有这样,我们才会理解,为什么说西方哲学的主要特征是逻辑分析。

不少人认为,西方哲学的研究一般有两个传统,一个传统追溯到亚里士多德,另一个传统追溯到柏拉图或前苏格拉底。亚里士多德的传统无疑是逻辑分析的,或者说应该是逻辑分析的,因为他创建了逻辑,并且出色地运用逻辑这一工具开创了形而上学的研究。忽视逻辑分析,对亚里士多德的传统不可能有正确的理解。柏拉图的哲学传统是什么?无论怎样看(比如,它是综合的,还是分析的,是有学科分类的,还是没有学科分类的,是逻辑的,还是非逻辑的,等等),而当把这种传统与亚里士多德传统相对提出的时候,似乎不注重逻辑分析就是其最主要的特征。我的看法是,正如本书多次强调的那样,柏拉图没有逻辑,这是他与亚里士多德最主要的区别。但是柏拉图有类乎逻辑的思考,因为他在哲学探讨中追求确定性,因此也可以说他与亚里士多德有相似之处。在这种意义上,可以说柏拉图传统与亚里士多德传统有一致的东西,这就是对逻辑的追求。而且我认为,这一点并不局限于柏拉图,对于前苏格拉底同样是成立的,因为巴门尼德也有类似的考虑。看到这一点,也就应该认识到,在哲学史上,逻辑的产生是哲学的进步,而在哲学的传统中,有逻辑是一种进步。当我们在逻辑的视野下看待柏拉图以及前苏格拉底时代,我们是在哲学传统中,在哲学史的延续性上看待哲学的发展,认识哲学的性质,我们的视野更宽了,我们可以对那时的哲学有更为深入的认识。因此,不能认为柏拉图传统是不要逻辑分析的,除非认为这一传统没有逻辑的追求。

如果说分析的传统体现了对逻辑的追求,那么也可以说,逻辑的发展促进了分析的传统的发展。在这一点上,亚里士多德逻辑的贡献是巨大的,它为我们不仅提供了逻辑的观念,而且提供了逻辑的技术。现代逻辑的贡献也是巨大的,它使我们更加明确了逻辑的观念,并且使逻辑的技术得到根本的改观。从亚里士多德逻辑到现代逻辑,不仅逻辑本身获得了巨大的发展,而且也促进了哲学分析的发展,因而促进了西方哲学中分析的传统的发展。由于这一线索是清楚的,因此我们可以获得对逻辑与哲学的关系比较清楚的认识。而且,正是由于逻辑的这一发展,今天人们非常强调现代逻辑。当然,对现代逻辑也有不少批评。比如,有人认为现代逻辑使用形式语言,脱离自然语言,或者离自然语言太远,解决不了日常语言中的问题。也有人认为现代逻辑是形式化的,而形式化方法是有局限性的,解决不了哲学的根本问题。不能说这样的看法一点道理都没有,但是我从来不愿意这样看问题。我认为,从哲学的角度出发,人们当然可以对逻辑说长道短,可以分析和研究哪些逻辑方法对哲学有用,哪些逻辑方法对哲学没有用,哪些逻辑方法的用处大些,哪些逻辑方法的用处小些。但是应该看到,逻辑是一门独立的科学,它有自己研究的对象和理论。这一点从亚里士多德逻辑到现代逻辑,已经有了很大的变化。在这种意义上,我更愿意考虑,现代逻辑使我们能够更好地处理日常语言中的哪些问题?现代逻辑使我们能够更好地解决哲学中的哪些问题?这样的比较不仅相对于亚里士多德逻辑或传统逻辑,而且也相对于不使用逻辑。在我看来,这样考虑问题使我们不仅能够站在哲学的主线上看到哲学的发展,而且能够深刻认识到哲学发展的一些原因,从而使我们更加明确应该如何进行哲学研究。

4. 海德格尔有逻辑吗?

海德格尔是 20 世纪最著名的哲学家之一,在我国也备受青睐。人们一般认为,他的哲学属于欧陆哲学,与英美分析哲学形成鲜明对照。从海德格尔出发,人们大概会对以上论述提出一些质疑:海德格尔是现代哲学家,但是并没有运用现代逻辑,这能够说明现代逻辑对哲学的运用是必然的吗?海德格尔提出对"是"的发问,并要求回到古希腊,回到前苏格拉底,这不正说明他要回到逻辑以前的传统吗?如果再从"存在"而不是从"是"来理解海德格尔的核心思想和观念,即他反复讨论和强调的那个"Sein",不是还可以看出海德格尔对逻辑的批评,甚至对逻辑的抛弃吗?由于本书没有专门论述海德格尔,而对于本书的主要思想观点来说,这些问题似乎又是很自然的,因此需要对它们做出回答。实际上,对这些问题的回答也是对本书观点的更进一步的说明。

在海德格尔的时代,现代逻辑已经产生并且在不断发展。不过海德格尔很少谈论现代逻辑,也没有运用现代逻辑的方法来探讨哲学问题。几乎可以肯定地说,现代逻辑对海德格尔的哲学没有什么影响。但是,海德格尔没有使用现代逻辑,并不意味着他不使用逻辑,他没有受到现代逻辑的影响,并不意味着他不处在逻辑的传统之中。这是因为,不仅海德格尔学习和研究过亚里士多德逻辑,而且这也是他早期的学习内容;不仅海德格尔常常谈到逻辑,而且他早期的著作主要就是关于逻辑的。若是看到海德格尔在早期著作中有"哲学与逻辑"这样的章节①,甚至还有专门探讨逻辑基础的著作②,那么看到海德格尔在专门论述"是"的著作中提到逻辑,甚至在论述真的时候也提到逻辑③,也就没有什么可奇怪的了。尽管海德格尔在关于是的探讨中对逻辑提出批评,比如他认为传统逻辑的定义"不适用于是"④,尽管他还试图为逻辑寻找形而上学的基础,但是他对传统逻辑无疑是有把握的,对传统逻辑这一部分资源也是充分利用的。最保守地说,他的哲学讨论和认识不可能完全脱离传统逻辑,也不可能丝毫不利用传统逻辑,因此在他的思想中,仍然存在着逻辑与哲学的关系的问题。

在《逻辑的形而上学基础》一书的导论中,海德格尔有一段关于逻辑与哲学关系的说明:

> 作为关于是者的思考这种规定性的思维以一种独特的方式使作为是者的是表达出来;这又以最基础的形式表现为如下简单命题:A 是 b。然而这个"是"不一定在语言上表现为必然的,它也在诸如"车开了"、"下雨了"(pluit)这样的句子之中。这个在句子中直接出现的"是"将表现为系词。所以这种规定性的思维以其基本形式如此直接地与这个"是"(ist),即是(Sein)融合在一起,这一点说明,思维与是之间一定有一种独特的联系;更不用说思维本身乃是一种是者并且作为这样的是者指向是者。因此就形成这样一个问题:这个作为系词的是与概念、原因、真、规律性、自由是如何联系的?⑤

海德格尔认为,哲学研究作为是者之是,但是逻辑不探讨是,而是探讨思维⑥,因此也就有了这段引文开始谈到的区别。虽然逻辑不探讨是,但是它帮助人们认识到哲学所思考的东西是如何表达出来的,并且使人们认识到这种表达在语言中所体现的最基本形式。海德格尔的目的是不仅使人们认识到逻辑与哲学的区别,而且还要通过对这一区别的说明来明确哲学所要进一步讨论和研究的问题。一方面是"A 是 b"这种思维形式,另一方面是概念、原因、真、规律性、自由等等。海德格尔

---

① 参见 Heidegger, M.: *Fruehe Schriften*, Vittorio Klostermann Frankfurt am Main 1972, SS. 69-71。
② 参见 Heidegger, M.: *Metaphysische Anfangsgruende der Logik*, Vittorio Klostermann GmbH. Frankfurt am Main 1978。
③ 参见 Heidegger, M.: *Sein und Zeit*, Max Niemeyer Verlag 1986, S. 214。
④ 这里也涉及一些与翻译相关的问题和讨论,参见王路:《"是"与"真"——形而上学的基石》,第4-7页。
⑤ Heidegger, M.: *Metaphysische Anfangsgruende der Logik*, S. 26。
⑥ 同上书,S. 23。

所要考虑的就是前者的"是"与后者之间的联系。无论他的看法是不是有道理,至少有几点是比较清楚的。第一,他的讨论涉及逻辑与哲学的区别。第二,"A 是 b"是最基本的形式。第三,他把所讨论的"是"明确地说明为系词。第四,"A 是 b"一定还表达了更多的东西。而从这几点可以明显地看出,他延续了亚里士多德的逻辑和哲学传统。正是由于有逻辑理论作为基础,他才能这样轻松自如地谈论。特别是,把"A 是 b"作为最简单的形式,不仅体现了逻辑思想的运用,而且表现出逻辑与哲学的统一,这既是逻辑所考虑的东西的形式,也是哲学所要考虑的东西的形式。前面我们曾经说过,在亚里士多德那里,逻辑的是与形而上学的是乃是统一的,在这里我们不是同样看到这样的统一吗？无论海德格尔通过这样的论述是否对是说出新的看法,或者是否对是说出什么新的东西,他处在亚里士多德的传统之中,他因循亚里士多德的逻辑,这一点无疑是非常清楚的。

关于海德格尔是不是要回到前苏格拉底,而且在海德格尔看来,回到前苏格拉底是不是就不要逻辑,或不需要有逻辑的考虑,乃是需要深入探讨的。限于篇幅,我在这里不想探讨这个问题。我想指出的是,看到海德格尔对逻辑的理解与运用,就应该知道,逻辑是他知识结构中的一部分。无论认为他如何考虑问题,若要正确地理解和研究他的思想,不考虑这一部分内容是不可能的,也是不应该的。比如,即使他想不要逻辑,至少他就要说明,逻辑的思考如何有问题,而抛弃逻辑之后会是一种什么样子,这样的思考会给我们带来什么样的启示。就我本人来说,我不认为海德格尔有这样的想法,而且我也实在是看不出,海德格尔为什么会这样考虑问题。在我看来,海德格尔确实想从古希腊获取更多的思想资源,他也确实想在语言文字上开发出一些新的意义,以此来发展哲学的解释,因此他在这两方面做足了文章。但是这些并不能说明他没有因循逻辑的传统或不在逻辑的传统之中,也不能说明他会抛弃逻辑以及逻辑的传统。海德格尔是在亚里士多德逻辑传统之中,这是十分清楚的。他只是没有利用现代逻辑的资源,因此,他的哲学注定不会有分析哲学那样的形态和结果。

追随或喜欢海德格尔的人盛赞海德格尔哲学,包括他提出的问题和探讨问题的方式,但是对分析哲学的问题与方式,尤其是对逻辑分析,他们却提出质疑,甚至不屑一顾。在我看来,哲学研究有多种方式,回到古希腊的思想源头,开拓语言自身的含义,是有道理的,也是可取的。问题是,在这样研究的同时,为什么就不能运用现代逻辑的成果呢？难道现代逻辑与这样的研究是矛盾的吗？换句话说,如果能够运用现代逻辑,并且知道以此取得的成果,那么在这样的研究基础上,再更多地利用其他资源,难道不是更好吗？实际上,分析哲学家也做了不少与海德格尔同样的工作。比如,弗雷格关于间接引语的分析,关于"我"这个词的分析,在对罗素摹状词理论的批评中，人们关于"当今"这个词的分析，奎因关于分析与综合的区别的分析。又比如，戴维森晚年探讨真之理论的时候有许多关于柏拉图的探讨，尤其是关于"泰阿泰德坐着"和"泰阿泰德飞翔"这两个句子的探讨，从而把探讨真与谓述的联系一直追溯到柏拉图。① 因此，很难说分析哲学家就不注重开发语言资源，分析哲学家就不重视古希腊传统。有人甚至认为，"当今的英美分析哲学中出现了明显回归传统的倾向"②。前面我曾指出，不要简单地认为分析哲学家就不注重综合，这里则还应该强调，不要轻率地认为分析哲学家就不注重古希腊思想的资源。前面我也说过，不要简单地认为传统哲学家就不要分析，这里则还应该强调，由于逻辑的发展，因此在认识哲学分析的时候也应该看到传统方式与现代方式的区别。这样的认识与区别对于我们理解西方哲学一定是会有帮助的。

在西方哲学史上，我们看到柏拉图这样的哲学家，他们在没有逻辑的时候努力追求类乎逻辑的东西。我们也看到亚里士多德和弗雷格这样的哲学家，他们建立起逻辑，并且努力研究逻辑和发展逻辑，从而为哲学的发展提供有力和有用的工具。此外，在逻辑的传统下，我们看到康德和黑格尔这样的哲学家，他们把逻辑作为科学，当作自己哲学研究的出发点，甚至试图努力发展逻辑。我们也看到维特根斯坦、达米特和戴维森这样的哲学家，他们运用现代逻辑的理论成果来探讨哲学问题，直接提出重大而新颖的哲学观点和理论。当然我们还看到海德格尔这样的哲学家，他们虽然依然在逻辑的传统之中，但是却没有跟上逻辑的发展，因为他们没有利用最新的逻辑成果，而只停留在传统逻辑的水平上。理论上可以说这些哲学家都是在逻辑分析的传统之中，因此他们的哲学都与逻辑相关。但是实际上，由于他们对逻辑的看法不同，使用的逻辑不同，因而导致他们的哲学也是有差异的。在我看来，理解他们的哲学，评价他们的哲学，固然可以有多种角度和取向，但是逻辑的观念是必不可少的，或者说可以是一个取向。从逻辑分析的角度出发，我们可以看到他们思想中一种一脉相承的东西，而且也可以看出，尽管他们都追求逻辑，都利用逻辑的资源，运用逻辑的方法，但是他们仍然是有区别的。尤其是，这样一种视野可以使我们的思考集中在"是"和"真"的问题上，或者至少集中在与"是"与"真"相关的问题上。这样，我们的研究是在哲学的主线上，因此是非常有意义的。

---

① 参见 Davidson, D.: *Truth and Predication*, The Belknap Press of Harvard University Press, 2005。
② 江怡主编：《现代英美分析哲学》下卷，凤凰出版社、江苏人民出版社 2005 年版，第 972 页。

第十章
真与是

　　与西方思想文化相比，我国学科的建立比较落后，学科意识也不太发达。因此，我强调在学科的意义上理解逻辑，强调联系逻辑来理解西方哲学。我认为，这里也可以引申一步说：从学科的角度看问题是一种方法，因而具有方法论的意义。举一个例子。近年来国内学界常常讨论"中国哲学"的合法性问题。无论有什么样的不同观点，这一讨论至少有一个前提："哲学"这一概念是外来引入的，因此它带有一种本来的含义。由于哲学既是人们广泛谈论的东西，又是一门学科，因此对于这样一种含义，当然可以做学科意义上的理解，也可以不做学科意义上的理解。而且，由于哲学这门学科本身也发生过很大的变化，因此即使是在学科的意义上来理解哲学，依然可以见仁见智。但是在我看来，不管怎样理解，不论有什么分歧，从学科出发，毕竟是一个考虑"哲学"的角度。最主要的是，从学科的角度出发，至少使我们有比较明确的可以依循的东西。在学科的基础上，我们的讨论至少不太容易流于形式，而且大概在学科的基础上我们的讨论才会越来越深入。

探讨逻辑与哲学的关系无疑可以有多种方式和途径,而我则试图从亚里士多德逻辑和现代逻辑的区别出发。我在导论中阐述并强调了这一观点,在书中也为这种观点提供了具体的分析和论证。我认为,如果说西方哲学的主要特征是逻辑分析,那么这种特征的集中体现就是关于"是"与"真"的讨论。或者说,在西方哲学中有一条主线,这就是围绕着"是"与"真"来进行思考。我们看到,一方面,亚里士多德逻辑从日常语言出发,保留了系词"是"作为逻辑常项,因此突现了它,而现代逻辑从人工语言出发,因而消除了这个"是"。另一方面,现代逻辑通过区别句法和语义,使"真"这个概念突现出来,并形成了重要的理论成果,而亚里士多德逻辑虽然多次谈到它,但是由于没有句法和语义的明确区别,因而没有使"真"这个概念完全突现出来。是与真,不仅是逻辑的核心概念,也是哲学的核心问题。从是到真,不仅反映出哲学的发展变化,也体现了不同逻辑方法的运用。因此,在哲学的这一主线上,逻辑与哲学的关系是非常密切的,逻辑对哲学的作用是巨大的。

研究西方哲学,少不了阅读文本,思考问题,提出看法,说明论证等等。本书也大致反映了这些工作。但是这里还有另一个层面的问题,这就是翻译与理解。不是说前面的工作没有涉及翻译和理解,只是我想,经过前面的讨论,现在我们应该专门论述一下这个问题。作为中国学者,当我们用自己的语言讲述西方哲学的时候,无疑已经包含着翻译,而翻译首先就要基于理解。翻译与理解有多层次、多方面的问题。围绕着是与真,以前我谈过不少,但主要是在语言的层面上谈得多。在我看来,语言层面上的理解是基础,至少是讨论的基础。但是仅有语言层面的讨论是不够的,必须还要有学科层面的考虑,而且学科层面的考虑会有助于我们更好地进行语言层面的理解。而就理解西方哲学来说,学科层面的理解无疑是比语言层面的理解更为重要的理解。

1. "是真的"与"真"

自从我提出应该以"真",而不是以"真理"来翻译西方哲学中的"truth"(或"Wahrheit")以来[①],引起了一些反响。我所见到和听到的不同意见主要有三种。一种意见认为,用"真"无法翻译"truths"这样的复数形式。另一种意见认为,西方哲学著作中也有"真理",因此不应从西方哲学著作的翻译中驱逐"真理"一词。还有一种意见认为,逻辑学家谈论真,而哲学家谈论真理,二者是不同的,不能用逻辑的"真"取代认识论的"真理"。这里,首先需要考虑的问题是:这是翻译的问题还

---

① 参见王路:《论"真"与"真理"》,《中国社会科学》1996年第6期;载王路:《理性与智慧》,上海三联书店2000年版。

是理解的问题？

从字面上说，是用"真"还是用"真理"来翻译"truth"，当然是翻译问题，而且，我最初的讨论也是从分析一些译文的合适与否入手的，因此这似乎首先也应该是翻译的问题。但是，我讨论这个问题的基点却一直不是翻译本身，而是如何理解西方哲学。我在《论"真"与"真理"》一文的开始部分指出："在关于'真理'的翻译中实际上存在着十分严重的混乱，这种混乱造成我们对于西方哲学家关于'truth'或'Wahrheit'的论述产生严重的误解，因而使我们在对西方哲学的研究和讨论中，特别是在与'truth'或'Wahrheit'这一重要问题有关的讨论中，存在着理解上的严重问题。"[①]而在文章的最后我也承认，"即使是以'真'来翻译西方人的'truth'（或'Wahrheit'），也可能会有一些差异，因为西方的这个词本身也有'真句子'、'真命题'、'真判断'、'是真的的东西'等含义，而这些含义是汉语的'真'所没有的。但是我认为，最重要的是我们应该明白，西方人说的'truth'（或'Wahrheit'）的本意乃是'真的'的意思。在这种意义上说，'真'毕竟离这个词的意思最近，而且基本上不会造成我们的曲解"[②]。也就是说，我认为以"真理"来翻译"truth"，会使我们对西方哲学中的这个概念以及相关问题造成误解，而用"真"来翻译，虽然也有一些问题，但不会使我们在这些问题上发生误解。因此，我讨论的实际上是如何理解西方哲学的问题。

按理说，翻译与理解是联系在一起的，因此人们可能会问，有没有必要在这里强调理解？我认为，强调不强调这一点，还是有区别的。理解是翻译的基础，不理解，就无法翻译。因此可以说，没有理解，就没有翻译。但是理解本身却可以不用考虑翻译。比如我们自己在阅读外文文献的时候，或者我们与西方人一起用英语讨论西方有关truth的问题的时候，大概就只有理解的问题，而没有翻译的问题。不同的是，同样是讨论西方哲学，到了中文语境中，由于语言的转换，翻译问题就变得好像比较明显。在这种情况下，即使是谈论如何理解西方哲学，不谈论语言翻译的问题似乎也是不可能的，更不用说没有刻意明确地加以说明了。不过，探讨如何理解西方哲学与探讨如何翻译西方哲学毕竟是不同的问题，即使仅仅局限在比如"真"这个概念上也是一样。

由于主要着眼于如何理解西方哲学，因此我虽然谈到翻译，强调的却是理解。我认为，在西方哲学中，"truth"一词是"true"的名词形式，其最根本的意思是"是真的"或"真的"。因此，我们应该主要在这种意义上理解这个概念以及与它相关的讨

---

① 王路：《理性与智慧》，第453页。
② 同上书，第475-476页。

论。正是在这种意义上，我不同意用"真理"来翻译，因为我认为它无法体现"truth"的最根本的含义，以它来进行翻译给我们理解西方哲学造成很大的问题。

首先是字面上的理解问题。在西方哲学讨论中，由于"是真的"(is true)是一种谓词表述，因此西方哲学家非常自然地谈论"真这个谓词"[或"真之谓词"或"谓词真"(the predicate truth)]，意思也是非常清楚的。但是当我们把它翻译为"真理谓词"的时候，无论这样的理解是不是自然，"是真的"这种含义却不是那样清楚了。与此相关，哲学家们谈论命题或句子的真，或命题或句子的真之条件，也是自然而清楚的。但是当我们谈论命题或句子的真理性和它们的真理性条件的时候，且不考虑这是不是自然而清楚，至少"是真的"这种含义是看不大清楚的。

其次是字面背后的理解问题。在西方哲学家的著作中，真这个概念常常与其他一些概念一起讨论，比如，人们谈论真、意义和语言规定；人们把真看作是话语的特性、言语行为的特性，或关于语句、时间和人的有序三元组的特性，等等。① 在这样的讨论中，从字面上似乎看不出"是真的"这样的含义，但是如果仔细分析一下，就可以看出，这样的谈论不仅是与意义、语言规定这样的东西，或者与话语（句子）和言语行为（时间和人）等要素结合在一起，而且是与它们并列谈论，因此就要结合这些要素来一起考虑。一旦考虑这些东西，就可以看出，这里谈论的是语言和语言的表述，特别是句子的表述。正是围绕着句子表述，才有真(是真的)、意义和语言规定的问题，才有句子表达所涉及的表达者、时间和内容的问题。因而在这样谈论的字面背后，仍然可以看到"是真的"的含义。假如我们把这里的"真"理解为"真理"，大概就不太容易理解这里字面背后的东西。

第三是一般关于真的讨论。比如人们讨论真之标准、思想规定的真、真与事实的关系②，甚至直接讨论什么是真等等。对于这样的讨论，如果理解为是关于真理的讨论，大概除了思想规定的真理性有些不是那么自然以外，其他的，比如真理的标准、真理与事实的关系等等，则不仅看上去自然，而且好像几乎没有任何理解的问题。问题是，西方哲学中这样的讨论都不是仅仅停留在抽象的层面上，而是有具体内容的。因此，理解这样的讨论也必须是具体的。所谓具体，就是要结合"真"这个词的实际用法，即它的字面含义，还要结合它的那些背后的含义，这样就必须把这些讨论放在西方哲学甚至是西方哲学史的框架内或背景下来理解。一旦进入这样的视野，就必须首先考虑"是真的"这种最根本的含义。比如，莱布尼茨区分出事

---

① 参见 Davidson, D.: *Inquiry into Truth and Interpretation*。
② 参见 Hegel, G. W. F.: *Enzyklopaedie der philosophischen Wissenschaften im Grundrisse*, Suhrkamp Verlag Frankfurt am Main 1970。

实的真与推理的真,如果把这种区别理解为事实的真理与推理的真理(人们确实一直也是这样理解的),我想,出入一定是非常大的。

由于围绕真的讨论是非常丰富而复杂的,因而如果仔细分析现有的翻译文本,还可以看到许多理解方面的问题。但是我希望以上三个方面大致可以说明这里的问题,至少可以说明其中的一些主要问题。所以我认为,谈论"真"与"真理"的区别,主要是如何理解西方哲学的问题,而不是翻译的问题,至少不是单纯的翻译问题。

在哲学文献或其他文献中可以看出一种现象,人们往往习惯于说逻辑学家怎样怎样,哲学家怎样怎样,因而在关于真这个具体的问题上,有人也认为,逻辑学家探讨真,哲学家探讨真理。这样,真与真理就成为两个不同的东西。在我国哲学界确实是这样,因为确实有许多哲学家在讨论真理,比如他们讨论真理的客观性,实践是检验真理的唯一标准,等等,而这些讨论不仅与逻辑学家的讨论不同,他们所讨论的真理与逻辑学家讨论的真也是不同的。由于我谈论的是如何理解西方哲学,因此可以围绕我谈论的问题把这种看法更加具体一些,即应该问:是不是西方的逻辑学家讨论真,而西方的哲学家讨论真理?或者说,是不是应该把西方逻辑学家讨论的理解为真,而把西方哲学家讨论的理解为真理?

我之所以强调要在"是真的"的意义上来理解,是因为我认为这是"truth"的最根本的意义,而不是因为我认为这是逻辑学家的理解,而不是哲学家的理解,也不是因为我认为逻辑学家的理解是哲学家理解的基础或优先于哲学家的理解。更为重要的是,我认为,无论是逻辑学家还是哲学家,他们探讨的"truth"都是同一个东西,即都是"是真的"那种意义上的东西。他们的区别只是在于他们对这同一个东西给出了不同的解释。认识到这一点,不仅对于理解西方哲学本身,而且对于理解逻辑与哲学的关系,都具有十分重要的意义。

亚里士多德是逻辑的创始人。在这种意义上,逻辑学家是从他才开始出现的,逻辑也是从他才开始成为一门学科或科学。因此直观上说,如果认为逻辑学家谈论真,而哲学家谈论真理,那么是不是可以认为在亚里士多德以前人们只谈论真理而不谈论真?而自亚里士多德之后人们一方面谈论真理,另一方面又谈论真?如果是这样,就会有许多问题值得思考。比如,是不是可以认为逻辑学家发现了真这个问题,而它与真理是不同的问题?由于真与真理是不同的东西,因此是不是可以问它们之间有什么样的关系?如果它们有关系,那么人们是不是会谈论它们之间的关系?如此等等。但是,这样思考问题只是纯思辨的,它的可靠性需要有文本的支持和进一步的论证。而一旦进入文本,我们就会发现,亚里士多德所探讨的真与他以前的哲学家,比如柏拉图,所讨论的是同一个问题,即都是"是真的"这种意义上的东西。也就是说,不是他们谈论的东西不同,而是他们讨论出来了不同的结果。特别是,在西方哲学文献中,可以看到人们讨论"truth",无论我们把它理解为"真"还是"真理",但是很难看到人们讨论"真"与"真理"的关系。也就是说,如果把"truth"理解为"真",我们看到的就是关于真的讨论;如果把它理解为"真理",我们看到的就是关于真理的讨论。但是我们很难看到人们把它看作是两种不同的东西,更难看到人们把它当作两种不同的东西而讨论它们之间的关系。因此尽管中国逻辑学家确实讨论真,而许多中国哲学家确实是在讨论真理,因而可以认为真与真理是不同的东西,也就可以讨论它们之间的关系,如果我们确实想这样讨论的话。但是从理解西方哲学的角度来看,即使想这样考虑,也是很成问题的,因为找不到这样探讨的可能性。

即便如此,这里可能仍然会有一个问题。尽管逻辑学家和哲学家讨论的是同一个问题,即都是"是真的"这种意义上的东西,但是会不会由于他们理解的不同,因而他们的讨论也是不同的,比如逻辑学家理解的就是"真",而哲学家理解的就是"真理"? 确实有人就质问:难道"黑格尔没有权利谈论'真理'吗?"[1],而且有人确实认为黑格尔"这里的'真的'东西就是真理"[2]。我认为,这里至少有几点是需要区别清楚的。

简单地仅仅围绕这个例子来说,黑格尔说什么都是有权利的。问题是,我们不是在讨论他是不是有权利谈论"真理",而是在讨论他所谈论的是不是"真理"。更深入一些,还可以看到,既然承认黑格尔谈论的是"真的"这种意义上的东西,问题也就成为:这种"真的"意义上的东西究竟是"真理"还是"真"?

复杂地超出这个例子来说,一位逻辑学家无疑可以同时就是一位哲学家,比如亚里士多德、奥卡姆、莱布尼茨,等等。一位哲学家是不是同时就是一位逻辑学家,可能会有争议。但是,有的哲学家除了有哲学著作外,可能也会有专门的逻辑著作,比如康德,而有的哲学家甚至可能会以逻辑命名自己的哲学著作,比如黑格尔。在这种情况下,难道我们应该认为他们在逻辑著作中谈论"真",而在哲学著作中谈论"真理"吗? 假如我们也承认他们所谈的都是"是真的"这种意义上的东西,难道我们应该认为他们在逻辑著作中谈论的"是真的"乃是"真",而在哲学著作中谈论的"是真的"乃是"真理"吗?

更抽象地说,大多数西方哲学家既不是逻辑学家,也没有写过逻辑著作,更没有用逻辑命名他们的著作。对于这些人的著作,难道我们就认为他们谈论的"是真

---

[1] 张桂权:《"真"能代替"真理"吗?》,《世界哲学》2003年第1期,第102页。

[2] 同上,第103页。

的"这种意义上的东西都是"真理"吗？难道这些人没有学过逻辑吗？如果他们学过逻辑（而且我们知道，西方哲学家一般都学过逻辑），那么他们的逻辑理解与他们的哲学理解就一点关系也没有吗？或者，他们的逻辑的理解对他们的哲学的理解就没有任何作用吗？如果说有，那么我们又该如何区别他们思想中那些对"是真的"这种意义上的东西的理解呢？也就是说，哪些理解是逻辑的，哪些理解又是哲学的，即哪些是"真"，哪些又是"真理"呢？

其实，人们在理解传统西方哲学的时候，往往不太考虑逻辑学家与哲学家的区别，也不太考虑逻辑著作与哲学著作的区别。关注逻辑与哲学的关系大致是在现代逻辑产生以后，因为随着现代逻辑的发展，逻辑成为一门独立的科学，从哲学中分离出来。特别是分析哲学的形成和发展，使人们认识到逻辑对哲学的重要作用。也许正是由于这种分离，人们更加清楚地认识到逻辑与哲学有什么不同，逻辑对哲学具有什么样的重要意义。在这种背景下，那些认为"真理"不同于"真"的人似乎就可以问，即使过去逻辑与哲学融合在一起，因而不太容易区分清楚哪些是逻辑考虑，哪些是哲学考虑，但是逻辑的考虑与哲学的考虑确实就是无法区别的吗？不太容易区别与无法区别毕竟是不同的。而一旦可以进行这样的区别，不是就可以一方面根据所谓逻辑的理解而认为这里谈论的是"真"，另一方面根据所谓哲学的理解而认为那里谈论的是"真理"了吗？

如果这样看问题，我认为也不是完全没有道理的，因为它至少理论上似乎是可行的。但是根据这种观点，本书的分析与思考就成为决定性的，因为必须要"进行这样的区别"。这样就又回到我所说的对文本的理解。因此我非常注重和强调对文本的分析与思考。我认为这是我们理解西方哲学的最基本的工作。正是通过对西方哲学文本的分析，我发现，区别出"真"与"真理"两个不同的东西是非常困难的，至少我认为我是区别不出来的。比如上述例子，黑格尔的著作名称就是"逻辑学"，在这样一种背景下，我们又怎么能够认为他所说的东西在他看来不是出自逻辑的考虑呢？

在西方哲学中，真是一个十分重要的概念。不仅许多人讨论它，而且围绕它还形成许多不同的重要理论。真之符合论认为，真就在于命题与事实相符合。真之融贯论认为，真不在于命题与事实之间的关系，而在于一系列命题和信念之间的融贯关系。真之语义论认为，"是真的"与它所说明的对象不在同一个层次上，因此它的含义不能在它所说明的对象中表述出来。真之冗余论认为，消除"是真的"可以无损于句子的表述。真之实用论则认为，真乃是一种有用的方向和功用，是研究的结果。还有其他一些真之理论，比如真之紧缩论、真之还原论等等。限于本书的目的，我们只讨论以上五种。

从字面上看,真之语义论和真之冗余论似乎就是关于真这一概念的,因为在以上简短说明中已经明确说到了"是真的"。为了更清楚地说明它们,我们当然还可以做进一步的说明。真之语义论的开创者是塔尔斯基,它的基础文献是塔尔斯基的论文《形式语言中的真这一概念》。在这一篇论文的开始,塔尔斯基明确地说,他要讨论"关于真的定义",他要参照一种给定的语言,"为'真句子'这个术语构造一个实质适当和形式正确的定义"①。他的研究为语义学的形成和发展奠定了基础。后来围绕他的理论,人们形成许多讨论和发展,其中有两种最简单的表述,一种表述直接来自他的 T 约定,即:x 是真的当且仅当 p;另一种表述间接来自他的 T 约定,即:真即去括号,它的意思是说:"雪是白的"是真的,当且仅当,雪是白的。所以,无论是从塔尔斯基本人的论述还是从后来由此发展起来的理论来看,这里所讨论的东西显然是"是真的"这种意义上的东西。

持真之冗余论的人很多,弗雷格对它就做过十分明确而具体的阐述。根据弗雷格的看法,真就在断定句的形式之中。"每当表示出某种东西时,它(真)总被连带地表示出来","当我断定 2 加 3 之和是 5 时,我同时也断定 2 加 3 得 5 是真的。当我断定我关于科隆教堂的想象与现实一致时,我也断定,我关于科隆教堂的想象与现实一致,这是真的。因此断定句的形式实际上是我们借以表达真的东西,而且它不需要'真'这个词"②。这种观点实际上是把真看作是初始的,不可定义的。无论它的理由是不是充分,它所谈论的显然也是"是真的"这种意义上的东西。

除了这两种真之理论外,其他三种真之理论似乎并不是明显与真有关。因此应该问,把它们理解为有关真理的理论行不行?比如说,真理符合论认为,真理就在于命题与事实相符合。真理融贯论认为,真理不在于命题与事实之间的关系,而在于一系列命题和信念之间的融贯关系。真理实用论则认为,真理乃是一种有用的方向和功用,真理是研究的结果。这样的理解似乎至少在字面上也不是说不通的。但是如果我们对文本做详细考察,就会发现其中的问题。

亚里士多德是真之符合论的主要代表人物。他认为,"说是者不是或者说不是者是,就是假的,而说是者是或者说不是者不是,就是真的;因而任何关于任何事物是或不是的判断都陈述了要么是真的东西要么是假的的东西"③。这大概也是关于真之符合论的最古老的表述。后来我们看到的真之符合论与亚里士多德的这种表述有一些这样那样的出入,但是意思基本相符。此外,许多哲学家和逻辑学家

---

① Tarski, A.: The Concept of Truth in Formalized Languages, in *Logic, Semantics, Mathematics*, Oxford at The Clarendon Press 1956, p.158.
② 弗雷格:《弗雷格哲学论著选辑》,王路译,王炳文校,商务印书馆 1994 年版,第 183 页。
③ Aristotle: The Works of Aristotle, vol. Ⅷ, 1011b24-28.

(比如康德、黑格尔、塔尔斯基等)都直接或间接提到亚里士多德的这一论述,以此表达真之理论。因此,依据亚里士多德的论述来理解真之符合论,应该是不会有太大偏差的。而从这里的论述来看,他所说的显然是"是真的"那种意义上的东西。

由于实用主义的代表人物有好几位,真之实用论的观点表述得既不是完全一致,有时候似乎也不是那样清楚。为了这里的讨论,让我们仅以詹姆斯为例。他在《真之意义》一书的"真这个词的意义"这一章中一开始就说:"我对真的描述是实在论的,而且我遵循具有常识的二元论认识。假如我对你说'这东西存在',那么这是不是真的呢?你能怎么说呢?只有在我陈述的意义进一步展开以后,才能确定它是真的或假的,或者与现实完全不相干的。但是,现在如果你问'什么东西?'而我回答'一张桌子';如果你问'在哪里?'而我指向一个地方;……而且我还说'我的意思是那张桌子',然后按住并晃动一张桌子,而你刚好看到它如同我所描述的一样,那么你就愿意称我的陈述为真的。"① 从这里的论述可以看得非常清楚,詹姆斯所说也是"是真的"这种意义上的东西。

真之融贯论认为,一个判断(命题)是真的,当且仅当它构成一个融贯的判断(命题)集的一部分。根据这种理论,一个真的命题集没有意义,但是作为该命题集的分子的命题却有意义。因此这种理论不仅要提出真的定义,而且要提出真的标准。最小的融贯关系是一种不矛盾关系,即一个判断(命题)不能既是真的又是假的。最低的要求则是该融贯的判断(命题)集必须足够大。② 这些论述表明,真之融贯论所考虑的也是"是真的"这种意义上的东西。

综上所述,对于西方这些真之理论,如果我们仔细阅读文本,就会看出,它们所谈论的实际上都是关于"是真的"那种意义上的东西,因此都是关于"真"的理论。若是把一些理论仅仅看作是关于"真理"的抽象讨论,表面上似乎也是可以理解的。但是一旦进入具体的讨论,即仔细阅读文本,我们就会发现这样的理解是有问题的。

通过以上说明和分析,我们还可以看出,这些真之理论不是逻辑理论,而是哲学理论。但是它们的探讨在很大程度上却与逻辑相关,比如,有的理论的代表人物就是逻辑学家,例如真之符合论的代表人物是亚里士多德,有的理论的基础就是逻辑,例如真之语义论。这就说明,在西方哲学中,逻辑与哲学的联系十分密切。如果我们仔细分析,大概还可以说明,逻辑是如何促进了哲学讨论的深入和发展的。

---

① James, W.: *Pragmatism and The Meaning of Truth*, Harvard University Press, 1998, p. 283.
② 参见 Engel, P.: *The Norm of Truth—An introduction to the philosophy of logic*, University of Toronto Press, 1991, pp. 98-99。

但是尽管由于逻辑与哲学是不同的学科,因而区别逻辑与哲学大概比较容易,但是若想在哲学讨论中把什么是逻辑的考虑、什么是哲学的考虑清楚地区分开来,大概并不是一件容易的事情。至于把同样对于"是真的"这种意义上的东西的考虑,哪些理解为"真",哪些理解为"真理",大概就更不是一件容易的事情了。

我强调要区别"真"与"真理",是因为(中文的)字面上它们是两个不同的概念,具有不同的含义。我强调要用"真"而不是用"真理"来理解西方哲学中的"truth",一是因为我认为它的字面意思主要是"是真的"这种意义上的东西,二是因为我认为西方逻辑学家和哲学家所谈论的是同一个东西,而不是不同的东西,他们的区别只是在于理解和解释的不同。除此之外,还有一个非常重要的原因,这就是我认为,西方哲学家所关注的最重要的少数几个核心问题之一,西方哲学中最重要的少数几个核心概念之一,乃是"是真的"这种意义上的东西,而不是"真理"。这里实际上也存在着中西哲学的重大差异的问题。"真"可以是西方人讨论的主要哲学概念之一,却不是中国哲学的主要概念之一。虽然我们也讨论"真善美",但是这里的"真"只是一种与"善"和"美"不同的伦理层面,而不是西方哲学中所说的"是真的"那种意义上的东西。"真理"强调的是"理",而不是"真"。它可以是我们中国人讨论的主要哲学概念之一,却不是西方哲学的主要概念之一。理解和讨论西方哲学,有对应的概念可以使用固然不错,没有对应的概念也没有什么关系。关键的问题在于如何理解西方哲学。绝不能不假思索地以我们使用的概念来理解人家的概念,也不能想当然地以为我们讨论什么,人家也讨论什么,更不能认为人家有的概念和思想我们也会有。当然,我探讨的是如何理解西方哲学,而不是中西哲学的比较。因此我的探讨是单向的。不过,即使是进行双向的比较研究,这种单向的理解也是而且也应该是更为基础的东西。

2. 系词

近年来,国内学界有关"是"与"存在"的讨论比较热烈,文献也比较多。我从1998年发表论文《"是"、"是者"、"此是"与"真"——理解海德格尔》,到2003年出版专著《"是"与"真"——形而上学的基石》,可以说是这一讨论的积极参加者。人们谈到一种"从古到今,一'是'到底"的观点[①],这即使不是完全指我,大概也与我的观点有很大关系。我主张用"是"来翻译和理解西方哲学的核心概念"being",批评把它翻译为"存在"或"有"。特别是,我强调西方哲学中在being这个问题上一

---

① 参见赵敦华:《中国的西方哲学研究中的十个误解——从Being的意义谈起》,《哲学动态》2004年第10期,第8页。

脉相承的思想与联系,反对从中文字面上阉割对它及其思想传承的理解。而且,即使是在主张应该把它翻译为"是"的人中,我的观点与许多人也还是有区别的。其中一个比较主要的区别是,我不太注重中文"是"这个词是不是有"存在"的含义,也从不论证它的这种含义①,尽管我说过它有这种含义②;另一个比较主要的区别是,我没有以"是"为核心和思路来探讨一种"是"本身的哲学③。我所努力做的主要是围绕着如何理解西方哲学。因此,对我来说,最重要的是理解,其他则不那么重要。正因为这样,我才在西方文献上花费了大量的精力,因为理解乃是以文本为基础的。这一点大概也是我与其他人的另一个区别。

我主张用"是"来翻译 being,因为它体现的乃是"S 是 P"中的那个是。在"S 是 P"这样一个句式中,"是"无疑是系词。因此,"是"的理解首先就与系词相关。

在理解 being 的过程中,我曾介绍并强调卡恩对古希腊语中"einai"的研究成果,即在其系词、存在和断真这三种用法中,最主要的是系词用法,这一用法的比例占他统计该词用法的 80% 或 85% 以上。④ 我认为这一成果很重要,对于我们理解 being 很有帮助。根据这一点,我们应该把 einai 翻译为"是",并根据"是"来理解它。

对于我的这种看法,一些人提出了不同看法或批评。比如,有人认为我对卡恩的成果介绍得有问题,而卡恩的结论并不是我所介绍的那样的系词、存在和断真用法⑤;有人认为,我对卡恩的介绍不全面,因为卡恩的研究主要是为了"阐明希腊文动词 be 的日常用法和意义,为解读希腊文动词 be 的哲学用法奠定语言基础,所以对西方哲学的 ontology 的历史性考察不属于他的研究范围"⑥。有人则干脆置疑这种统计结果,质问:"哪怕我们统计出在古希腊文中,这个词的系词用法超过 95% 乃至更高,能够排除这个词在使用中实际存在的多义性吗?"⑦

---

① 比如,王太庆先生就非常重视论证中文"是"这个概念中表示"存在"的含义,他似乎是要以此论证用"是"来翻译"being"的合法性。参见王太庆:《我们怎样认识西方人的"是"?》,《学人》第四辑,江苏文艺出版社 1993 年版。

② 参见王路:《"是"的逻辑研究》,《哲学研究》1992 年第 3 期;载王路:《理性与智慧》,上海三联书店 2000 年版,第 351 页。

③ 例如,萧诗美在这方面做了许多努力。参见萧诗美:《是的哲学研究》,武汉大学出版社 2003 年版。

④ 参见王路:《关于希腊文动词"einai"的理解》,《中国学术》商务印书馆 2001 年第 1 辑。

⑤ 参见陈村富:《Eimi 与卡恩——兼评国内关于"是"与"存在"的若干论文》,载《Being 与西方哲学传统》上卷,宋继杰编,河北大学出版社 2002 年版,第 257-268 页。

⑥ 王晓朝:《eimi——卡恩的希腊 ontology 的语言学导论——与王路教授商榷》,《学术月刊》2004 年第 6 期,第 10 页。

⑦ 杨学功:《从 ontology 的译名之争看哲学术语的翻译原则》,载《Being 与西方哲学传统》上卷,宋继杰编,第 299 页。

以上三种批评各有不同,但是有一点是共同的,即它们都不太重视我特别强调的卡恩所得出的 einai 这个词的系词用法。恰恰是这一点,在我看来是最重要的。在西方语言中,being 这个词无疑有多种含义,卡恩所说的系词、存在和断真用法不就是指出了它的三种不同含义吗? 问题是,在它那众多含义中,有没有一种最主要的或比较主要的含义? 如果有,那么当我们理解这个词的时候,或者说理解由这个词所表达的概念的时候,我们是首先应该理解它那种最主要的或比较主要的含义,还是应该理解它那些次要的或比较次要的含义? 即使说卡恩所分析的那些是自然语言的含义而不是哲学领域中的含义,难道当自然语言中的一个概念成为哲学探讨的概念时,它那些自然语言中的含义就消失了吗? 即使说哲学讨论有特殊性,因而会使自然语言中的一些含义消失,但是难道会使一个概念最主要的含义消失,而保留它的一些次要的含义吗? 特别是,难道哲学讨论的方式是像有的批评者描述的那样,即可以完全不顾日常语言的最基本(哪怕是 95% 以上的)含义,而把非常小的一部分(甚至是不足 5% 的)含义当作最主要的含义来考虑吗? 正是在对这些不同的含义的思考上,存在着理解的问题。

我认为卡恩的研究成果非常重要,乃是因为它不仅为西方哲学家,而且为我们中国哲学家理解 being 的含义提供了一个基础,这就是系词用法。西方哲学家一般认为,"是"乃是哲学的核心问题;"是"主要有两种含义,一种是存在含义,另一种是系词含义。有一些哲学家则认为,在这两种含义中,存在含义先于系词含义。中国哲学家则一般认为,"存在"一直是西方哲学的核心概念和问题。因此,同样是谈论存在,我们与西方哲学家的理解也是有很大差异的:他们认为核心问题乃是"是","存在"乃是"是"的一种含义,尽管有一些人认为这种含义是优先的和主要的,而我们则一般认为"存在"本身就是西方哲学的核心问题。卡恩的研究则表明,"是什么"是古希腊语日常表达最基本的用法,这种最基本的用法说明,being 的最主要含义是系词,而不是"存在",而且"存在"用法是从系词用法演变而来的,因此没有理由说它优先于系词用法。卡恩研究的是动词 to be 在古希腊语中的表现形式,他的结果是这个词的最主要的用法是系词。他以自己的研究结果反驳了 to be 这个词的存在-系词两分的看法,也反驳了存在含义优先的看法。在我看来,他的成果也为我们中国哲学家理解西方哲学中这个核心概念提供了重要的依据。

我们学习西方哲学多年,都知道"是什么"是古希腊人探讨世界的本源和与人自身相关的问题的最基本的表达方式,它既是提问的方式,也是回答的方式。卡恩的结果使我们可以看到,这种最基本的表达方式并不是哲学家独有的,而且也是古希腊日常表达中最普遍的方式,因而也是日常表达的最基本的方式。因此,哲学家与常人一样,他们探讨问题的表达方式与日常表达方式是一致和相通的。不同的只是哲学家从反映了日常认识的日常表达中一些看似平凡的东西提出了问题,并且通过自己的讨论而得出各种各样并不简单的结果。因此,哲学的一些主要概念和核心问题,如"是""存在""真""必然""可能"等等,恰恰也是日常表达中最基本最常用的一些概念。正是由于哲学与日常认识有着这样的一致与不一致,它才会对日常认识有意义,因而它才会有自身的意义。大概没有什么人会以为,哲学概念是哲学家凭空造出来的,哲学是哲学家自己关在屋子里瞎想出来的。因此我认为,卡恩为我们提供的古希腊语的分析结果,不仅可以是我们理解古希腊语日常表达中"是"的含义的根据,而且也可以是我们理解古希腊哲学中这个概念的含义的根据。比如对于亚里士多德所说的哲学研究的"是本身",即使我们不认为它就是日常表达中的这种"是",至少也不能说它与日常表达中的这种"是"没有任何关系。

一个词在日常表达中有多种含义乃是正常的,在哲学讨论中有多种含义也是正常的。问题是,在一个词的众多含义中,哪一种是最主要的?因为这将直接导致对这个词所表达的概念的理解。西方哲学家中关于"being"的系词含义和存在含义的讨论乃是对 being 这个概念的讨论,是为了更好地理解这个概念。中国哲学家今天讨论应该把它理解为"是"还是应该理解为"存在",也是为了更好地理解这个概念。正是在这种意义上,我认为卡恩的结果为我们的理解提供了很好的依据。因为它说明,系词用法是这个词最主要的用法。我们无法相信,理解这个词的含义可以不考虑它的这种最主要的用法。而一旦考虑系词用法,我们就一定会想到"S 是 P"这种句式。这样,我们所讨论的这个概念就一定要能够反映出这样的句式,即它应该使我们可以看到或者至少可以想到这样的句式。

我强调对"是"的系词含义的理解,在很大程度上来自对卡恩研究结果的学习,但也不是仅仅局限于这里。认真阅读哲学文献,其实不难发现,对系词含义的探讨,实际上在许多哲学家的著作中都是存在的。比如在亚里士多德、康德、黑格尔、海德格尔等人的著作中,虽然看不到他们像卡恩那样系统地分析论述日常语言中的系词含义,但是我们确实可以看到他们在探讨 being 的时候非常明确地论述系词含义。这至少说明,他们对系词含义是清楚的,而且也是重视的。因此非常保守地说,我们至少不能认为他们对于 being 的讨论排除了对系词的考虑,而卡恩的研究结果则可以使我们非常肯定地把系词的考虑放在理解这个概念的首位。

Being 的系词含义主要来自它的句法作用,即"S 是 P"中它联系主语和谓语的作用。换句话说,"是"的含义是通过它在句子中的作用体现的。也可以说,这样一种句法作用本身其实没有任何具体的意义。因此,理解西方哲学,对于我们具有不同语言文化背景的中国人来说,确实存在一些问题。但是我认为,我们可以直观上不明白为什么西方人要讨论这个"是",也可以不明白他们讨论的这个"是"乃是什么意思？但是我们不能首先从字面上阉割这种理解的可能性，也不能以阉割这种理解的可能性为代价而自以为理解了西方哲学。因此，保留系词含义的字面特征，乃是理解的前提。

3. "是"与"存在"

在我国，"存在"的理解已经形成传统。"是"的理解与"存在"的理解无疑是冲突的，因此这实际上也是对传统理解的质疑。因此，这里有必要说明，西方哲学中的 being，为什么是"是"，而不是"存在"？

为了讨论的方便，我们可以把问题简单地归为一点：西方哲学中的"being"，究竟是"是"还是"存在"？显然，"是"和"存在"是两个不同的词和概念。但是在我看来，从理解西方哲学的角度出发，这个问题却没有那么简单。它至少可以区分出两个层次。一方面可以问："是"和"存在"是 being 的两种不同含义吗？另一方面也可以问，"是"和"存在"本身是两个不同的词和概念吗？直观上说，如果它们是不同的词和概念，似乎问题就比较简单了。因为中文的"是"和"存在"就是两个不同的词和概念，正好可以对应使用。但是如果它们是 being 这同一个词的两种不同含义，问题就会有些复杂。因为在这种情况下，人们把 being 的一些用法解释为"是"，而把 being 的另一些用法解释为"存在"。即便如此，人们也已经有了一个表示"存在"含义的词，并且用它来解释过去人们用 being 所表示的含义。这样自然也就产生另一个问题："存在"与"是"有什么关系？作为词，它们之间有什么关系？作为概念，它们之间又有什么关系？我认为，这样的考虑是有意义的，因为在没有"存在"这个词和概念的条件下用"being"来表示存在，与有"存在"这个词和概念并用它来直接表示存在，乃是根本不同的。

从西方文献来看，existence 这个词是表示"存在"的。这样，being 和 existence 之间就有我们以上所提出的问题。从中文翻译来看，由于一些人认为应该把 being 翻译为存在，为了区别，他们把 existence 翻译为"实存"。这样，从理解西方哲学的角度出发，不仅有以上那些问题，而且还有"存在"与"实存"的关系问题。在这种情况下，至少在字面上，"是"与"实存"是有一定距离的。这就为我们理解西方哲学带来许多问题。不过，我不考虑这个问题，而只集中考虑"是"与"存在"的问题。

首先我想谈一谈 being 的"存在"含义。"存在"这一概念是我们今天都有的，因为有了"存在"这个词，当然就可以表达这个概念。尤其是当我们研究古希腊哲学的时候，我们发现，其中 being 的一些用法就相当于我们今天所说的"存在"，因此可以说，being 这个词有存在用法。比如，卡恩认为，古希腊动词 einai 的主要用法是系词,即"S 是 P"中的"是",它联系句子中的主语和表语。但是它也有另一种用法,这就是这个动词前移至句首,由此引出它所要说明的名词,即"是 SP"。这样使用的"是"乃是对主语的修饰和强调,具有一种表示存在的力量。比如,"一个人是在门边"是一般的表达,而"是"前移到句首之后,字面的意思是"是一个人在门边",由于"是"的强调作用,即强调由它所引出的那个词,即"一个人",这里的实际表达的意思是"有一个人在门边",即表示存在。在这样的表达中,跟在名词后面的一般是表达位置的词和短语,但是后来在特定情况下,这些表达位置的词和短语有时候可以省略,出现了"是神"这样的表达,表示存在,即"有神"。①

这个例子可以非常清楚地表明,"是"和"存在"是 being 的两种不同的含义。因为它们主要说明,"being"有一些特殊用法,而这些特殊的用法与它通常的系词的用法不同,表达的意思是"存在"。但是这些不同乃是这个词的用法的不同,因此是它的含义上的区别,字面上却是相同的,即都是"是"。尤其是根据卡恩的解释,einai 的存在用法最初只不过是系动词前移,即它只是由"S 是 P"变为"是 SP",这使我们可以看得非常清楚,在这一变化中,不仅 esti 这个动词本身没有变化,而且它所体现的这个句子的主谓结构都没有变。正是 esti 在句子中这种位置的变化,导致了它所表达的意思的变化。相应的英文表达则是"there is",英文不能把 is 放在陈述句的句首,因此要在这个动词的前面加上"there"这个词。这个短语的意思无疑是"存在"。但是尽管如此,"is"依然在那里。只不过人们认为,这里的"那里是"(there is)表达的是"有"或"存在"。

又比如,在亚里士多德的著作中,除了主要讨论"S 是 P"这样的句式以外,他有时候也谈到"人是"、"荷马是"这样的句子。由于这样的表达中"是"后面没有跟任何东西,因此有人认为,亚里士多德这里所说的"是"表达的意思是存在。②

这个例子也可以表明,"是"和"存在"是两种不同的东西。显然,亚里士多德只使用了一个词,即他说的"S 是 P"中的"是"和"人是"(或"荷马是")中的"是"乃是同一个词。如果我们仔细看亚里士多德的论述,就会发现他对这种区别是有认识的,比如他区别出"纯粹的是"和"是如此这样的";但是他也认为,"是"与"是某物"区别很小,以致它们好像没有什么区别。③ 由此可以更加清楚地看出,亚里士多德使用和探讨的是同一个词,他在这同一个词区别出两种不同的用法,而且,即使在他的区别中,"是"这个词本身并没有变,他是通过对它的修饰来说明它的不同用法的

---

① 我曾比较详细地介绍过卡恩关于 einai 的存在用法的说明。参见王路:《"是"与"真"——形而上学的基石》,第 53-70 页。

② 我也曾比较详细地讨论过这个问题。参见王路:《"是"与"真"——形而上学的基石》,第 148-158 页。

③ 参见王路:《"是"与"真"——形而上学的基石》,第 439-440 页、第 155 页。

差异的。

确实有一些人认为,"荷马是"表达的意思是"荷马存在"。因此可以认为,亚里士多德所说的这种"纯粹的是",即"是"后面不跟任何东西的用法,表达的是"存在"。但是,人们这是在用"存在"这一概念来理解亚里士多德所说的"是"这个词的一种用法。在这种情况下,人们一定首先有了"存在"这个词,它表达存在的概念,并且人们认为它就是亚里士多德所说的"荷马是"中的"是"所表达的意思。因此,亚里士多德的论述中的用语是一回事,人们的解释中的用语是另一回事。二者之间的差异是显而易见的。对于西方学者来说,这里也有一个如何理解古人的问题,而对于我们中国人来说,这里不仅有如何理解古人的问题,还有一个如何理解西方哲学的问题。因此这里语言的层次和语言所表达的意思的层次,无论如何也是不能混淆的。

其次我想谈一谈"存在"(existence)这个概念。今天,人们毫不犹豫、非常明确地使用"存在"这个概念,因为我们有这个概念,而且人们都知道它是什么意思。比如,除了"上帝存在"这个命题以外,人们探讨一种东西是不是存在,还谈论"存在主义",等等。因此很明显,"存在"与"是"乃是两个不同的概念。可以肯定地说,这个词和概念的使用没有什么问题。但是,当人们用"存在"来理解"是"的时候,却会有一些问题。在我看来,最主要的问题不在于用"存在"解释"是",而在于用"存在"翻译"是",从而导致一种看法,好像西方哲学中一直就有"存在"并且一直探讨的就是"存在"。

一个直观的问题是,"存在"是不是一直是西方哲学中的核心概念?前面说过,根据卡恩的研究,einai 的最主要用法是系词,应该在系词的意义上理解这个词,因此它表达的乃是"是"。也就是说,从古希腊以来,西方哲学中的核心概念应该是"是",而不是存在。这样我们就得到了对上述问题的否定的回答。但是同样根据卡恩的研究,"是"有不同的用法,其中一种用法表示存在,难道不能认为当以这个词为核心概念的时候,已经考虑了"存在"的含义了吗?我不反对可以根据"是"的存在用法认为它也有存在的意思,但是我要问的是:含有存在意思的"是"本身与"存在"本身是不是就是一回事?也就是说,有一个明确的概念"是"并以它来涵盖存在的意思,与有一个明确的"存在"概念是不是一回事?我认为,这里的区别是非常大的。

哲学是以概念思维的方式进行的。所谓概念思维,简单地说,就是抽象。具体地说,人们从日常思维活动中一些最普通常见的表达发现问题,把它们抽象到概念的层面,进行理论探讨。而这种抽象过程的主要体现之一就是形成概念。因此,一个概念的形成在某种程度上往往反映了哲学的进步,比如关于"是"的问题。古希腊哲学家们从日常最普遍最常见的问答"是什么"和"是如此的",抽象出其最核心的东西"是",形成一个概念,并在概念的层面上进行探讨。亚里士多德在这样的基础上把它提高到最普遍概念的层次,涵盖一切学科,成为哲学的核心概念,体现了哲学的进步和发展。因此,有一个概念与没有一个概念乃是根本不同的。又比如关于"存在"的问题。古希腊哲学家们一直探讨"是",由于它有各种用法,因而可以有各种含义。其中有一种用法与通常所说的"S 是 P"中的"是"的用法不同,因此含义也不太一样。后来人们发现,可以把这种含义抽象表达为"存在",因而不仅形成一个新概念,而且通过这一新概念而把"是"的这种含义具体化。由于有了"存在"这一概念,人们不仅可以用它来解释"是"的一部分含义,而且还可以围绕"存在"本身来进行讨论,并且形成关于"存在"的理论,这样又形成哲学的发展和进步。因此,有一个概念与没有一个概念确实是根本不同的。

实际上,从理解西方哲学的角度出发,这里还有更为复杂的问题。由于"存在"这一概念的产生与中世纪宗教神学讨论"上帝是"有很大的关系,[①]因此如果不区别"是"与"存在"这两个不同的概念,把"存在"这个概念与"是"的存在含义混淆在一起,就无法清楚地认识西方哲学和文化中许多重要的问题。比如,为什么在古希腊"是"有存在的含义,人们却没有用一个不同的概念,比如用"存在"这个概念来表达它?为什么"存在"这一概念在古希腊没有出现,而在探讨上帝的过程中却产生了?为什么"存在"这一概念尽管是在探讨上帝的过程中产生的,却依然与"是"这个概念联系在一起?既然"存在"与"是"是有联系的,它们的区别究竟是什么?当然,由此还可以进一步产生一些问题,比如有关宗教与哲学的关系问题,等等。因此,区别还是不区别"存在"与"是"这个概念,会涉及非常复杂的问题,而且这些问题与理解西方哲学都会有直接和间接的关系。

最后我想谈一谈"是"与"存在"的关系。在以上讨论中,有几点可以看得非常清楚。一点是,"是"与"存在"乃是两个不同的概念。另一点是,"是"与"存在"乃是在不同时期形成的概念。还有一点是,"是"也有"存在"的意思,或者,"存在"可以表达"是"的一部分含义。从这几点出发,显然可以问:"是"与"存在"有什么样的关系?

我认为,"是"与"存在"的关系是一个比较有意思的问题。且不论从哲学本身可以如何讨论这个问题,从理解西方哲学的角度出发,至少可以考虑如下几个问题。其一,西方哲学家一直在探讨"是"(einai、esse、to be、Sein 等等),但是由于它也有存在的含义,而且后来也有了明确的"存在"概念,那么西方哲学从古到今的核

[①] 我曾比较详细地讨论过这个问题。参见王路:《"是"与"真"——形而上学的基石》,第 184-223 页。

心概念究竟是"是",还是"存在"?其二,尽管古希腊只有"是"而没有"存在"这个概念,但是由于"是"这个概念也有存在的含义,那么古希腊哲学的核心概念究竟是"是"还是"存在"?其三,由于中世纪以后有了"存在"的概念,因此人们不仅知道这个概念,而且它使古希腊哲学中"是"的存在含义具体化了,在这种情况下,当人们谈论"是"的时候,人们考虑的究竟是"是"还是"存在"?

我认为,思考这些问题是有意义的。比如,国内学界就有一种观点认为,应该按照不同的语境来理解西方哲学,根据不同的语境而采取不同的译名。① 而按照这样的理解,有些地方就应该把 being 翻译为"是",有些地方就应该把 being 翻译为"存在";有人也确实明确认为,亚里士多德的理论应该用"是",黑格尔的理论应该用"有",而海德格尔的理论应该用"存在"。② 我同意应该认真分析思考不同的语境,因为这是理解西方哲学的基础。问题是分析思考不同的语境是不是能够得出以上结论。这里当然需要认真地具体地分析,而不能只是思辨地讨论。③ 但是直观上就可以看出这里会有一个十分明显的问题:由于语境的不同,难道西方哲学家讨论的是不同的东西吗?具体地说,比如,亚里士多德、黑格尔和海德格尔所谈的难道是不同的东西吗?而如果依据我们前面的讨论,则可以问:亚里士多德、黑格尔和海德格尔的区别究竟在于他们谈的本来就是不同的东西,即"是"、"有"和"存在"呢,还是在于他们是在不同的意义上谈论同一个东西?如果是前一种情况,则看不到西方哲学在"是"这个问题上一脉相承的延续和发展。如果是后一种情况,则可以看到他们所谈论的乃是相同的东西,只是他们谈出了不同的意义,这样就可以看到"是"这个问题在西方哲学中贯彻始终的特征,因而体会到它的核心地位和重要性。

所以我认为,"是"与"存在"之间的关系是:在语言层面上,它们是两个不同的词;在概念层面上,它们是两个不同的概念。相比之下,"是"乃是先出的词,而且也是更为基础和根本的概念,它在某种程度上可以涵盖"存在"的含义,比如卡恩所说的它的存在用法。"存在"则是后出的词,而且是从"是"派生出来的概念,但是也已经发展成为一个独立的概念。它可以解释"是"的一部分意义,但是不能说明"是"的最主要的意义,尤其是不能说明"是"的系词含义。在西方哲学史上,当人们谈论"是"的时候,有时候可能会考虑到存在的含义,有时候可能不会考虑到存在的

---

① 例如参见王晓朝:《读〈关于"存在"和"是"〉一文的几点意见》,载《Being 与西方哲学传统》上卷,宋继杰编,第 48-54 页。
② 参见赵敦华:《"是"、"在"、"有"的形而上学之辨》,《学人》第四辑,江苏文艺出版社 1993 年版。
③ 我认为得不出这样的结论,而且我也曾比较详细地讨论过黑格尔和海德格尔的思想。参见王路:《"是"与"真"——形而上学的基石》,第 280-315 页、第 316-369 页。又见前面关于黑格尔一章的讨论。

含义。这样的认识需要我们在具体的语境中去分析和把握。而且这样的认识和把握，在"存在"这个概念出现之前和产生以后，区别是很大的。因为在没有这个概念的时候，我们只能从哲学家们对"是"的论述来体会其中的存在含义，而在有了这个概念之后，虽然有时候仍然需要这样的体会，但是更多的时候，我们可以看到哲学家们明确地用"存在"对"是"进行说明，甚至还可以看到逻辑学家在逻辑著作中这样的定义。①

4. 逻辑的"是"与形而上学的"是"

人们一般认为逻辑学家和哲学家是不一样的，他们讨论的东西以及他们讨论的方式也是不一样的。基于这种认识，有人认为，用"是"这个译名会有一个严重的后果，"易于把形而上学的思辨理解为纯逻辑的分析"；"是"可以表达命题中主词和谓词之间的关系，但是"是"的解释"有过于浓重的逻辑学倾向，而我们显然不能把哲学仅仅归结为逻辑学或语言学"。② 有人甚至认为，"是"的这种译法隐藏着一种倾向，这就是把"existence"（存在）从"being"（是）彻底割裂出去，从而完全从知识论甚或逻辑学的角度去理解哲学。③ 根据这样的认识，似乎逻辑讨论的乃是"是"，哲学讨论的则是"存在"，二者不同，因而"是"不仅无助于理解"存在"，而且会消除有关"存在"的理解。对于这样的看法，我是无法赞同的。

毫无疑问，逻辑与哲学不同，它们讨论的东西不同，它们讨论东西的方式也不同。尤其是现代逻辑产生之后，人们清楚地认识到，逻辑是与哲学完全独立的学科。但是，由于逻辑一直是哲学的一种方法，而且是哲学一种比较主要的方法，因此逻辑与哲学有着千丝万缕的联系。探讨以上看法，无疑涉及逻辑与哲学的关系这一非常复杂的问题。限于篇幅，下面我的讨论仅限于如何理解西方哲学。

西方哲学家大致可以分为三类。有一类哲学家同时也是逻辑学家，比如亚里士多德、奥卡姆、莱布尼茨等等。他们不仅有逻辑著作，而且对逻辑的发展做出重要贡献。另一类哲学家虽然有逻辑著作，但是并不为逻辑学家所重视，甚至不予承认。比如康德有专门的逻辑著作，但是他在逻辑史上的地位不高。又比如黑格尔也有逻辑著作，因为他以"逻辑"命名他自己的著作，但是几乎没有人认为他是逻辑学家。还有一类哲学家不是逻辑学家，也没有逻辑著作。我的问题是，按照以上观

---

① 参见王路：《"是"与"真"——形而上学的基石》，第 205-213 页。
② 周迈：《论亚里士多德哲学中的存在（是）"on"》，载《Being 与西方哲学传统》下卷，宋继杰编，第 809-810 页。
③ 参见宋继杰编：《Being 与西方哲学传统》下卷，第 1172 页。

点,对于这些不同的哲学家的著作,我们该如何理解?我们能说第一类哲学家在逻辑著作中讨论"是",而在哲学著作中讨论"存在"吗?我们能说第三类哲学家讨论的都是"存在"吗?即使这两个问题不存在,即根据以上观点我们可以得到肯定的回答,那么对第二类哲学家的著作又该如何理解呢?比如对于黑格尔的《逻辑学》。如果认为他讨论的是哲学,似乎就应该认为他里面说的乃是"存在",但是他自己就命名他的著作为"逻辑"。如果认为他讨论的是逻辑,似乎就应该认为他里面说的乃是"是",但是人们又不认为他是哲学家。因此,似乎无论怎样考虑都是有问题的。

实际上,问题绝不是这样简单。我们知道,逻辑自产生之日起,就一直是哲学的工具。亚里士多德就认为,逻辑是从事哲学研究必须具备的修养。问题是,一个集逻辑和哲学于一身的思想家能够研究逻辑就是研究逻辑,研究哲学就是研究哲学,而他的逻辑与他的哲学没有任何关系,他的逻辑思想对他的哲学思想没有任何影响,不起任何作用吗?我们还知道,逻辑自形成一门学科以来,就一直是从事哲学研究的人的必修课。一般来说,西方哲学家都学过逻辑。因此,即使一个哲学家不是逻辑学家,他也学过逻辑。问题是,他学的逻辑对他的哲学研究就没有任何影响吗?他学的逻辑在他的哲学研究中就不起任何作用吗?对于这样的问题,人们大概很难给予否定的回答。然而,只要是承认逻辑与哲学有关系,逻辑在哲学中起作用,对哲学有影响,我们就会面临着一个困难,我们如何能够认为这些哲学家所讨论的不是"是",而是"存在"呢?即便可以认为他们讨论的是"存在",我们又如何区别其中那起作用和发生影响的"是"呢?也就是说,哪些语境中是"是",哪些语境中又是"存在"呢?

以上问题虽然存在,但是毕竟比较思辨。其实,有了前两节讨论的基础,我们在这个问题上可以讨论得更具体一些。

根据卡恩的研究,einai 最主要的含义是系词用法。正如前面所说,有人认为这只是一种日常表达和语言学的研究结果。我的问题是,当哲学家把这样一个概念当作研究的对象,是不是会背离它原初的含义?对于逻辑学家我们也可以问同样的问题:即当他把这样一个概念作为研究的对象,是不是会背离它原初的含义?换句话说,哲学家和逻辑学家的问题是从日常思维活动来的,还是自己凭空想出来的?我们前面已经指出,哲学家的问题绝不是自己凭空想出来的,而是来自日常思维活动。这里则还需要指出,逻辑学家也是同样。因此逻辑学家和哲学家所谈论的"是"就是日常所说的"是"。正因为这样,我们才会在他们的著作中看到我们非常熟悉的日常表达。比如亚里士多德说的"人是白净的","人是理性动物"和海德格尔说的"天空是蓝色的","我是高兴的",等等。① 而且我们还会发现,西方哲学中所讨论的概念非常抽象,例子则是具体的,作者使用这些具体的例子,目的是为了有助于我们理解那些抽象的讨论。这样的讨论可以使我们非常清楚地看到,哲学和逻辑所讨论的"是"与日常表达的"是"乃是一回事。由此也就可以说明,逻辑学家所讨论的"是"与哲学家所讨论的"是"乃是同一个东西。

虽然逻辑学家和哲学家所讨论的是同一个东西,即都是日常表达的那个"是",但是由于逻辑学家和哲学家的不同,因此他们所讨论出来的结果是不同的。比如,逻辑学家把日常表达中的这个"是"看作是语言中恒定的要素,试图围绕它揭示出句子的逻辑结构,即"S 是 P",并在这样一种基本句式的基础上建立起逻辑体系。而哲学家把日常表达中的这个"是"看作是最普遍的东西,试图围绕它探讨最具普遍性的东西,即不是属于某一学科、某一领域的东西及其性质,而是超越一切学科和领域的东西。无论这样的研究得出什么样的结果,是不是有道理,它们确实是不同的,而且是向着不同的方向发展的。但是正由于"是"既是传统逻辑研究的出发点,也是传统哲学的核心概念,因此使我们在这样两种完全不同的学科和范围可以看到一些共同的东西。而且鉴于哲学家本身逻辑水平和修养的差异,这种共同性的体现也会有所不同。以亚里士多德为例子。由于他既是逻辑的创始人,也是形而上学的开拓者,因此这种共同性在他的身上体现得最为明显。他的逻辑是一种以"是"为核心的主谓逻辑,他的形而上学则是以"是本身"为核心对象。这样,逻辑和哲学似乎在"是"这个问题上得到了完美的统一。因为逻辑是最抽象的,形而上学则是最高层次的。以逻辑和形而上学这样两种不同的方式相结合来研究一个最普遍的问题,恰恰体现了第一哲学的本性。

亚里士多德逻辑中的"是"乃是显然的,他的形而上学中的"是"也是显然的。在这种情况下,即使字面上二者的结合不是显然的,大概我们理解亚里士多德哲学也不能不考虑他的逻辑。而只要联系他的逻辑,"是"就会立即凸现出来,更不用说在古希腊还没有一个表示"存在"的词。因此,假如"是"有"存在"的含义,那么"是"的考虑为什么会无助于我们理解"存在"呢?

传统逻辑是在亚里士多德逻辑基础上形成的,其中"是"的核心地位也是显然的。传统哲学,尤其是形而上学,是在亚里士多德的形而上学的基础上发展的,因而不仅其核心概念"是"承袭亚里士多德,而且其讨论的许多问题以及使用的术语,

---

① 我曾经指出,理解"是"的问题,应该特别注意给出的例子。这是因为在我看来,例子来自日常表达,意思是显然的,使用例子为的是使听者或读者更好地理解自己所探讨的东西;而且这些例子虽然不多,却往往出现在比较关键的地方,因此对于我们的理解就特别重要。参见王路:《"是"与"真"——形而上学的基石》,第 317-322 页。

如本质、偶性、形式、质料等等,也基本来自亚里士多德。理解这样的哲学著作,即使不是逻辑学家的哲学著作,不考虑逻辑大概也是不应该的。但是,一旦我们联系起他们所使用的逻辑或在他们文字背后所起作用的逻辑,也会看到逻辑的"是"和形而上学的"是"的重合。我不明白,看到这种重合,从而认识到逻辑和哲学的联系并认识到逻辑在哲学中所起的作用,怎么会消除"存在"的含义,而使哲学研究仅仅成为逻辑学和语言学的考虑呢?

当"存在"作为一个正式的哲学术语出现之后,人们可以用它表示"是"的含义,而且有时候也可能会用"是"来表示它。① 因此哲学中有了"是"与"存在"之间关系的讨论,黑格尔和海德格尔可以说是这方面比较典型的代表人物。但是由于在亚里士多德逻辑中,以及在基于亚里士多德逻辑的传统逻辑中,没有"存在"这样一个逻辑常项,因而没有关于"存在"的探讨,因此我们也就可以理解,为什么人们在讨论中主要围绕和突出的依然是"是",而不是"存在",尽管人们必须在这样的探讨中涵盖存在的含义,无论这个概念出现还是不出现。比如黑格尔在论述他的哲学体系的时候,阐述了其初始概念"是":"是首先乃是针对别的东西而被规定的;其次它是在自己内部起规定作用的"②,然后他从"是"的这两种具体的含义过渡到它的纯粹抽象的含义,由此得到了他的体系的第一个初始概念"是"。前一种含义显然是"是"的系词含义,而后一种含义则相当于"存在"。③ 这里,"是"的理解难道不恰恰是有助于我们更加深入细致地理解黑格尔的哲学思想吗?

对照分析哲学,也许可以更好地理解关于"是"和"存在"的探讨。分析哲学与传统哲学有许多区别,其中最重大的区别之一也许可以说在于"是"不再是讨论的核心问题。表面上说,分析哲学家们反对传统形而上学那种讨论方式,反对把"是"和"不"这样的东西当作讨论的对象,因为这样的讨论导致形而上学的命题都是没有意义的。不论这种观点有没有道理,产生这种观点的原因与分析哲学家使用的逻辑却有十分密切的联系。因为他们使用现代逻辑,而在现代逻辑中,"是"不再是一个逻辑常项,甚至根本就不出现了。因此当使用这样一种逻辑为根据来进行哲学研究的时候,突出的依然是逻辑分析,突出的依然是与逻辑相关的东西,对句子中的"是"依然可以进行分析,比如"亚里士多德是哲学家"中的"是"表达的是个体与类的关系,而"晨星是昏星"中的"是"表达的是个体与个体的关系,但是无论如何再也无法把"是"作为哲学的核心概念加以突出了。相比之下,分析哲学对"存在"

---

① 比如笛卡儿甚至把 exist 作为 is 的同位语并列使用,参见王路:《"是"与"真"——形而上学的基石》,第 226—237 页。
② Hegel, G. W. F.: *Wissenschaft der Logik*, I., S. 79.
③ 参见王路:《"是"与"真"——形而上学的基石》,第 281—285 页。

的讨论却非常多，以致"存在"反而成为哲学讨论中的一个重要概念。这是因为，人们认为现代逻辑中的存在量词刻画了"存在"这一概念的性质，依据这一理论来探讨存在，可以比较深刻地揭示它的哲学含义。在这种意义上，"是"的理解可以有助于我们理解传统逻辑和现代逻辑的区别，因而有助于我们理解不同的逻辑对形成不同的哲学所起的不同作用，从而有助于我们更加深刻地理解西方哲学。

一般人们知道，运用逻辑方法来从事哲学研究是西方哲学的一个主要特征。因此综上所述，认识到逻辑的"是"与"形而上学"的"是"乃是相同的东西，并由此出发来理解西方哲学，则可以比较好地看到逻辑与哲学的联系，认识逻辑与哲学关系，从而可以依循逻辑分析这一西方哲学的主要特征来理解西方哲学。

5. 翻译与理解

有了以上讨论，最后可以就翻译与理解再说几句。

国内学习和研究西方哲学的人，大致也可分为两类。一类是以阅读外文文献为主。另一类以阅读中文翻译为主。

对于可以阅读外文文献的人来说，理解是最为重要的，因为可以不翻译，因而根本就没有翻译的问题。我们阅读西方文献，或者与西方学者用西方语言讨论，没有翻译的问题，但是肯定有理解的问题。而且，这里的理解也是有层次的。比如，我们读到关于 being 的讨论，我们可以把它做字面理解，即理解为 being，也可以做系词理解，比如 is，还可以做存在理解，即 existence 或 exist。但是我们看到的一定是 being。这样，当我们与外国学者交流的时候，我们无论怎样理解，我们说的都是 being，而且我们之间似乎不会有理解的困难。即使我们之间有可能一方主张的乃是系词的理解，即 is，而另一方主张的乃是存在的理解，即 exist，至少我们在字面上是一致的，我们谈论的都是 being。除非进入细节讨论，我们大概不会发现双方对 being 的理解的区别。但是一旦进入中文讨论，翻译的问题立即出现了。由于不同的理解，可能会把 being 翻译为不同的词，比如"是"和"存在"。也就是说，不同的理解直接影响到我们的翻译，从而直接影响到我们关于 being 的讨论。因此我认为，理解是最重要的。

对于主要阅读中文翻译的人来说，翻译则是理解的基础，因为这些人对西方哲学的理解是直接从中文翻译进入的。具体地说，字面上看到"是"，就要做"是"的理解，字面上看到"存在"，就要做"存在"的理解。在这种意义上说，从事翻译工作的人对于西方哲学的理解，不仅会影响到自己的翻译，而且会通过自己的翻译来影响读者。因此说到底，理解仍然是最为重要的。

其实谁都知道而且也承认，不同语言文化的差异是存在的。因此理解上有问题,翻译中有问题,都是自然而正常的。但是,由于"being"是西方哲学的核心概念,它不是出现在某一历史时期、某一个哲学家的著作中,而是西方哲学史上贯彻始终的东西,因此对于它的理解不仅涉及对这个问题本身以及相关问题的理解,而且会直接影响到我们对整个西方哲学的根本性质和特征的理解,因而是"牵一发而动全身的"[①]。在这种意义上,对于我们中国哲学家来说,无论属于上述哪一类,翻译和理解都是不应该忽视的问题。只是我认为在有关翻译与理解的讨论中,最重要的依然是理解。

比如,有人说"不少人建议用'是'来强行翻译 Being 一词"[②]。这里说的是"翻译",实质却是理解的问题。为什么用"是"就是"强行"翻译而不是自然的翻译呢?难道反映出 85% 的系词用法是"强行"翻译吗?难道反映出逻辑的考虑是"强行"的翻译吗?难道反映出逻辑与哲学的统一性是"强行"的考虑吗?相反,虽然大多数人已经习惯了"存在"的翻译和用法,但是如果我们认真思考,尤其是从文献出发认真地思考,"存在"是不是反映出 85% 的系词用法,它是不是反映出逻辑的考虑,它是不是反映出逻辑与哲学的统一性,等等,难道我们还会认为"是"乃是一种"强行"的翻译吗?所以我说,理解是基础,理解是最重要的。

我以前认为,现在依然认为,在理解西方作品的过程中,有些词语和概念的翻译对错,对于理解作品影响不是特别大。但是对于哲学中一些根本性的概念,翻译则是至关重要的。"being"就是这样一个的概念。"存在"作为一个名词,虽然在中文字面上可以自圆其说,而且作为"being"的翻译似乎有些约定俗成,但是这充其量也仅仅是中文翻译的约定俗成,而不是西方哲学中这个概念本身的约定俗成。即使可以说它是对"being"这个概念的理解的约定俗成,也仅仅是一种现有的理解,而不是终极的理解。正是对西方哲学的理解,可以使我们对这个概念已有的翻译重新进行思考,因而对这种翻译的理解重新进行思考。而这样的思考无疑有助于我们更加深入地理解西方哲学。随着我们对西方哲学理解的加深,术语的表述肯定也会越来越恰当,越来越准确。在我看来,对于"being"这个概念,由于不同语言文化的差异,如果我们能够找到一个词可以准确地表达它的含义,当然是非常理想的。但是如果我们不能找到一个这样的词,我们至少应该找一个能够反映和体现它的最主要含义的词。在这种意义上说,系词的理解无疑是一条比较重要而可靠的途径。

最后还有一点应该说明,应该结合"真"来理解"是"。仅从字面上说,"是"与

[①] 参见梁志学:《逻辑学》(黑格尔著)"译后记",人民出版社 2002 年版,第 407-408 页。
[②] 邓晓芒:《Being 的双重含义探源》,载《Being 与西方哲学传统》上卷,宋继杰编,第 287 页。

"真"的联系就是非常直观的,也是容易看到的,因为在传统的西方哲学文献中,谈论"是"的时候几乎都谈到"真",而且谈论"真"的时候也往往会谈到"是"。比如早在古希腊,巴门尼德谈论的"真之路"就是以"是"为标志的;柏拉图论述是与不是,也少不了探讨真与假,而且他的目的就是要区别"好像是"与"实际是";亚里士多德则一方面说哲学研究"是本身",另一方面说"把哲学称为关于真的知识也是正确的"①,这似乎是从哲学研究的对象的角度说明了"是"与"真"的关系。可见"是"与"真"的联系在西方哲学中是有传统的。在现代哲学家中,一方面,沿袭这种传统的依然大有人在。比如在备受众多中国人青睐的海德格尔那里,不仅可以看到他在论述"是"的著作中有专门关于"真"的论述,而且可以看到他在论述"真"的著作中也有专门关于"是"的论述。如果说这样的联系只是表面的,那么他说的"是与真'是'同样原初的"②,以及许多有关二者关系的论述,则十分具体地体现了"是"与"真"的联系。另一方面,也有人似乎背离了这种传统,比如本书谈到的分析哲学家,他们主要谈论"真",而不谈论"是"。如前所述,分析哲学的发展凸现"真",而淡化"是",乃是其所使用的逻辑方法所致。相比之下,我们也可以看出,海德格尔所依循的依然是亚里士多德逻辑或传统逻辑,因此仍然在谈"是"与"真"。

在我看来,是与真的联系不仅是语言和思想层面的,而且也是学科层面的。这是我们在理解西方哲学时绝不能忽略的内容。如果把"是真的"这种意义上的东西理解为"真理",大概从字面上就不太容易理解"真理"与"是"有什么关系。当然,如果把"being"(是)理解为"存在",也许从字面上就更不会想到"存在"与"真理"有什么关系。字面上的理解尚且如此,对于那些字面背后的东西的理解又当如何呢?

---

① Aristoteles: *Aristoteles' Metaphysik*, BuecherI(A)-Ⅶ(E), S. 73.
② 关于海德格尔对这个问题的讨论,参见王路:《"是"与"真"——形而上学的基石》,第 350-356 页。

参 考 文 献

【以下文献均为书中引用文献,没有引用的文献不在其列】

中文部分:

奥康诺.批评的西方哲学史[M].洪汉鼎,等译.北京:东方出版社,2005.
柏拉图.柏拉图全集[M].王晓朝,译.北京:人民出版社,2004.
陈村富.Eimi 与卡恩——兼评国内关于"是"与"存在"的若干论文[M]//宋继杰,编.Being 与西方哲学传统:上卷.保定:河北大学出版社,2002.
达米特.形而上学的逻辑基础[M].任晓明,译.北京:中国人民大学出版社,2004.
达米特.分析哲学的起源[M].王路,译.上海:上海译文出版社,2005.
戴维森.真理、意义、行动与事件[M].牟博,译.北京:商务印书馆,1993.
戴维森.真之结构和内容[J].哲学译丛,1996(5-6).
邓晓芒.康德先验逻辑对形式逻辑的奠基[J].江苏社会科学,2004(6).
邓晓芒.Being 的双重含义探源[M]//宋继杰,编.Being 与西方哲学传统:上卷.保定:河北大学出版社,2002.
方军.哲学基础[M].北京:群众出版社,1999.
弗雷格.弗雷格哲学论著选辑[M].王路,译.王炳文,校.北京:商务印书馆,1994.
古留加.康德传[M].贾泽林,侯鸿勋,译.北京:商务印书馆,1981.
海德格尔.存在与时间[M].陈嘉映,王庆节,译.熊伟,校.北京:生活·读书·新知三联书店,1987.
韩林合.《逻辑哲学论》研究[M].北京:商务印书馆,2000.
黑格尔.小逻辑[M].贺麟,译.北京:商务印书馆,1980.
黑格尔.逻辑学[M].杨一之,译.北京:商务印书馆,1981.
黑格尔.逻辑学(哲学全书·第一部分)[M].梁志学,译.北京:人民出版社,2002.
江怡.现代英美分析哲学[M].南京:凤凰出版社,江苏人民出版社,2005.
康德.纯粹理性批判[M].蓝公武,译.北京:商务印书馆,1982.
康德.纯粹理性批判[M].韦卓民,译.武汉:华中师范大学出版社,2000.
康德.逻辑学讲义[M].许景行,译.杨一之,校.北京:商务印书馆,1991.
康德.纯粹理性批判[M].邓晓芒,译.杨祖陶,校.北京:人民出版社,2004.
奎因.真之追求[M].王路,译.北京:生活·读书·新知三联书店,1998.
梁志学.略论先验逻辑到思辨逻辑的发展[J].云南大学学报,2004(4).
罗素.论指谓[M]//苑利均,译.张家龙,校.逻辑与知识.北京:商务印书馆,1996.
毛泽东.矛盾论[M]//毛泽东.毛泽东选集:第一卷.北京:人民出版社,1991.
涅尔.逻辑学发展史[M].张家龙,洪汉鼎,译.北京:商务印书馆,1985.
泰勒.柏拉图——生平及其著作[M].谢随知,等译.济南:山东人民出版社,1991.
涂纪亮.现代西方语言哲学比较研究[M].北京:中国社会科学出版社,1996.
王路.亚里士多德的逻辑学说[M].北京:中国社会科学出版社,1991.

王路. 弗雷格思想研究[M]. 北京：社会科学文献出版社，1996.（该书1998年以《世纪转折处的思想巨匠——弗雷格》为名再版）

王路. 走进分析哲学[M]. 北京：生活·读书·新知三联书店，1999.

王路. 逻辑的观念[M]. 北京：商务印书馆，2000.

王路. "是"与"真"——形而上学的基石[M]. 北京：人民出版社，2003.

王路. 关于逻辑哲学的几点思考[J]. 中国社会科学. 2003(3).

王太庆. 我们怎样认识西方人的"是"？[M]//学人：第四辑，南京：江苏文艺出版社，1993.

王晓朝. eimi——卡恩的希腊ontology的语言学导论——与王路教授商榷[J]. 学术月刊. 2004(6).

王晓朝. 读《关于"存在"和"是"》一文的几点意见[M]//宋继杰，编. Being与西方哲学传统：上卷. 保定：河北大学出版社，2002.

汪子嵩. 希腊哲学史：第3卷[M]. 北京：人民出版社，2003.

维特根斯坦. 逻辑哲学论[M]//涂纪亮，主编. 维特根斯坦全集：第一卷. 石家庄：河北教育出版社，2003.

肖尔兹. 简明逻辑史[M]. 张家龙，译. 北京：商务印书馆，1993.

萧诗美. 是的哲学研究[M]. 武汉：武汉大学出版社，2003.

颜一. 实体(ousia)是什么？——从术语解析看亚里士多德的实体论[J]. 世界哲学. 2002(2).

杨学功. 从ontology的译名之争看哲学术语的翻译原则[M]//宋继杰，编. Being与西方哲学传统：上卷. 保定：河北大学出版社，2002.

杨祖陶，邓晓芒. 康德《纯粹理性批判》指要[M]. 长沙：湖南教育出版社，1996.

叶秀山，王树人. 西方哲学史：第一卷[M]. 南京：凤凰出版社，江苏人民出版社，2005.

张桂权. "真"能代替"真理"吗？[J]. 世界哲学，2003(1).

张庆雄. 二十世纪英美哲学[M]. 北京：人民出版社，2005.

赵敦华. "是""在""有"的形而上学之辨[M]//学人：第四辑，南京：江苏文艺出版社，1993.

赵敦华. 中国的西方哲学研究中的十个误解——从Being的意义谈起[J]. 哲学动态，2004(10).

周礼全. 黑格尔的辩证逻辑[M]. 北京：中国社会科学出版社，1989.

周礼全. 亚里士多德论矛盾律与排中律[M]//周礼全. 周礼全集. 北京：中国社会科学出版社，2000.

周迈. 论亚里士多德哲学中的存在(是)"on"[M]//宋继杰，编. Being与西方哲学传统：上卷. 保定：河北大学出版社，2002.

外文部分：

Ackrill, J. L.: Plato and the Copula: Sophist 251-259, in *Plato: A Collection of Critical Essays*, ed. by Vlastos, G., University of Notre Dame Press, 1978.

Apelt, O.: *Platons Dialog: Sophistes*, Verlag von Felix Meiner, Leipzig, 1914.

Aristotle: *The Works of Aristotle*, vol. I, ed. by Ross, W. D., Oxford, 1971.

Aristotle: *The Works of Aristotle*, vol. VIII, by Ross, W. D., Oxford, 1954.

Aristoteles: *Metaphysik*, Buecher I-VI, griech.-dt., in d. uebers. von Bonitz, H.; Neu bearb., mit Einl. u. Kommentar hrsg. Von Seidl, H., Felix Meiner Verlag, 1982.

Aristoteles: *Metaphysik*, Buecher Ⅶ-Ⅹ, griech.-dt., in d. uebers. von Bonitz, H.; Neu bearb., mit Einl. u. Kommentar hrsg. von Seidl, H., Felix Meiner Verlag, 1982.

Bochenski, I. M.: *A History of Formal Logic*, University of Notre Dame Press, 1961.

Cornford, F. M.: *Plato's Theory of Knowledge*, Routledge & Kegan Paul LTD, London, 1957.

Davidson, D.: Reality Without Reference, in *Inquiries into Truth and Interpretation*, Oxford, 1991.

Davidson, D.: *Truth and Predication*, The Belknap Press of Harvard University Press, 2005.

Dumitriu, A.: *History of Logic*, tr. by Zamfirescu, D./Giuraneanu, D./Doneaud, D., Abacus Press, 1977.

Dummett, M.: *Frege: Philosophy of Language*, Harvard University Press, 1981.

Dummett, M.: What is a theory of meaning? (Ⅱ), in *Truth and Meaning*, ed. By G. Evans and J. McDowell, Oxford University Press, 1976.

Dummett, M.: *The Seas of Language*, Clarendon Press, oxford, 1993.

Dummett, M.: *Origins of Analytical Philosophy*, Harvard Univesity Press, 1993.

Engel, P.: *The Norm of Truth—An introduction to the philosophy of logic*, University of Toronto Press, 1991.

Frede, M.: *Praedication und Existenzaussage*, Vandenhoeck & Ruprecht in Goettingen, 1967.

Frede, M./Patzig, G., C. H.: *Aristoteles' Metaphysik Z'*, Text, Uebers. u. Kommentar, Beck'sche Verlagsbuchhandlung, Muenchen, 1988, Band Ⅱ.

Frege, G.: *Nachgelassene Schriften*, hg. von Hermes, H./Kambartel, F./Kaulbach, F, Felix Meiner Verlag Hamburg, 1969.

Geach, P. T.: *Logical Matters*, University of California Press, 1980.

Hegel, G. W. F.: *Enzyklopaedie der philosophischen Wissenschaften im Grundrisse*, Suhrkamp Verlag Frankfurt am Main, 1970.

Hegel, G. W. F.: *Wissenschaft der Logik*, Ⅰ, Suhrkamp Taschenbuch Verlag, 1993.

Hegel, G. W. F.: *Wissenschaft der Logik*, Ⅱ, Suhrkamp Taschenbuch Verlag, 1993.

Heidegger, M.: *Sein und Zeit*, Max Niemeyer Verlag, 1986.

Heidegger, M.: *Fruehe Schriften*, Vittorio Klostermann Frankfurt am Main, 1972.

Heidegger, M.: *Metaphysische Anfangsgruende der Logik*, Vittorio Klostermann GmbH. Frankfurt am Main, 1978.

James, W.: *Pragmatism and The Meaning of Truth*, Harvard University Press, 1998.

Kant, I.: *Kritik der reinen Vernunft*, Suhrkamp Verlag, 1974.

Kant, I.: *Kant's gesammelte Schriften*, Band ⅩⅩⅣ, erste haelfte, Walter de Gruyter & Co., Berlin, 1966.

Kant, I.: *Kant's gesammelte Schriften*, Band ⅩⅩⅣ, zweite haefte, Walter de Gruyter & Co., Berlin, 1966.

Kirwan, C.: *Aristotle's 〈Metaphysics〉, books Γ, Δ, and E*, tr. with notes, Oxford University Press, 1971.

Kuenne, W.: *Conceptions of Truth*, Clarendon Press, Oxford, 2003.

Lukasiewicz, J.: *Ueber den Satz des Widerspruchs bei Aristoteles*, uebersetzt von Barski, J., in *Zur modernen Deutung der Aristotelischen Logik*, herausgegeben von Oeffenberger, N., Band V., Georg Olms Verlag, 1993.

Lynch, M. P.: *The nature of truth*, Cambridge, MA: MIT Press, 2001.

Owen, G. E. L.: Plato on Not-Being, in *Plato: A Collection of Critical Essays*, ed. by Vlastos, G., University of Notre Dame Press, 1978.

Page, T. E.: *Plato*, Ⅱ, Greek-English text, trans. by Fowler, H. N., Harvard University Press, 1952.

Ross, W. D.: *Aristotle's Metaphysics*, A Revised Text with Introduction and Commentary, vol. Ⅰ, Oxford 1924.

Schantz, R.: *What is truth*? Berlin: de Gruyter, 2002.

Strawson, P. F.: On Referring, in *Logical-Linguistic Papers*, Methuen and CO LTD, 1971.

Tarski, A.: The Concept of Truth in Formalized Languages, in *Logic, Semantics, Metamathematics*, Oxford at The Clarendon Press, 1956.

Vlasto, G.: The Third Man Argument in Plato's Parmenindes, in *Plato: Critical Assessments*, vol. Ⅳ, ed. by Smith, N. D., Routledge, London and New York, 1998.

Wiggins, D.: Sentence Meaning, Negation, and Plato's Problem of Non-Being, in *Plato: A Collection of Critical Essays*, ed. by Vlastos, G., University of Notre Dame Press, 1978.

Wittgenstein, L.: *Tractatus logico-philosophicus*, Suhrkamp Verlag, 1984.

Wittgenstein, L.: *Tractatus logico-philosophicus/Philosophical Investigations*，中国社会科学出版社1999年版。